UTB **3287**

Eine Arbeitsgemeinschaft der Verlage

Böhlau Verlag · Wien · Köln · Weimar
Verlag Barbara Budrich · Opladen · Toronto
facultas · Wien
Wilhelm Fink · Paderborn
A. Francke Verlag · Tübingen
Haupt Verlag · Bern
Verlag Julius Klinkhardt · Bad Heilbrunn
Mohr Siebeck · Tübingen
Nomos Verlagsgesellschaft · Baden-Baden
Ernst Reinhardt Verlag · München · Basel
Ferdinand Schöningh · Paderborn
Eugen Ulmer Verlag · Stuttgart
UVK Verlagsgesellschaft · Konstanz, mit UVK/Lucius · München
Vandenhoeck & Ruprecht · Göttingen · Bristol
Waxmann · Münster · New York

WERNER WICKI

Entwicklungs-psychologie

2., aktualisierte und erweiterte Auflage
Mit 26 Abbildungen, 2 Tabellen
und 35 Übungsaufgaben

Ernst Reinhardt Verlag München Basel

Prof. *Dr. Werner Wicki* lehrt an der Pädagogischen Hochschule Luzern.

Bibliografische Information der Deutschen Nationalbibliothek

Die Deutsche Nationalbibliothek verzeichnet diese Publikation in der Deutschen Nationalbibliografie; detaillierte bibliografische Daten sind im Internet über <http://dnb.d-nb.de> abrufbar.

UTB-Band-Nr.: 3287
ISBN 978-3-8252-4475-0

© 2015 by Ernst Reinhardt, GmbH & Co KG, Verlag, München

Printed in Germany
Lektorat/Redaktion im Auftrag des Ernst Reinhardt Verlages:
Dr. med. Martina Steinröder
UTB-Basic: Grundlayout und Einbandgestaltung:
Atelier Reichert Stuttgart
Covermotiv: Jürgen Reichert
Satz: JÖRG KALIES — Satz, Layout, Grafik & Druck, Unterumbach

Fotos im Innenteil:
Soweit nicht im Innenteil anders angegeben: © Werner Wicki

Ernst Reinhardt Verlag, Kemnatenstr. 46, D-80639 München
Net: www.reinhardt-verlag.de E-Mail: info@reinhardt-verlag.de

Inhalt

E-Learning-Kurs Entwicklungspsychologie von Werner Wicki

Vertiefen Sie Ihr Wissen mit dem E-Learning-Kurs *Entwicklungs-psychologie* von Werner Wicki mit didaktisch durchdachten Lernpfaden, zahlreichen Testfragen und Lernaufgaben. Den Kurs finden Sie auf www.e-study-psychologie.de oder über folgenden QR-Code:

Vorwort zur 2. Auflage

Seit dem Erscheinen der ersten Auflage dieses Buches sind mehr als fünf Jahre vergangen — für die Entwicklungspsychologie mit ihrem enormen jährlichen Output an neuen Studien und Publikationen eine lange Zeit! Natürlich muss ein einführendes Lehrbuch meiner Meinung nach nicht alles, was publiziert wird, aufnehmen und integrieren. Vielmehr geht es darum, aus der Fülle der Studien und Ergebnisse die wegweisenden und die theoretisch besonders wertvollen auszuwählen, so dass die Einführung auf dem aktuellen Stand des Wissens bleibt, ohne sich in den Verästelungen des Fachs zu verlieren.

Nachdem die Rückmeldungen der Studierenden auf die erste Auflage erfreulich positiv waren, sah ich keine Notwendigkeit, das Buch in seiner strukturellen Anlage zu verändern. Dort aber, wo *inhaltliche Ergänzungen* zum Verstehen des Kindes und der/des Jugendlichen wichtig sind, habe ich diese vorgenommen. Solche Ergänzungen finden sich insbesondere in den Kapiteln zur mittleren Kindheit (zu den Themen deduktives und konditionales Schließen, autobiografisches Gedächtnis, intuitives mathematisches Wissen, Belohnungsaufschub, Theory of Mind, Zeitkonzept und moralische Entwicklung) und zur Adoleszenz (Arbeitsgedächtnis, Fuzzy-Trace-Theorie und falsche Erinnerungen, moralische Entwicklung und Emotionen, sexuelle Entwicklung, Internet und Identität).

Ich hoffe, dass das Buch weiterhin gute Dienste leisten wird, indem es Studienanfängern/-innen verschiedener Fachgebiete erste Schritte in die Entwicklungspsychologie ermöglichen und hoffentlich auch Interesse und Freude am Thema wecken kann.

Luzern, Juli 2015   Werner Wicki

Vorwort

Als ich in den 1980er Jahren in Zürich Psychologie studierte und auch entwicklungspsychologische Vorlesungen besuchte, waren erst wenige deutschsprachige Lehrbücher auf dem Markt, die mir als Studienanfänger einen Überblick über die Entwicklungspsychologie hätten verschaffen können. Und die wenigen Lehrbücher, die es damals gab, wurden uns Studierenden nicht empfohlen – jedenfalls nicht in Zürich. Daher kam es, dass ich erst einige Jahre später, als Assistent von Prof. August Flammer in Bern, die ganze Breite des Gebietes realisierte und erkannte, dass verschiedene theoretische Ansätze (relativ unberührt!) nebeneinander stehen.

Noch etwas später – als Dozent – wurde mir die ungeheure Fülle der empirischen Befunde gewisser entwicklungspsychologischer Forschungsbereiche bewusst. Ein Blick in die elektronischen Datenbanken ergibt beispielsweise für die Bindungsforschung der letzten 40 Jahre rund 7.000 (!) Publikationen in Fachzeitschriften.

Wie kann man da noch den Überblick behalten? Und wie kann man sogar ein *Kurz*lehrbuch über das gesamte Gebiet vorlegen wollen, wenn doch schon die Einzelgebiete so umfangreich sind? Das war in der Tat – neben der Zeit – die größte Herausforderung für mich. Und doch auch eine, die für all jene nützlich sein kann, die zuerst einmal die großen Linien, die elementaren Befunde kennen lernen möchten, bevor sie in die vielen Verästelungen eintauchen, die sich anbieten. Das sind auf der einen Seite die Studienanfänger in Psychologie und Pädagogik, auf der anderen Seite Studierende weiterer Fachbereiche, wie Lehrberufe, Soziale Arbeit etc., für die wissenschaftlich fundierte Grundlagen der menschlichen Entwicklung wichtig sind.

Viele haben zu diesem Buch beigetragen: Meine eigenen Kinder, die mich viel über Entwicklung gelehrt haben, meine Frau Andrea Bütikofer, die mich in dieser Arbeit mit Rat und Tat unterstützt hat, meine Studierenden mit ihren Fragen und dem Anspruch auf gute (oder wenigstens unterhaltsame) Vorlesungen und mit ihren wissenschaftlichen Arbeiten sowie meine früheren und gegenwärtigen Mitarbeitenden in empirischen Forschungsarbeiten.

Luzern, Dezember 2009   Werner Wicki

Einführung | 1

Wozu dient dieses Buch? | 1.1

Dieses Lehrbuch gibt Studienanfängern in Psychologie, Pädagogik und weiteren Disziplinen einen ersten Einblick in den aktuellen Stand der Entwicklungspsychologie. Fortgeschrittenen Studierenden kann es auch als Repetitorium im Hinblick auf Prüfungen dienen.

Entlang der vorgestellten zentralen psychomotorischen, kognitiven und sozioemotionalen Entwicklungsphänomene von der frühen Kindheit bis ins Erwachsenenalter werden auch die jeweiligen Entwicklungsvoraussetzungen und -bedingungen diskutiert. Damit soll die menschliche Entwicklung nicht nur nachvollziehbar, sondern auch verständlich werden.

Als kompaktes Lehrmittel will das Buch sowohl dem Bedürfnis der Studierenden als auch dem der Dozierenden nach einer Einführung entgegenkommen, die sich auf die wesentlichsten bis heute gültigen Erkenntnisse – eben die „Basics" – der Entwicklungspsychologie beschränkt.

Was das Buch leistet | 1.2

Nach einer kurzen theoretischen Einführung (→ Kap. 2) orientiert sich die weitere Gliederung des Buches an den bekannten Entwicklungsquerschnitten. Die vorgeburtliche Entwicklung wird im, die ersten drei Lebensjahre umfassenden, Kapitel 3 (Frühe Kindheit) mitbehandelt. Das Kapitel 4 (Mittlere Kindheit) bezieht sich auf die Zeitspanne vom vierten bis zum 10. Lebensjahr, das Kapitel 5 (Adoleszenz) auf das zweite Lebensjahrzehnt und das Kapitel 6 (Erwachsenenalter) auf die weitere Entwicklung bis ins hohe Alter.

Innerhalb der einzelnen Kapitel orientiert sich die Darstellung aus didaktischen Gründen an den bekannten Funktionslängsschnitten (Wahrnehmung, Denken, Problemlösen, Gedächtnis, Bindung, soziale Entwicklung etc.), die soweit möglich immer wieder aufeinander bezogen werden, da eine isolierte Betrachtung von Funktionen ein ganzheitliches Verständnis der menschlichen Entwicklung verhindert.

Die selbstauferlegte inhaltliche Beschränkung dieses Buches auf die wichtigsten entwicklungspsychologischen Erkenntnisse birgt natürlich die Gefahr einer unzulässigen Verkürzung und Vereinfachung der dargestellten Inhalte in sich. Die Leserinnen und Leser werden deshalb an verschiedenen Stellen auf mögliche Vertiefungspfade hingewiesen: auf Untersuchungen, grundlegende Experimente und vor allem auf weiterführende Literatur, die für das weitere Studium des Fachs hilfreich ist.

Theorien und Methoden der Entwicklungspsychologie | 2

Dieses Kapitel beginnt mit einigen theoretischen Annahmen der modernen Entwicklungspsychologie und bietet einen Überblick über die aktuellen Theoriefamilien.

Zwei Theorien werden in diesem Kapitel näher vorgestellt: die *ökologische Entwicklungstheorie* und die *dynamische Systemtheorie*. Weitere Theorien (z. B. die *Bindungstheorie*) werden im Rahmen der Altersquerschnitte (→ Kap. 3–6) skizziert.

Der erste Teil des Kapitels schließt mit einigen Bemerkungen zum Verhältnis von Anlage (Genen) und Umwelt. Der zweite Teil des Kapitels enthält eine knappe Darstellung der wichtigsten Forschungsmethoden, was nicht zuletzt das Verständnis der in diesem Buch referierten Forschungsbefunde unterstützen soll.

Theorien der modernen Entwicklungspsychologie | 2.1

Die **Entwicklungspsychologie** befasst sich mit den psychologischen Veränderungen (und Stabilitäten) im Lebenslauf.

Sofern die individuelle Entwicklung gemeint ist, spricht man von **Ontogenese**, der Begriff **Phylogenese** bezieht sich hingegen auf die Stammesgeschichte, die Veränderungen einer Spezies im Verlauf der Evolution.

2.1.1 | Theoretische Annahmen

Während der Zeitspanne von der Geburt bis ins Jugendalter verändern sich Psyche und Verhalten von einem einfacheren, weniger kompetenten zu einem komplexeren bzw. kompetenteren Zustand, zum Beispiel beim Übergang von der vorsprachlichen Kommunikation im ersten Lebensjahr zum Gebrauch von Wörtern ab dem zweiten Lebensjahr.

Entwicklung im Erwachsenenalter — Spätestens ab dem Erwachsenenalter ist eine Kompetenzzunahme zwar noch möglich, aber nicht mehr die Regel (Staudinger/Schindler 2008). Die Veränderungen bestehen nun oft nur noch in einer Auswahl zwischen Handlungsoptionen oder in der Kompensation von Kompetenzen, die verloren gegangen sind (etwa der Merkfähigkeit im hohen Alter).

variante vs. invariante Abfolge — Die Reihenfolge der einzelnen Entwicklungsschritte – wie etwa bei der Sprachentwicklung die Wörter, die das Kind spricht, und die Abfolge der grammatischen Strukturen, die es ab dem zweiten und dritten Lebensjahr erwirbt – sind allerdings interindividuell variabel und es kann auch sein, dass eine bereits erworbene Kompetenz vorübergehend wieder verloren geht (Thelen/Smith 2006).

Qualität und Quantität — Entwicklung kann qualitativer oder auch quantitativer Natur sein. Eine *qualitative Veränderung* besteht am Beispiel der Sprachentwicklung im korrekten Gebrauch von Symbolen im Vergleich zur vorsprachlichen Kommunikation.

Als *quantitative Veränderungen* können z. B. die sukzessive Zunahme des Wortschatzes ab dem 2. Lebensjahr (Szagun 2013) oder die der Gedächtnisspanne im Verlauf der Kindheit betrachtet werden (Schneider/Lindenberger 2012).

Entwicklung muss also längst nicht immer stufenförmig verlaufen. Man muss heute im Gegenteil feststellen, dass sich viele Stufenkonzepte, die bisher postuliert wurden, empirisch nicht besonders gut bewährt haben. Bei der stufenförmig konzipierten Entwicklung der moralischen Argumentation fand man zum Beispiel Jugendliche, die im Verlauf der Zeit „Rückschritte" machten (also im Zeitvergleich auf einer tieferen Stufe argumentierten), was streng genommen in einer Stufentheorie nicht vorkommen sollte (Smetana/Turiel 2006).

kulturelle Variabilität — Schließlich geht man heute auch davon aus, dass die individuelle Entwicklung nicht nur vom individuellen Kontext, also Familie, Freunde, Arbeitsplatz etc. (Bronfenbrenner 1981), sondern insgesamt von der Kultur beeinflusst wird (Markus/Kitayama 1991; Shweder et al. 2006). Als nützlich hat sich in diesem Zusammenhang die Unterscheidung zwischen proximalen (nahen) und distalen (weiter entfernten, indirekten) Faktoren erwiesen.

Die proximalen Faktoren, z.B. die Fürsorge und Wärme der Eltern, wirken direkt auf die Entwicklung des Kindes ein (Ainsworth et al. 1978).

Distale Faktoren, wie z.B. Überzeugungen und Gesetze in einer Kultur zur Körperstrafe (Gershoff 2002), wirken indirekt, z.B. vermittelt über Geschwister, Lehrpersonen, Eltern.

Während der Einfluss der Kultur in Bereichen wie der Kommunikation oder der Familienentwicklung offensichtlich ist, hat sich die Erkenntnis, dass auch Kognition, Emotion und Motivation kulturellen Einflüssen unterworfen sind, bis heute viel weniger durchgesetzt. Alle modernen Entwicklungstheorien können einer der beiden großen Theoriefamilien zugeteilt werden (Montada 2008):

▶ *Selbstgestaltungstheorien* betrachten den Menschen als Produzenten seiner eigenen Entwicklung. Dieser Gruppe sind die strukturgenetischen Theorien von Piaget, Kohlberg, Fischer und Case zuzuordnen (vgl. Flammer 2008). Das Individuum entwickelt sich aufgrund eines selbstgesteuerten Konstruktionsprozesses. Der Umwelt kommt hierbei keine oder nur eine geringe Steuerungsfunktion zu, auch wenn sie dem jeweiligen Entwicklungsstand mehr oder weniger angemessene Anregungen liefert, die vom Individuum aber erst aufgegriffen und verwertet werden müssen.

▶ Die *interaktionistischen Theorien*, die heute dominieren, konzeptualisieren sowohl die Umwelt als auch das Subjekt als aktiv-gestaltend. Mensch und Umwelt werden hierbei als Teilsysteme betrachtet, die im Austausch stehen und sich gegenseitig beeinflussen. In diese Gruppe gehören u. a. das ökologische (Bronfenbrenner 1981) und das systemtheoretische Modell der Entwicklung (Thelen/Smith 2006) sowie die Lebenslaufperspektive (Elder/Shanahan 2006) und die Entwicklungspsychologie der Lebensspanne (Baltes et al. 2006). Man kann sicher auch die im Kapitel 3 (Frühe Kindheit) erläuterte Bindungstheorie und die Familienentwicklungstheorien (→ Kap. 6) dieser Theoriefamilie zuordnen.

Auf zwei interaktionistische Theorien gehe ich im Folgenden noch etwas näher ein (→ Kap. 2.1.2f).

2.1.2 | Ökologische Entwicklungstheorie

Die Interaktion zwischen Menschen ist in vielerlei Hinsicht *das* zentrale Element jeder psychischen Entwicklung.

Definition

Für Bronfenbrenner (1981) besteht eine **Dyade** darin, dass „zwei Personen einander bei ihren Aktivitäten beobachten oder die eine sich an denen der andern beteiligt".

Bronfenbrenner unterscheidet nach ihrem Potenzial, die Entwicklung zu fördern, drei verschiedene Dyadenformen:

(1) *Beobachtungsdyaden*,
(2) *Dyaden gemeinsamer Tätigkeit* und
(3) *Primärdyaden*.

Primärdyaden sind ebenfalls Dyaden gemeinsamer Tätigkeit. Sie sind jedoch zeitlich überdauernder und bestehen auch bei vorübergehender Trennung weiter.

Nach dieser Definition sind Arbeitsbeziehungen und Lehrer-Schüler-Beziehungen *Dyaden gemeinsamer Tätigkeit*, während z. B. Freundschaften und Familienbeziehungen *Primärdyaden* sind.

Mikrosysteme Die individuelle Entwicklung wird nach dieser Theorie durch längerfristige und verbindliche Tätigkeiten und soziale Interaktionen in auf Dauer angelegten sozialen Gruppen (Familie, Schule, Krippe, Betrieb) ermöglicht und vorangetrieben. Solche Gruppen werden als *Mikrosysteme* bezeichnet (Bronfenbrenner 1981).

Mesosysteme und Nach Bronfenbrenner (z. B. 1990) sind nun die *Veränderungen der Ent-*
Exosysteme *wicklungskontexte* einer Person für die Entwicklung (Ontogenese) besonders bedeutsam. Diese bestehen einerseits in Veränderungen in der Zusammensetzung der Mikrosysteme (z. B. Geburt eines Kindes), andererseits in der Erschließung neuer Mikrosysteme (z. B. Schuleintritt) und in der Verbindung bisher unverbundener Mikrosysteme, an denen ein Individuum beteiligt ist.

Beziehung zwischen Mikrosystemen, an denen eine Person direkt beteiligt ist (z. B. aus der Perspektive des in der Kinderkrippe betreuten Kindes: die Beziehung zwischen Krippe und Familie), bezeichnet Bronfenbrenner als *Mesosystem*. Die Beziehung zwischen (zwei) Systemen, an denen eine Person nur teilweise beteiligt ist, nannte er *Exosystem*.

Diese Unterscheidung ist bedeutsam: Während z. B. ein Vater an einem System (Familie) beteiligt ist, ist er ggf. vom anderen System, an dem ein anderes Mitglied seines Mikrosystems teilnimmt, z. B. von der Kinderkrippe, ausgeschlossen. Durch vermehrten Kontakt mit der Kinderkrippe, d. h. mit dem Aufbau einer mesosystemischen Beziehung, könnte er die Entwicklungsanregungen der Krippe nachvollziehen und diese in seinem Spiel mit dem Kind berücksichtigen. Die „Umwandlung" exosystemischer in mesosystemische Beziehungen ist somit nach dieser Theorie für die kindliche Entwicklung ausgesprochen relevant.

Dynamische Systemtheorie

2.1.3

Die dynamische Systemtheorie versteht Entwicklung als *multipel determiniert* (d. h., eine Veränderung hat gleichzeitig mehrere Ursachen) und *dynamisch* (im Sinne von kontinuierlich konstruiert) in Raum und Zeit (Thelen / Smith 2006). Die Determinanten (Bestimmungsfaktoren) der Entwicklung sind dabei nicht nur im *Individuum* (z. B. auf genetischer, physiologischer, perzeptiver, kognitiver, emotionaler und motivationaler Ebene) zu suchen, sondern genauso auf der Ebene seiner sozialen und physikalischen *Umwelt*.

Bestimmte motorische Leistungen (Gehen, Greifen) sind beispielsweise gleichzeitig von der Wahrnehmung, der Muskelentwicklung, dem Körpergewicht und den äußeren (Test-)Bedingungen abhängig. Gerade weil diese einzelnen Bereiche (Subsysteme) miteinander in *Wechselwirkung* stehen, ist eine systemtheoretische Betrachtung der Entwicklung unumgänglich.

Der Mensch wird in seiner Entwicklung als ein sich selbst organisierendes, offenes und nicht lineares System betrachtet. Es gibt keinen vorgefertigten Plan, der die Entwicklung steuern würde, und es gibt kaum monokausale Erklärungen für das Ergebnis einer Entwicklung (Thelen / Smith 2006).

Zentraler Bestandteil der Theorie sind die sogenannten *kollektiven Variablen*, deren Veränderungen über die Zeit beobachtet werden (z. B. Wortschatzerwerb, visuell gesteuertes Greifen). **kollektive Variablen**

Die Aufgabe der Entwicklungspsychologie besteht sodann darin, die bevorzugten Zustände (*Attraktoren*) der kollektiven Variablen sowie die dynamischen Übergänge von einem Attraktor zum nächsten (z. B. den Übergang vom Kriechen zum Gehen) auf verschiedenen Ebenen genau zu beschreiben. **Attraktoren**

Die Veränderungen in kollektiven Variablen werden durch bestimmte Bedingungen, sogenannte *Kontrollparameter*, beeinflusst. Es ist somit entscheidend, die innerhalb oder außerhalb des Organismus liegenden **Kontrollparameter**

Kontrollparameter der beschriebenen Veränderungen zu finden. Das ist keineswegs einfach, aber ist es einmal gelungen, kann der Parameter experimentell eingesetzt werden.

Studie

In einer Studie mit 9 Monate alten Kindern bestand die kollektive Variable in der Fähigkeit, bei durchsichtigen Behältern die Öffnung zu suchen und durch diese zu greifen (Thelen/Smith 2006). Das kann ein Kind dieses Alters normalerweise nicht, d. h., es versucht direkt zuzugreifen.

Man hat nun den Kindern durchsichtige Behälter zum Spielen gegeben. Dadurch wurden sie mit dem Problem vertraut, dass sie den darin sichtbaren Inhalt nur durch die Öffnung des Behälters — also meist trotz direkten Sichtkontakts — nicht direkt, sondern seitlich oder von oben ergreifen konnten. Der Kontrollparameter war in dieser Studie die Übung des Kindes mit den speziellen durchsichtigen Behältern.

stabile vs. labile Zustände

Veränderungen können insbesondere in der frühen Kindheit in sehr kurzen Abständen erfolgen. Longitudinalstudien (→ Kap. 2.2) müssen deshalb innerhalb kurzer Zeit viele Messungen beinhalten, um die Veränderungsreihe adäquat zu beschreiben.

In der Adoleszenz und später laufen Veränderungen häufig nicht mehr so schnell ab, die Messungen können deshalb auch in größeren Abständen erfolgen. Sneed und Kollegen (2007) untersuchten beispielsweise die Übernahme der Erwachsenenrolle in bestimmten Lebensbereichen (Finanzielles, Wohnen, Liebesbeziehung) bezogen auf den retrospektiv erhobenen Zeitraum vom 17. bis 27. Lebensjahr und stellten systematische Wechselwirkungen zwischen den Bereichen fest.

Die dynamische Systemtheorie ist eine hervorragende entwicklungspsychologische Rahmentheorie, die jedoch spezifische Theorien, etwa im Bereich der kognitiven oder der emotionalen Entwicklung, nicht überflüssig macht.

2.1.4 | Anlage und Umwelt

Wenngleich die Anlage-Umweltkontroverse heute beigelegt und aus systemtheoretischer Sicht auch obsolet ist, so sind diesbezüglich dennoch einige Bemerkungen im Rahmen dieses Kurzlehrbuchs sinnvoll:

▶ Der genetische „Einfluss" auf die Entwicklung besteht in der zeitlich mehr oder weniger befristeten Aktivität der Gene in den Zellen, die mit der von ihnen angeregten Proteinsynthese sowie mit komplexen biochemischen Prozessen innerhalb und außerhalb der Zelle und einer Reihe weiterer (z. B. neuronaler) Prozesse interagieren (Johnston/Edwards 2002, → Abbildung 2.1). Über einige Umwege hat das Verhalten des Individuums selbst einen Einfluss auf die Genaktivität (Johnston/Edwards 2002). Das bedeutet, dass Gene und Verhalten in einer letztlich nicht auflösbaren Wechselwirkung miteinander verbunden sind.

▶ Die meisten psychischen Eigenschaften werden nicht durch einzelne, sondern durch mehrere Gene beeinflusst, im Gegensatz zu einigen Krankheiten für deren Entstehung ein einziges Gen verantwortlich ist. Bei der Phenylketonurie beispielsweise fällt wegen eines defekten Gens die Produktion eines Enzyms aus, das wiederum ein Eiweiß (Phenylalin) umwandeln sollte.

▶ Bei einer Reihe von Krankheiten nimmt man heute eine multigenetische Vererbung an (z. B. bei diversen Organtumoren, Schizophrenien). Wenn in der eigenen Verwandtschaft solche Krankheiten vorkommen, besteht ein erhöhtes Erkrankungsrisiko. Ob ein Individuum von der Krankheit betroffen ist, hängt aber von zusätzlichen Faktoren, etwa den Ernährungsgewohnheiten oder den Stressbelastungen, ab.

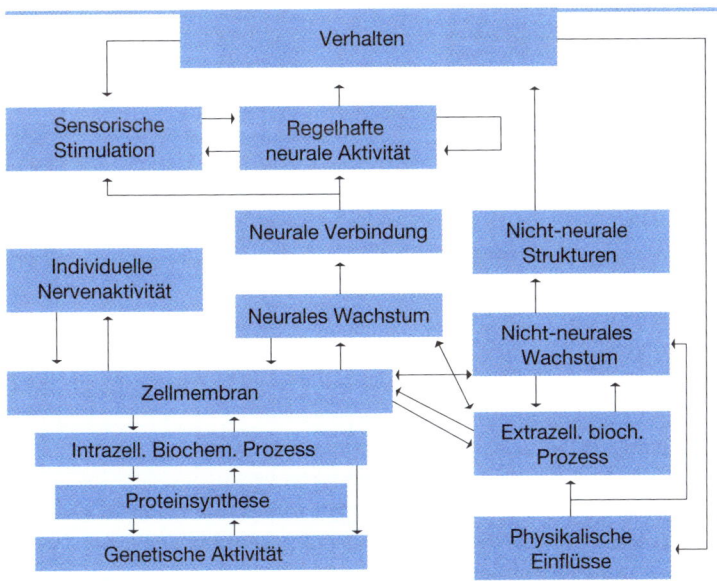

Abb. 2.1

Interaktion von Genaktivität und Verhalten (nach Johnston/ Edwards 2002)

▶ Auch Persönlichkeitseigenschaften und geistige Fähigkeiten (z.B. Intelligenz) sind multi- oder polygenetisch beeinflusst. Um bei solchen Merkmalen entscheiden zu können, wie hoch Anlage- und Umwelteinflüsse sind, wurden spezielle populationsgenetische Datenerhebungs- und Analysemethoden eingesetzt (insbesondere Zwillingsstudien), die hier nicht näher erläutert werden.

Anlage-Umwelt-Kovariation

Die Erblichkeit (der Einfluss der Gene) steigt im Verlauf der Entwicklung (Plomin 1986). Getrennt aufwachsende Geschwister und eineiige Zwillinge werden sich im Verlauf von Kindheit, Jugend- und Erwachsenenalter ähnlicher. Auch Adoptivkinder gleichen sich mit zunehmendem Alter ihren biologischen Eltern an.

Intuitiv würde man wohl das Gegenteil annehmen, dass Umwelteinflüsse im Verlauf des Lebens immer wichtiger und stärker werden und die Anlage beim Neugeborenen und in der frühen Kindheit am stärksten zum Ausdruck kommt. Um diese Befunde zu erklären, ist ein Modell notwendig, das sowohl Anlage- als auch Umwelteinflüsse gleichzeitig einbezieht. Es sei hier der Erklärungsansatz von Plomin (1986) vorgestellt, der *drei Anlage-Umwelt-Kovariationstypen* beschreibt:

▶ In der Ontogenese am frühesten zu beobachten ist die *passive Anlage-Umwelt-Kovariation*. Das Kind trifft auf eine Umwelt, die ihm (seinem Genotyp) mehr oder weniger entspricht. Entspricht sie ihm, so ist die Kovariation gegeben, sonst nicht. Das Kleinkind kann sich dem Angebot noch kaum entziehen und die Angebote noch nicht selber gestalten.

▶ Die *evokative Anlage-Umwelt-Kovariation* liegt vor, wenn das Kind aufgrund seiner (genetisch mitbedingten) Eigenart gewisse Angebote auslöst. Das sportliche, bewegliche Kind erhält zum Beispiel Sportgeräte, das technisch begabte Kind einen Werkzeugkasten etc.

▶ Die *aktive Anlage-Umwelt-Kovariation* besteht darin, dass das Kind und der Jugendliche selber Tätigkeiten, Objekte etc. auswählt, die seinem Genotyp entsprechen.

2.2 | Methoden

Die entwicklungspsychologischen Forschungsmethoden unterscheiden sich nicht grundsätzlich vom Methodeninventar anderer psychologischer Disziplinen. Da die Veränderungen in Zeit und Raum im Zentrum stehen, sind besonders solche Designs und Methoden gefragt, die Veränderungen abbilden können.

Während bei einem *Querschnittdesign* Personen verschiedenen Alters zu einem Zeitpunkt untersucht werden, besteht das *Längsschnittdesign* darin, gleichaltrige Personen zu mehreren Zeitpunkten zu untersuchen.

Querschnitt vs. Längsschnitt

Querschnitte sind deutlich weniger aufwändig als Längsschnitte, können aber zu Fehlschlüssen führen, weil die Zeiteffekte (Altersunterschiede) sowohl auf Kohortenunterschiede (also z.B. Unterschiede zwischen den 1980 und den 1990 geborenen Personen) als auch auf (echte) Altersunterschiede zurückgeführt werden können.

Querschnitte geben auch keine Auskunft über die Veränderungsprozesse. Die Interpretation von Längsschnitten ist allerdings auch nicht eindeutig, weil hier als mögliche Ursachen der Veränderungen neben dem *Alterseffekt* auch ein *Zeitepocheneffekt* in Frage kommt (vor allem bei Studien über größere Zeiträume hinweg). Empfehlenswert ist deshalb eine Kombination eines Querschnitt- und Längsschnittdesigns, bei der jeweils unterschiedliche Altersgruppen längsschnittlich untersucht werden.

Die Entwicklungspsychologie bedient sich je nach Fragestellung ganz unterschiedlicher Untersuchungsmethoden. Im Rahmen experimenteller Studien mit Säuglingen und Kleinkindern werden häufig Verfahren eingesetzt, die Beobachtungsdaten generieren.

Methoden der Datenerhebung

Das häufig eingesetzte *Habituations-Dishabituations-Paradigma* nutzt die Gewöhnung des Säuglings an bestimmte mehrfach präsentierte Reize (z.B. einen Klingelton). Nachdem sich der Säugling an den Reiz gewöhnt hat, was aus seiner abnehmenden Aufmerksamkeitszuwendung gegenüber dem Reiz erkennbar ist, wird der Klingelton variiert (z.B. höhere Frequenz). Reagiert der Säugling wieder mit mehr Aufmerksamkeit, geht man davon aus, dass er den Unterschied bemerkt hat.

Aufmerksamkeit als Indikator

Der erneute Anstieg der Aufmerksamkeit des Säuglings wird also innerhalb einer Experimentalreihe als Indikator dafür genommen, dass der Säugling bei einem bestimmten Reiz einen Unterschied zum vorangehenden festgestellt hat (vgl. kritisch dazu Haith 1998). Genau dieser Mechanismus wird in vielen Experimenten ausgenutzt.

Neben der Verhaltensbeobachtung im Labor und im natürlichen Setting werden diverse weitere Methoden eingesetzt, darunter Tagebücher (z.B. geführt durch die Eltern), Interviews und ab dem Schulalter auch Fragebögen, Analyse von Zeichnungen etc.

weitere Methoden

Literatur

Flammer, A. (2008). *Entwicklungstheorien. Psychologische Theorien der menschlichen Entwicklung* (4. Aufl.). Bern: Huber.

Übungsaufgaben

1 Die Entwicklungspsychologie ist im Vergleich zu anderen Disziplinen mit besonderen Problemstellungen konfrontiert. Worin bestehen diese und wie geht die moderne Entwicklungspsychologie damit um?

2 Worin besteht der Unterschied zwischen *Meso-* und *Exosystem* nach Bronfenbrenner?

3 Bedeutet die Skepsis der *Systemtheorie* gegenüber monokausalen Erklärungen, dass nach diesem Ansatz keine Experimente möglich sind? Begründen Sie Ihre Antwort.

4 Wann ist es sinnvoll, auf eine *Längsschnittstudie* zu verzichten und stattdessen eine *Querschnittstudie* durchzuführen?

Frühe Kindheit | 3

Inhalt

Die menschliche Entwicklung, verstanden als Ontogenese, beginnt mit der Befruchtung der Eizelle und endet mit dem Tod des Individuums. Während der vorgeburtlichen Entwicklung unterscheidet man die embryonale (1.–8. Woche nach der Befruchtung) von der fötalen Phase (ab 9. Woche bis zur Geburt).

Im deutschen Sprachraum bezeichnet man die Zeitspanne vom 1.–3. Lebensjahr als „frühe Kindheit", sie ist – einschließlich der vorgeburtlichen Entwicklung – Thema dieses Kapitels.

3.1 | Wahrnehmung und Denken

Die Aufnahme von Information über die Sinne beginnt nicht erst bei der Geburt, sondern schon pränatal (Hopper 2007). Nach der Geburt nimmt das Neugeborene die neuen Informationen aus der sozialen und physikalischen Umgebung mit allen ihm verfügbaren Mitteln auf, denn die Informationsaufnahme ist eine wesentliche Voraussetzung für Entwicklung und Lernen.

3.1.1 | Wahrnehmungsentwicklung

Die einzelnen Sinnesmodalitäten entwickeln sich vor und nach der Geburt in unterschiedlichem Tempo. Das führt dazu, dass die Wahrnehmungskompetenzen des Fötus und danach des Neugeborenen je nach Beobachtungszeitpunkt modalitätsspezifisch unterschiedlich gut ausgebildet sind (Slater et al. 2007).

modalitätsspezifische Entwicklungstempi

Während der Geschmackssinn (olfaktorische Wahrnehmung) und der Tastsinn (taktile Wahrnehmung) bereits in der Plazenta gut stimuliert werden, was die Entwicklung vorantreibt, ist insbesondere der Sehsinn (visuelle Wahrnehmung) zum Zeitpunkt der Geburt noch wenig ausgebildet, was aufgrund der vorgeburtlich geringen Stimulation der Rezeptoren im Auge auch nicht weiter erstaunlich ist. Die durchschnittlichen Wahrnehmungskompetenzen von Neugeborenen und Säuglingen sind heute gut erforscht:

Schmecken und Riechen

▶ Besonders gut ausgebildet sind bereits bei der Geburt der *Geschmacks-* und der *Geruchssinn* (z. B. Slater et al. 2007).

Tast- und Hautsinne

▶ *Berührungsreize* sind bereits dem Fötus durch die Berührungen mit der Gebärmutterwand vertraut. Neugeborene reagieren auch auf Streicheln und auf *Schmerzreize*. Frühgeborene suchen tastend Halt im Inkubator (Brutkasten) und versuchen sich in einem Nestchen einzurichten.

Hören

▶ Föten reagieren ab der 24. Woche auf *auditive Stimulationen* (z. B. auf Musik).

▶ Die auditive Wahrnehmung verbessert sich auch noch nach der Geburt in den ersten Lebensmonaten weiter.

▶ Komplexe Laute lösen deutlichere Reaktionen aus als physikalisch reine Töne, der bevorzugte Frequenzbereich (Tonhöhe) liegt auf demjenigen der menschlichen Stimme oder darüber.

▶ Die Stimme der Mutter kann bereits nach der Geburt von anderen Stimmen unterschieden werden, vor allem wenn sie „gefiltert" wird, sodass sie genauso wie im Mutterleib klingt (Hepper 2007).

▶ Töne von der Seite führen im sehr wachen Zustand zu Kopfdrehungen und visuellem Suchen.

▶ Die *Sehschärfe* Neugeborener ist noch schwach und verbessert sich **Sehen** kontinuierlich im Verlauf der ersten Lebensmonate. Sie erreicht nach etwa 12 Monaten das optimale Niveau des Erwachsenen. Peripheres Sehen ist bei Neugeborenen noch kaum entwickelt.

▶ Demgegenüber ist die Größenkonstanz vermutlich ab der Geburt entwickelt: Neugeborene können Objekte nach ihrer Größe unterscheiden, auch wenn diese so präsentiert werden, dass deren Abbild auf der Retina konstant bleibt (das größere Objekt wird in entsprechend größerer Entfernung gezeigt) (Slater et al. 2007).

▶ Interesse an visuellen Stimuli: Bilder mit geringer Komplexität sind weniger interessant als solche mit hoher Komplexität. Bilder mit hoher Komplexität wiederum haben sich aber im Vergleich zu Gesich-

Abb. 3.1

Säuglinge erleben eine Vielfalt von Tast- und Berührungsreizen.

tern auf Fotos als weniger interessant erwiesen. Das größte Interesse zeigen Säuglinge eindeutig an „lebendigen" Gesichtern.

▶ Das Gesicht der Mutter wird schon wenige Stunden nach der Geburt länger betrachtet als das Gesicht einer unbekannten Frau, sofern dem Kind das Gesicht der Mutter vorgängig in Kombination mit deren Stimme präsentiert wurde (Sai 2005).

▶ Säuglinge können ab der Geburt mit den Augen und dem Kopf einem Stimulus folgen, wenn er ihr Interesse gefunden hat.

Abb. 3.2

Das Baby nutzt schon sehr früh Bewegungshinweise, für deren Wahrnehmung die Sehschärfe weniger wichtig ist.

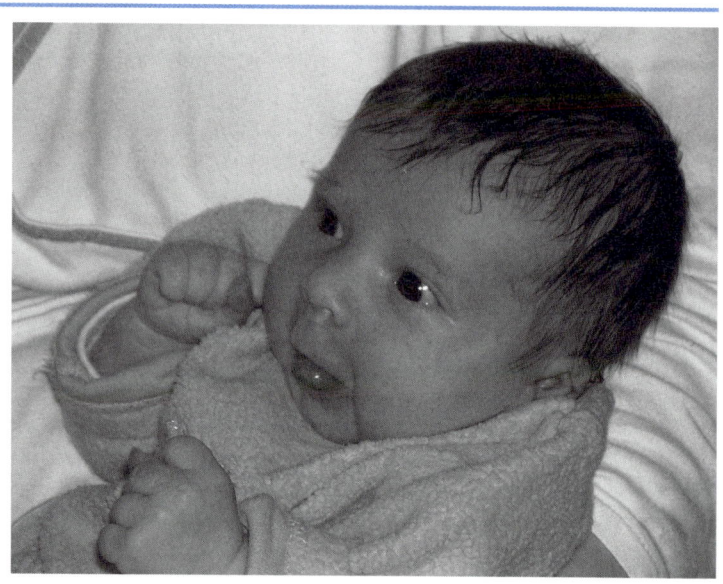

Tiefenwahrnehmung

Die entwicklungspsychologische Forschung hat sich intensiv mit der Frage beschäftigt, wie sich die Tiefenwahrnehmung entwickelt, und entdeckt, dass Kinder dafür bestimmte Hinweisreize nutzen:

▶ Ab 1 Monat: Beim sogenannten Looming führt die (simulierte oder echte) Annäherung von Objekten zu einem größeren Abbild auf der Netzhaut. Das Baby reagiert darauf mit Abwehrbewegungen.

▶ Erste Lebensmonate: Das Baby nutzt schon sehr früh kinetische Cues (Bewegungshinweise), für deren Wahrnehmung die Sehschärfe weniger wichtig ist.

▶ Ab 3 Monaten: Aufgrund der Konvergenz der Augen und der Querdisparation nutzt das Kind *binokulare Hinweise*, unterschiedliche Abbilder verschmelzen dabei auf der Netzhaut zu einem Bild. Je näher ein Objekt ist, desto größer ist die Querdisparation.

▶ Ab 6 Monaten: Verwendung statischer Distanzhinweise. Verdeckte Bilder erscheinen weiter hinten als unverdeckte (Yonas/Arterberry 1994).

▶ Ab 7 Monaten: Das Wissen über die Größe eines Objekts beeinflusst die Distanzwahrnehmung. Große Objekte, die klein wirken, werden als weiter entfernt wahrgenommen (Granrud et al. 1985).

Frühe Kategorisierungsprozesse | 3.1.2

Definition

Die wahrnehmbare Welt besteht aus Milliarden von unterscheidbaren Einzelobjekten und Eigenschaften, die wir aufgrund von Ähnlichkeiten bestimmten Kategorien *zuordnen* bzw. *kategorisieren*. Dadurch wird die Vielfalt und Komplexität der Welt reduziert und an die kognitiven Ressourcen (des Menschen) angepasst. Die **Kategorisierung** hat überdies den enormen Vorteil, dass wir einem Objekt, das wir als Vertreter einer bestimmten Kategorie betrachten, auch *solche* Eigenschaften dieser Kategorie zugestehen, die beim unmittelbar angetroffenen Vertreter nicht unmittelbar beobachtet werden (können).

Wenn ein Kind bereits weiß, dass Hunde bellen, so erwartet es, dass ein Hund, den es bislang noch nie gesehen hat, ebenfalls bellen kann und vielleicht auch bellen wird. Angetroffene Objekte, die einer Kategorie zugeordnet werden, müssen nicht vollständig exploriert werden, was die Wahrnehmung und Handlungsplanung des Kindes *effizient* macht. | Effizienzgewinn

Experimentelle Methoden der Säuglingsforschung erlauben heute die Untersuchung der Frage, ob und ggf. ab welchem Alter Säuglinge wahrnehmbare Einzelphänomene zu unterscheidbaren Kategorien zusammenfassen — also z. B., ob sie zwischen Möbeln und Fahrzeugen oder zwischen Tieren und Pflanzen unterscheiden. | Untersuchungsmethoden

Die darunter am häufigsten verwendete Methode — die *familiarization/novelty-preference procedure* (Quinn 2007) — nutzt wie das Habituations-Dishabituations-Paradigma (→ Kap. 2) die Tatsache, dass ein Reiz bei wiederholter Präsentation für den Säugling zunehmend „langweilig" wird, da er sich an den Reiz habituiert (gewöhnt). | familiarization / novelty-preference procedure

Zeigt man einem Säugling eine Reihe von Vertretern einer bestimmten Kategorie (z. B. verschiedene Möbel), ist eine abnehmende Aufmerksamkeitszuwendung (gemessen an der Fixationsdauer pro Durchgang) die Folge. Zeigt man ihm einen Vertreter einer anderen Kategorie (z. B. ein Fahrzeug), nimmt die Aufmerksamkeit vorübergehend wieder zu, sofern das Kind den

Kategorienwechsel bemerkt. In den Experimenten des Typs „familiarization/novelty-preference procedure" wird aus der Zunahme der Aufmerksamkeitszuwendung geschlossen, dass das Kind eine Veränderung (also z.B. einen Kategorienwechsel) feststellt und mit längerer Blickdauer reagiert.

Forschungsergebnisse Heute wissen wir, dass bereits das vorsprachliche Kind im 1. Lebensjahr Objekte und Objekteigenschaften kategorisiert: Es unterscheidet z.B. Säugetiere von Möbeln (globales Niveau), aber auch Katzen von Hunden bzw. Stühle von Tischen (spezifisches Niveau). Und es unterscheidet innen von außen, oben von unten etc. Der Säugling beginnt mit Kategorisierungen auf globalem Niveau und gliedert diese anschließend in spezifischere Kategorien (Quinn 2007).

3.1.3 | Lernen und Gedächtnis

Neben den bisher beschriebenen Wahrnehmungs- und Kategorisierungsprozessen zählen die Gedächtnis- und Lernprozesse zu den wichtigsten kognitiven Prozessen. Fundamental ist insbesondere die Rolle des Gedächtnisses, denn ohne *Speicherung* von Information wären alle anderen (höheren) kognitiven Prozesse unmöglich.

Definition

Unter **Gedächtnis** sind nicht nur bewusstes und willentliches Speichern und Erinnern, sondern auch unbewusste, beiläufige Prozesse zu verstehen, die als *implizites Gedächtnis* und *implizites* oder *inzidentelles Lernen* bezeichnet werden.

1. Lebensjahr Die experimentelle Säuglingsforschung konnte zeigen, dass sich das menschliche Gedächtnis bereits im Verlauf des 1. Lebensjahres kontinuierlich entwickelt:

▶ **Wiedererkennensleistungen** (engl. *recognition*): Sie sind bereits ab der Geburt möglich, insbesondere bei Sinnesmodalitäten (wie dem Hörsinn), die schon vorgeburtlich funktional waren (z.B. DeCasper/Spence 1986). Viele der in den Kap. 3.1.1 und 3.1.2 referierten Studien zeugen von frühen Wiedererkennensleistungen, gemessen als erhöhte Aufmerksamkeit gegenüber neuen Stimuli im Vergleich zu schon bekannten (die offenbar gespeichert wurden).

▶ **Erinnern von Kontingenzen**: Nachdem 3 Monate alte Babys mit dem Fuß strampelnd ein Mobile bewegt und die Kontingenz zwischen dem Strampeln und den Bewegungen des Mobiles entdeckt haben, erinnern sie sich einige Tage später in einer ähnlichen Situation wieder daran und versuchen, den Effekt erneut strampelnd hervorzurufen (Rovee-Collier et al. 1980). In vielen weiteren Experimenten konnten Rovee-Collier und Kollegen zeigen, dass die Erinnerungsdauer (gemessen in Wochen nach dem Training) mit dem Alter der Säuglinge und mit der Anzahl der Trainingsdurchgänge linear zunahm. Der wiederholte Einsatz von Erinnerungshilfen (z. B. Zeigen des Mobiles) konnte das Vergessen um Monate hinauszögern (Hayne et al. 2000; Rovee-Collier 1997, 1999). Veränderungen des *Kontextes* (z. B. veränderte Ausstattung des Bettchens, in dem der Zusammenhang erinnert werden sollte) führten zu drastischen Abrufproblemen (Rovee-Collier 1997).

▶ **Lernen durch (aufgeschobene) Imitation von Handlungen:** Bereits 6 Monate alte Kinder imitieren eine beobachtete Handlung (z. B. bei einer Spielzeugente einen Knopf drücken, damit diese quakt), sofern sie unmittelbar nach der Beobachtung getestet werden (Herbert et al. 2006). Aber erst ab 9 Monaten imitieren Kinder Handlungen, die sie beobachtet haben, (z. B. ein Spielzeug manipulieren oder einen Knopf drücken) *noch 24 Stunden später*, obwohl sie die jeweilige Handlung unmittelbar nach der Beobachtung nicht imitieren konnten (*deferred imitation*). Die älteren Kinder erinnern sich noch nach mehreren Wochen daran (Meltzoff 1985, 1988).

Aktives Erinnern (engl.: *recall*) zeigt sich insbesondere auch im Zusammenhang mit der Sprachentwicklung: Eineinhalbjährige wiederholen intentional Wörter und kurze Sätze, die ihnen vorgesprochen werden (→ Kap. 3.2).   *aktives Erinnern*

Die einfachste Form des Lernens besteht nach bisheriger Ansicht beim Säugling in der *Bildung von Assoziationen* zwischen physikalisch *simultan vorhandenen* Phänomenen (vgl. klassische Konditionierung). Eine neuere Studie zeigt auf, dass wahrscheinlich bereits 6 Monate alte Säuglinge Objekte assoziieren, die *nicht* unmittelbar gleichzeitig wahrnehmbar sind (Cuevas et al. 2006).   *Bilden von Assoziationen*

Definition

Das **autobiografische Gedächtnis** ist ein eigenes, sich dynamisch ab dem 3. Lebensjahr entwickelndes emergentes System. Es bezieht sich auf vergangene eigene Erlebnisse (Episoden), die explizit unter der speziellen Perspektive des Selbst in Beziehung zu anderen Personen erinnert werden (Nelson/Fivush 2004).

früheste autobiografische Erinnerungen

Das *autobiografische Gedächtnis* setzt erst gegen Ende des 2. Lebensjahres und vermehrt im 3. Lebensjahr ein (Nelson/Fivush 2004). Solche Erinnerungen konnten für besonders einschneidende Erlebnisse, z. B. eines medizinischen Notfalls, festgestellt werden (Peterson/Bell 1996; Peterson/Whalen 2001). Offensichtlich ist Sprache als Träger der Erinnerungen entscheidend: Kinder erinnerten nur Inhalte, die sie zum Zeitpunkt des Ereignisses bereits sprachlich benennen konnten, also mit ihrem Wortschatz ausdrücken konnten.

3.1.4 | Objektkonstanz und Objektpermanenz

Wir gehen ganz selbstverständlich davon aus, dass Objekte auch dann weiter existieren, wenn sie aus unserem Blickfeld verschwinden, dass also Objekte ohne unser Zutun permanent existieren. Wann und wie entwickelt sich dieses Wissen?

Studie

Bahnbrechend waren insbesondere die originellen Experimente von Renée Baillargeon (z. B. Baillargeon/De Vos 1991), die 3 – 4 Monate alten Kindern verdeckte Objektbewegungen zeigte und feststellte, dass diese erwarteten, dass die Objekte ihre Bewegungsbahn gleichmäßig fortsetzten und in gleicher Größe wieder zum Vorschein kamen. In einem Experiment mit 2 unterschiedlich großen Rüben, die nach den Habituierungsdurchgängen (vgl. Abb. 3.3) hinter einem Schirm mit einer Auslassung durchgezogen wurden, reagierten die 4 Monate alten Säuglinge überrascht (längere Aufmerksamkeitszuwendung), wenn die lange Rübe bei der Auslassung nicht sichtbar wurde.

Abb. 3.3 |

Versuchsanordnung von Baillargeon/De Vos (1991)

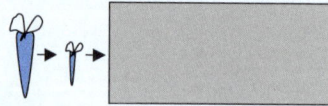

Habituierungsdurchgänge:
Die große und die kleine Rübe verschwinden abwechslungsweise hinter dem Schirm und kommen rechts wieder zum Vorschein.

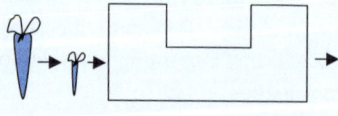

Testdurchgang mit unmöglichem Ereignis:
Die große Rübe verschwindet hinter dem Schirm und kommt rechts wieder zum Vorschein, ohne in der Mitte bei der Auslassung des Schirms sichtbar zu werden.

Testdurchgang mit möglichem Ereignis:
Gleiches Vorgehen mit *kleiner* Rübe.

Während Jean Piaget aufgrund seiner Beobachtungen des Suchverhaltens von 1- bis 2-jährigen Kleinkindern noch davon ausgegangen war, dass Kinder erst allmählich im Verlauf des 2. Lebensjahres entdecken, dass Objekte auch dann weiter existieren, wenn sie diese nicht unmittelbar wahrnehmen können, wurde diese Annahme durch neuere Studien in Frage gestellt.

Weitere Untersuchungen ergaben, dass die Generierung von Erwartungen zu verdeckten Objektbewegungen von verschiedenen physikalischen Bedingungen wie Geschwindigkeit des Objekts und Größe des Schirms, der die Objekte verdeckt, abhängig ist: Jüngere Kinder nehmen verdeckte Objektbewegungen nur wahr, wenn die (unsichtbar) zurückgelegte Distanz bzw. die betreffende Zeit kurz ist, während der das Objekt verdeckt ist (Bremner et al. 2005).

wichtige Randbedingungen

Kritik

Nicht wenige Forscher hegen außerdem Zweifel an der (weitgehenden) die kognitive Entwicklung betreffenden Interpretation des Blickverhaltens der Säuglinge in solchen Habituationsexperimenten (wie demjenigen von Baillargeon/DeVos 1991), indem sie geltend machen, dass die Effekte auch durch Stimulusmerkmale und entsprechende perzeptuell bedingte unterschiedliche Habituationsdynamiken erklärt werden könnten (Haith 1998; Schöner/Thelen 2006).

Solche Einschränkungen legen nahe, die Fähigkeit, verdeckte Objektbewegungen wahrzunehmen, etwas vorsichtiger als Objektkonstanz und noch nicht als Objektpermanenz zu interpretieren.

Objektkonstanz

Wenn wir unter „Objektpermanenz" das Suchen nach verschwundenen Objekten in den ersten beiden Lebensjahren verstehen wollen, so gelten auch heute noch die naturalistischen Beobachtungen, die auf Piaget zurückgehen (Piaget 1975):

▶ Wenn wir einem 5-monatigen Säugling ein Spielzeug zeigen und dieses dann durch einen anderen Gegenstand (z.B. ein Tuch, das uninteressant ist) verdecken, so wird sein vorher gezeigtes Interesse schnell nachlassen. Er verhält sich so, als ob er glauben würde, das Spielzeug existiere nicht mehr.

▶ Ab 8 Monaten beginnt das Kind ein zugedecktes Objekt zu suchen (am Ort, wo das Objekt verschwunden ist). Bei sichtbarem Platzwechsel sucht das Kind immer noch am ersten Ort.

▶ Ab 9 – 12 Monaten sucht es das verschwundene Objekt an einem weiteren Ort, sofern es einen entsprechenden Ortswechsel von A nach B beobachten konnte. Allerdings zuerst in A und dann in B (A- nicht B-Suchfehler).

▶ Ab 18 – 24 Monaten ist dem Kind eine Sequenzumkehrung der (beobachteten) Positionsveränderungen im Suchverhalten möglich. Ab dieser Phase kann ein Objekt aufgrund der eigenen Vorstellungstätigkeit identifiziert werden. Ein Objekt kann seinen Ort unabhängig vom eigenen Zutun und der eigenen Wahrnehmung verändert haben (Ort als Zufallsmerkmal).

Abb. 3.4

Ab 8 Monaten beginnen Kinder, verschwundene Objekte zu suchen.

3.1.5 | Kausales Denken

Laien würden nicht ohne Weiteres vermuten, dass bereits Säuglinge Kausalität wahrnehmen bzw. Ursachen und Wirkungen miteinander verknüpfen können.

Abb. 3.5

Experimentelle Anordnung bei Leslie und Keeble (1987)

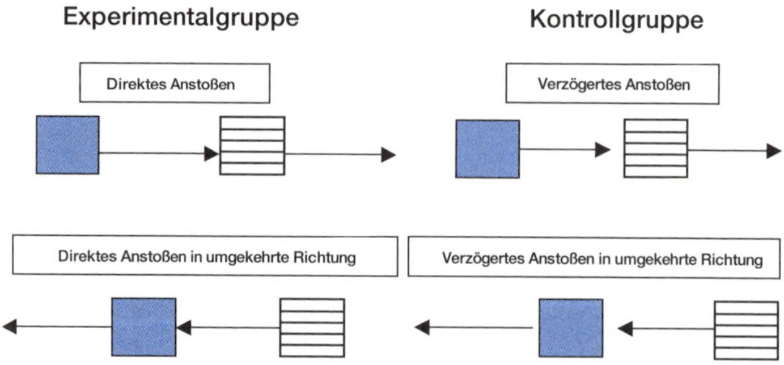

Experimentalgruppe   Kontrollgruppe

Direktes Anstoßen   Verzögertes Anstoßen

Direktes Anstoßen in umgekehrte Richtung   Verzögertes Anstoßen in umgekehrte Richtung

Spätestens seit den bahnbrechenden Experimenten von Leslie und Keeble (1987) hat sich jedoch in der Entwicklungspsychologie die Erkenntnis durchgesetzt, dass Säuglinge durchaus einfache Ursache-Wirkungs-Beziehungen wahrnehmen können.

Halbjährige Säuglinge beobachteten, wie ein blauer Klotz einen grünen Klotz anstieß (Habituierungsphase). Nach einigen Durchgängen wurde die Richtung und damit auch die Kausalität umgekehrt (→ Abb. 3.5): Nun stieß der grüne Klotz den blauen an (Testdurchgang). In der Kontrollgruppe waren alle Bedingungen gleich mit einer Ausnahme: Der grüne Klotz (bzw. im Testdurchgang der blaue) setzte sich erst einige Zeit nach der Ankunft des sich zuerst bewegenden Klotzes, also mit einiger Verzögerung (0.5 sec.), in Bewegung, was den „Eindruck" einer Kausalbeziehung zwischen dem Anstoßen des blauen Klotzes und der Fortbewegung des grünen Klotzes verhinderte.

Viele Forscher gehen heute davon aus, dass das Kind dank einer angeborenen Sensitivität gegenüber bestimmten Verhaltensmerkmalen (wie z.B. Eigenbewegungen, kontingente Reaktivität) sehr früh in der Lage ist, zielgerichtete Handlungen zu identifizieren. Anscheinend ist es so, dass diese Identifikation umso wahrscheinlicher ist und damit auch umso früher (bereits ab dem 6. Lebensmonat) auftritt, je mehr solche Hinweise bzw. Verhaltensmerkmale simultan auf das Kind einwirken (Biro/Leslie 2007).

> Entstehungsbedingungen

Neuere Studien weisen bereits für 2-jährige Kinder die Fähigkeit nach, einfache kausale Schlüsse zu ziehen (Sobel/Kirkham 2006).

> kausale Schlussfolgerungen

Auch zu diesem Kapitel ist einschränkend zu bemerken, dass die meisten Befunde auf Habituationsexperimenten beruhen, deren Interpretation kontrovers diskutiert wird (Haith 1998).

Sprachentwicklung in der frühen Kindheit | 3.2

Das Neugeborene kann noch nicht sprechen, aber es kann sich seinen Bezugspersonen durch Weinen mitteilen und es kann auch kommunikative Signale aus seiner sozialen Umwelt wahrnehmen und voneinander unterscheiden (→ Kap. 3.1.1).

Das Verstehen der Sprache geht der Sprachproduktion zeitlich deutlich voraus: Während einjährige Kinder noch nicht viel mehr als wenige, oft nur schwer verständliche Wörter artikulieren, verstehen sie selbst schon wesentlich mehr. Im Verlauf der ersten drei Jahre lernt das Kind nicht nur korrekte einfache Sätze zu bilden und situationsgerecht im Gespräch vorzubringen, es gelingt ihm auch, sich in verschiedenen Zeiten (Vergangenheit und Gegenwart) auszudrücken und einfache Sprechhandlungen (Erzählen, Fragen und Befehlen) zu realisieren.

Im Folgenden betrachten wir die vorsprachliche Phase des ersten Lebensjahres und die ersten Schritte in der Muttersprache.

3.2.1 | Vorsprachliche Kommunikation

Lange bevor das Kind erste Wörter produziert, ist es mit der Mutter, dem Vater und anderen wichtigen Bezugspersonen in sprachliche Dialoge eingebunden (Papoušek 2001). Dabei sprechen die Erwachsenen einfache und stark segmentierte Sätze unter ausgeprägter Betonung einzelner Silben (in sogenannter Ammensprache), was vermutlich dem Kind die Sinnentnahme aus dem Sprachstrom erleichtert. Sie hören dem Kind zu, beantworten die kindlichen Vokalisationen kontingent und imitieren sie teilweise.

rezeptive phonologische Entwicklung Vier Tage alte Säuglinge unterscheiden die Muttersprache von anderen Sprachen, indem sie die prosodischen Merkmale (Betonung, Tempo, Pausen) der Sprache nutzen (Mehler et al. 1988). Mehler und Kollegen (1988) führten ihr Experiment u. a. auch mit phonetisch gefilterter Sprache durch, in der nur noch rhythmisch-prosodische Informationen enthalten waren. Da die Resultate die gleichen blieben, kann man davon ausgehen, dass die Präferenz für die Muttersprache mit deren prosodischen Merkmalen zusammenhängt.

Lautunterscheidung Unter phonologischer Kategorisierung versteht man die Fähigkeit von Säuglingen, in Habituationsexperimenten Lautfolgen wie „ba" von „pa" zu unterscheiden (Eimas et al. 1971). Bis zum 6. Lebensmonat können Säuglinge sogar Lautunterschiede diskriminieren, die nur in anderen Sprachen (aber nicht in der Muttersprache) bedeutungsunterscheidend sind. Später lässt die Fähigkeit, Lautunterschiede anderer Sprachen zu diskriminieren, teilweise nach (Szagun 2013).

Segmentierung 7-monatige Säuglinge ziehen korrekt segmentierte (gegliederte) Sprachbeispiele willkürlich (falsch) segmentierten sprachlichen Äußerungen vor, was darauf hinweist, dass diese Kinder aufgrund der Prosodik über ein „Wissen" über sinnvolle syntaktische Einheiten verfügen.

statistisches Lernen In der zweiten Hälfte des ersten Lebensjahrs können Babys in kurzer Zeit relativ häufige Lautkombinationen einer Sprache (im Experiment: auch einer Kunstsprache) aufgrund der *statistischen Übergangswahrscheinlich-*

keiten erlernen. Kinder dieses Alters unterscheiden also bereits unbewusst die relativ häufigen Lautfolgen einer Sprache von unwahrscheinlichen Lautfolgen und bilden unbewusst Hypothesen über die bedeutungstragenden Wörter des Sprachstroms, den sie wahrnehmen (Aslin et al. 1999).

Im Mittelpunkt der Sprach*produktion* des ersten Lebensjahres steht die Erkundung und Einübung der Möglichkeiten des Sprechapparates. Während das Baby mit zwei Monaten vor allem kurz phonierte Laute, vokalartige und melodisch modulierte Laute artikuliert (z.B. Gurren), kommen zwischen dem 4. und dem 7. Lebensmonat explorative (wie Quietschen, Brummen etc.) und emotionale Laute (wie Lachen, Quengeln) hinzu (Papoušek 2001).

frühe Artikulationen

Ab dem 4. Monat imitiert das Kind vorgesprochene Vokale, wie „a" oder „i"; nicht-sprachliche Laute werden hingegen nicht imitiert (Kuhl 1987).

Imitation

Reguläre Silben und *Silbenreduplikationen* (z.B. da-da-da) tauchen ab dem 7. Monat, im Anschluss an das Absinken des Kehlkopfes auf. Wenn die Reduplikation von Silben zwischen dem 6. und dem 9. Lebensmonat fehlt, könnte dies ein Hinweis auf Gehörlosigkeit sein, da gehörlose Kinder dieses Verhalten nicht zeigen.

Lallen

Undeutlich oder falsch artikulierte Wörter, die aber doch schon bedeutungstragend sind (*Protowörter*), folgen mit ca. 11 Monaten, erste *deutlich* artikulierte, bedeutungstragende Wörter der Muttersprache folgen etwa einen Monat später (Papoušek 2001).

Protowörter

Wiederkehrende Routinen des Alltags mit einhergehenden Kommentierungen durch die Erwachsenen ermöglichen wahrscheinlich die ersten assoziativen Verknüpfungen zwischen Situationen bzw. Objekten und gehörter Sprache. Durch die erwähnten Dialoge macht das Kind außerdem in der Rolle als Gesprächspartner die Erfahrung, dass Hören und Sprechen einander abwechseln und dass (im positiven Fall) jemand zuhört und sich interessiert, wenn es artikuliert.

Handlungs- und Sprachroutinen

Erste „Schritte" in die Muttersprache

| 3.2.2

Die Produktion erster Wörter (produktive lexikalische Entwicklung) fällt in die Zeit zwischen dem 9.–18. Monat (Szagun 2013). Zu Beginn dieser Zeitspanne lernen Kinder auch das aufrechte Gehen (→ Kap. 3.3.1). Bei Kindern, die früher aufrecht gehen können, nimmt der passive und aktive Wortschatz — zumindest im englischsprachigen Raum — schneller zu als bei gleichaltrigen Kindern, die noch nicht aufrecht gehen können (Walle/Campos 2014).

Es handelt sich oft um Wörter für Personen (z.B. Papa, Mama), Objekte (z.B. Tictac) oder Tiere (z.B. Wauwau), auf die das Kind verweist (*Protodeklarative*) oder die es haben möchte (*Protoimperative*). Viele dieser Wör-

Protodeklarative und Protoimperative

ter sind Nomen, seltener handelt es sich um Verben (Aktionswörter wie „springen"), Adjektive und Funktionswörter (wie „die" oder „der", die oft auf etwas hinweisen) (Szagun 2013). Diese Wörter werden zunächst im sogenannten Einwortsatz geäußert. „Mama" beispielsweise kann dabei je nach Kontext unterschiedliche Bedeutungen haben: Hinweis auf An- oder Abwesenheit; Wunsch, dass sie kommt etc.

50-Wörter-Marke Im Durchschnitt verfügen Kinder mit ca. 18 Monaten über einen aktiven Wortschatz von etwa 50 Wörtern. Manche bezeichnen diese Marke als „magisch", weil sich der Wortschatz danach schneller erweitert („Vokabelspurt", vgl. z.B. Nazzi/Bertoncini 2003): Ein Jahr später — mit 30 Monaten — umfasst der durchschnittliche aktive Wortschatz bereits knapp 500 Wörter (Szagun 2013). Allerdings ist zu beachten, dass die interindividuelle Variabilität bei der Zunahme des Wortschatzes sehr groß ist (Fenson et al. 1994).

Zwei- und Mehrwortäußerungen Ab 19 Monaten verständigen sich Kinder zunehmend mit aus zwei Wörtern bestehenden Äußerungen (*Zwei-Wortsätzen*), ab dem dritten und noch akzentuierter im vierten Lebensjahr mit Drei- und *Mehrwortäußerungen* (Szagun 2013).

Grammatikerwerb Mit zunehmender Länge und Komplexität der kindlichen Äußerungen setzt ein imposanter bis ins Schulalter hinein anhaltender, aber weitgehend doch unbewusster, *Grammatikerwerb* ein (Pluralbildung, Kasus, Genus, Passiv, Verbmarkierungen u.a.), auf den ich hier nicht im Detail eingehen kann (vgl. Szagun 2013). Auch auf den Grammatikerwerb trifft die schon weiter oben angemerkte interindividuelle Variabilität zu: Verwenden die einen Kinder z. B. den Passiv bereits mit 27 Monaten, setzen ihn andere erst mit 42 Monaten ein (Szagun 2013).

Bemerkenswert ist zudem, dass neuere Theorien die Bedeutung der Imitation auch für den Grammatikerwerb hervorheben (Tomasello 2003). Kinder lernen nach dieser Theorie nicht einerseits Wörter und andererseits unabhängig davon eine Grammatik, die dann hilft, die Wörter zu Sätzen zu verbinden. Vielmehr konstruieren sie ihre Sätze aus (besonders häufig gehörten und deshalb im Gedächtnis gespeicherten) Sprachfragmenten (z.B. „ins Bett gehen", „Flasche trinken"). Lexikalisches und grammatisches Lernen sind somit miteinander verwoben (Bannard/Matthews 2008).

Wortschatzerwerb Bei der Aneignung des passiven und aktiven Wortschatzes in der Muttersprache benutzt das Kind eine Reihe von Strategien. Schon junge Kinder beachten, worauf die Aufmerksamkeit von Sprechern gerichtet ist, und assoziieren die betreffenden Objekte mit den gehörten Wörtern (Baldwin 1993).

Fragen, Bilderbücher Schon mit 1.5 Jahren sind Kinder in der Lage, nach der Bezeichnung von Objekten zu fragen („Was ist das?"). Kinder dieses Alters lieben es auch, mit Bezugspersonen Bilderbücher anzusehen. Einem intuitiven Skript folgend, zeigen diese der Reihe nach auf die Tiere, Objekte und Menschen, bezeichnen sie („Schau mal, das ist die Kuh. Und da ist das Entlein") und sagen zum Beispiel: „Die Kuh macht muh!" oder „Das Entlein macht quak!" etc.

Da die aktiv erfragten bzw. via Bilderbüchern gelehrten Wortbedeutungen nur einen Bruchteil der gelernten Wort-Objekt-Zuordnungen ausmachen, müssen Kinder noch über andere Strategien verfügen, nach denen sie Bedeutungszuordnungen vornehmen. Man geht heute davon aus, dass Kinder ab ca. 1.5 Jahren sogenannte *Constraints* einsetzen (Markman/Hutchinson 1984; Markman/Wachtel 1988).

Strategien der Bedeutungszuordnung

Definition

Bei den **Constraints** (Vorannahmen bzw. Einschränkungen) handelt es sich um Regeln, die das Kind unbewusst zunächst zur Induktion von Objektbedeutungen, später auch zur Induktion von Verbbedeutungen verwendet.

Wenn das Kind beispielsweise ein unbekanntes Wort hört, so geht es anscheinend eher davon aus, dass sich dieses *nicht* auf einen Teilbereich eines vorhandenen (bekannten) Objekts bezieht, sondern auf eines der vorhandenen unbekannten Objekte (*Ganzheitsconstraint*).

Es scheint auch eher anzunehmen, das neue Wort stehe für ein Objekt der gleichen Kategorie wie die übrigen vorhandenen Objekte, deren Bezeichnungen dem Kind schon bekannt sind (*Taxonomieconstraint*).

Schließlich geht es eher davon aus, dass es für ein Objekt nur jeweils ein Wort gibt, weshalb es das neue Wort einem unbekannten Objekt zuordnet (ggf. eben doch einem Teilobjekt, nämlich dann, wenn dem Kind die Bezeichnungen aller vorhandenen Objekte schon bekannt sind).

Die wesentlich schwierigere (und deshalb auch später erfolgende) *Induktion von Verbbedeutungen* wird durch die (unbewusste) Beachtung syntaktischer Merkmale (*syntaktische Constraints*), nämlich des Satzrahmens, den bestimmten Verben verlangen, sowie der Präpositionen, die mit bestimmten Verben kombiniert sind (Gleitman 1990), beeinflusst.

Unklar ist bis heute, weshalb Kinder solche (und nicht andere) Constraints verwenden bzw. ob und ggf. wie sie diese gelernt haben.

3.3 | Motorik und Feinmotorik

3.3.1 | Grobmotorische Entwicklung

Während sich andere Säuger (z. B. Fohlen) schon wenige Stunden nach der Geburt – wenn auch noch etwas ungelenk – selbst fortbewegen können, bleibt der menschliche Säugling auffällig lange immobil. Das motorische Repertoire des Neugeborenen ist vergleichsweise retardiert. Prechtl (1993) bezeichnete es bis zum 2. Monat als „fötal". Gleichzeitig ist auch die Muskelkraft noch sehr gering.

vermutete Ursachen

Diese motorische Unreife hat vermutlich evolutionsgeschichtliche Gründe: Das enorme intrauterine Wachstum des Gehirns machte eine Vorverschiebung der Geburt notwendig, da ein größerer Kopfumfang mehr Geburtskomplikationen hervorgerufen hätte. Die meisten motorischen Muster des Neugeborenen sind wenig kontrolliert und kaum zielgerichtet (z. B. Stoßbewegungen).

Reflexe

Bei einigen Bewegungen handelt es sich um komplexere Muster (oft als „Reflexe" bezeichnet), die durch gezielte Stimulation ausgelöst werden können. Bekannte *Reflexe* sind: Saugreflex, Suchreflex, Greifreflex, Moro-Schreck-Reflex etc. (Hepper 2007). Viele dieser Muster verlieren sich nach dem 4. Lebensmonat und sind deshalb nicht direkte Vorläufer der entsprechenden Bewegungsabläufe, die später wieder aufgebaut (gelernt) werden. In der psychodiagnostischen Untersuchung von Neugeborenen nach Brazelton werden 20 dieser Reflexe gezielt ausgelöst (Brazelton et al. 1987). Die Reaktionen darauf werden standardisiert beobachtet und ausgewertet.

aufrechter Gang

In Europa und Nordamerika können die meisten Kinder mit ca. 1 Jahr ohne Hilfe aufrecht gehen. Die interindividuellen Unterschiede sind allerdings erheblich: Einige Kinder gehen bereits mit 10 Monaten, andere erst mit 1,5 Jahren, ohne dass dies zu Sorgen Anlass geben müsste. In den ersten Monaten lernen die meisten Säuglinge, zunächst sich in Bauchlage mit den Armen vom Boden abzustützen und dann sich von der Rückenlage auf die Seite zu drehen (Bayley 1993).

Laufen und Treppensteigen

Nach den ersten Gehversuchen mit 1 Jahr verbessert sich das Gehen im Verlauf des 2. Lebensjahres zunehmend, die Kinder werden zusehends schneller, d. h., sie laufen (springen) immer häufiger, erklimmen ohne Hilfe Treppen und beginnen mit Vollendung des 2. Lebensjahres zu hüpfen (Bayley 1993).

Greifen, Legen, Werfen

Die Greifentwicklung erfolgt kontinuierlich im ersten Lebensjahr (Thelen et al. 1996). Neugeborene sind mit einem Greifreflex ausgestattet, der durch die Berührung der Handinnenfläche ausgelöst wird; die Handöffnung erfolgt bei Berührung des Handrückens. Zudem bewegt das Neugeborene den Arm (mit geöffneter Hand) in Richtung eines Objektes mit überzufälligem Greiferfolg. Diese Muster verschwinden nach etwa 2 Monaten.

Greifreflex

Der 1- bis 2-monatige Säugling sieht zwar einen Gegenstand und betrachtet ihn interessiert, aber er greift noch nicht danach.

visuelles Verfolgen

Ab dem 4. Monat kann *visuell gesteuertes Greifen* beobachtet werden (Krist et al. 2012). Der 4- bis 5-monatige Säugling greift nach einem Gegenstand, sofern sich sowohl die eigene Hand als auch der Gegenstand im Gesichtsfeld befinden. Das Kind vermag gezielt, ein Klötzchen zu ergreifen und bald auch in den Mund zu führen.

visuell gesteuertes Greifen

Einige Wochen später kann es das Klötzchen von einer Hand in die andere geben — und noch etwas später — 2 Klötzchen gleichzeitig halten, in jeder Hand eines. Nun kann es auch 2 Klötzchen gegeneinander schlagen.

Links-Rechts-Koordination

Das Greifen von Objekten mit dem *Pinzettengriff* ist ab 8 – 10 Monaten möglich. Ab ca. 9 Monaten kann ein Kind das Klötzchen bewusst wieder loslassen und so z. B. auf den Boden werfen.

Pinzettengriff

Mit Vollendung des 1. Lebensjahres (9. – 12. Monat) kann es das Klötzchen bewusst in einen Behälter fallen lassen. Das 12 – 15 Monate alte Kind stellt 2 Klötzchen zu einem Turm aufeinander.

fallen lassen und bauen

| Abb. 3.6

Ab dem 4. Monat kann visuell gesteuertes Greifen beobachtet werden.

3.4 | Emotion, Motivation, Temperament und Bindung

3.4.1 | Emotionale Entwicklung

Schon das Neugeborene kann verschiedene Emotionen ausdrücken (Lewis 2007): Es kann schreien, lächeln (anfänglich im Schlaf), zeigt Interesse (gegenüber neuartigen Stimuli), erschrickt und zeigt Ekel (gegenüber ungenießbaren Speisen).

primäre Emotionen Ab dem 2. Monat ist im Gesicht des Säuglings die Emotion Ärger beobachtbar (wenn eine zielgerichtete Handlung des Säuglings unterbunden wird) und ab dem 3. Monat auch Freude und Trauer. Diese Emotionen bilden zusammen mit den sich erst ab dem 6. Monat entwickelnden Emotionen Furcht (z. B. Furcht vor fremden Personen) und Überraschung die primären Emotionen Interesse, Ekel, Freude, Ärger, Trauer, Furcht und Überraschung (Lewis 2007).

Funktionen der frühen Emotionen Diese Emotionen erfüllen aber noch nicht die Funktion einer motivdienlichen Handlungsregulation. Vielmehr signalisieren sie den Bezugspersonen unspezifische Zustände, die *diese* motivdienlich zu beantworten haben (Holodynski 2006). Die meisten Eltern (oder andere primäre Bezugspersonen) reagieren auf den kindlichen Emotionsausdruck mit einer intuitiven „Didaktik" (Papoušek/Papoušek 1987):

► Sie reagieren angemessen und spiegeln den Emotionsausdruck (Herstellung von Kontingenzen zwischen Ausdruck und Erleben).
► Sie verwenden prägnante Ausdrucksdisplays in Sprache, Gestik und Mimik (deutliche Aussprache, leicht überzeichnete Mimik etc.).
► Je nach dem aktuellen Erregungszustand regen sie das Kind an oder beruhigen es.

Abb. 3.7 |
Emotionsausdruck: Freude

Diese emotionsbezogenen Handlungen der Bezugspersonen ergänzen den Emotionsausdruck der Neugeborenen zu motivdienlichen Emotionssystemen (Holodynski 2006). Im Verlauf des ersten und zweiten Lebensjahres werden die emotionalen Signale des Kindes spezifischer und zielgerichteter und dadurch für die Bezugspersonen eindeutiger interpretierbar.

Abb. 3.8

Emotionsausdruck: Weinen

Der Säugling drückt nicht nur Emotionen aus, er nimmt auch die grundlegenden Emotionen der Bezugspersonen — wie Freude, Wut, Ärger — zunehmend differenzierter wahr.

Wahrnehmung der Gefühle anderer Personen

Ab dem 6.–9. Monat übernehmen Säuglinge vermehrt die Blickrichtung der Bezugsperson, mit der sie interagieren, blicken also an die gleiche Stelle wie diese. Der *gemeinsame Aufmerksamkeitsfokus* ist für die sozial-kognitive Entwicklung des Kindes von enormer Bedeutung, weil nun die (seitens der Eltern) gezielte Verständigung über Referenzobjekte möglich wird.

joint attention

Ab dem 9. Monat benutzen Kinder emotionale Signale der Bezugsperson zur eigenen Verhaltenssteuerung. Je nach den Emotionen, welche die Bezugsperson gegenüber neuartigen Reizen oder Umgebungen zeigt, zeigt das Kind Annäherungs- oder Vermeidungsverhalten.

social referencing

Erst gegen Ende des 2. Lebensjahres bildet das Kind ein kategoriales Selbst aus: Es erkennt sich selbst im Spiegel und benennt sich selbst mit dem eigenen Namen. Das Bewusstsein des Selbst ist die Voraussetzung für die Entwicklung verschiedener komplexer Emotionen wie Empathie, Eifersucht, Verlegenheit, Stolz, Scham und Schuld (Lewis 2007). Während sich Empathie und die (nicht evaluative) Verlegenheit und die Eifersucht ab 1.5 Jahren entwickeln, folgen die (z. B. bezogen auf die Ursache eines Missgeschicks) evaluative Verlegenheit sowie Stolz, Scham und Schuld erst ab 3 Jahren (Lewis 2007).

auf das Selbst bezogene Emotionen

ausdrucksvermittelte Empathie

Mit 1.5 Jahren, etwa gleichzeitig mit der Fähigkeit, sich selbst im Spiegel zu erkennen, setzt die Entwicklung der Empathie ein. Als Mechanismus der *ausdrucksvermittelten Empathie* postuliert Bischof-Köhler (1989, 2011) ein Zusammenspiel der (schon im Neugeborenenalter funktionsfähigen) Gefühlsansteckung mit der sogenannten „Ich-Andere-Differenzierung". Letztere ist eine Errungenschaft des sich mit 1.5 Jahren herausbildenden Selbstkonzepts, das die Repräsentation des Selbst und des Anderen auf der Vorstellungsebene ermöglicht.

situationsvermittelte Empathie

Bei der *situationsvermittelten* Empathie kommt Gefühlsansteckung als emotionaler Auslöse-Mechanismus nicht in Frage. Die emotionale Bedeutung einer Situation wird nach Bischof-Köhler (1989) über die Mechanismen der *simultanen Identifikation* und der damit verbundenen Perspektiveninduktion vermittelt. Diese Mechanismen machen es möglich, „das Selbst und den Anderen als wesensverwandt und daher zu einer Schicksalseinheit verbunden zu sehen. Was dem Anderen widerfährt erlebt man dann, als wäre man selbst betroffen. Man fühlt sich in seine Lage versetzt und reagiert emotional auf seine Situation" (Bischof-Köhler 1989, 60).

neuropsychologische Befunde zur Empathie

Die neurowissenschaftliche Forschung hat gezeigt, dass empathische Reaktionen zwar weitgehend auf unbewusst und schnell ablaufenden Prozessen beruhen, die durch emotionale Hinweise (z.B. ein Bild einer verletzten Person) ausgelöst werden. Gleichzeitig hat diese Forschung aber auf die Rolle von *impliziten Bewertungsprozessen* hingewiesen, die die empathische Reaktion deutlich modulieren können (de Vignemont/Singer 2006).

Diese Bewertungen können sich z.B. auf die Person beziehen, deren Emotion eine empathische Reaktion auslösen sollte. Hat man z.B. erlebt, dass einen diese Person unmittelbar vorher unfair behandelt hat, dann bringt man weniger Mitgefühl auf, wenn diese Person unter Kopfschmerzen leidet. Aufgrund der nachgewiesenen Wirkung parallel ablaufender Bewertungsprozesse (de Vignemont/Singer 2006) ist die Annahme plausibel, dass die Entwicklung der Empathie im Verlauf der Kindheit durch die weitere sozial-kognitive Entwicklung mitgeformt wird (vgl. Kapitel 4.3).

3.4.2 | Temperament

Eltern wissen aus Beobachtung und Erfahrung, dass sich Kinder von Anfang an unterscheiden: Es gibt aktive und ruhige Neugeborene und Kleinkinder, solche die häufig und anhaltend schreien und nur schwer zu beruhigen sind und wieder andere, die selten schreien und leicht zu beruhigen sind. Kinder unterscheiden sich in ihren motorischen Aktivitäten und in ihren Reaktionen auf unbekannte Situationen voneinander und so weiter.

Das alles sind längst bekannte Fakten, wie dieses Zitat von Galen zeigt: **Galen**

„Die Grundlage meiner ganzen Argumentation ist das Wissen von Unterschieden, die bei kleinen Kindern beobachtet werden können und uns die Eigenschaften der Seele enthüllen. Einige [Kinder] sind sehr träge, andere heftig; einige unersättliche Feinschmecker, andere gerade das Gegenteil; sie können schamlos sein oder schüchtern und zeigen viele andere analoge Unterschiede." (Galen, ca. 150 n. Chr., zit. nach Zentner 1993)

Der Versuch, die Unterschiede zwischen den Menschen zu ordnen und **Hippokrates** zu erklären, hat eine lange Tradition: Hippokrates (460 v. Chr.) knüpfte an altindische und babylonische Überlegungen an und ging davon aus, dass die Dominanz bestimmter Körpersäfte zur Ausbildung des Temperaments führe.

Theophrast (319 v. Chr.) und Galen verbanden diese Annahme mit den vier bis heute populären Temperamenttypen des Sanguinikers, Melancholikers, Cholerikers und Phlegmatikers (Allport 1970). Je nach Verhältnis zwischen den Körpersäften resultiere mehr oder weniger deutlich einer der vier Typen (*temperare* = stimmen, abstimmen).

Verbesserte Methoden der empirischen Psychologie ließen jedoch **empirischer Zugang** bald erkennen, dass solche weitgehend intuitiv konstruierten Typologien im Allgemeinen kaum systematisch mit dem tatsächlichen Erleben und Verhalten zusammenhängen und auch kaum Vorhersagen auf zukünftiges Verhalten erlauben (Mangel an Prädiktabilität).

Die differentielle Psychologie ging in der Folge — im Gegensatz zu den **multidimensionaler** Typologien — von einem multidimensionalen Ansatz aus und postulierte **Ansatz** Persönlichkeitsdimensionen, die weitgehend unabhängig voneinander sind. Analog dazu ging auch die sich ab den 1950er-Jahren entfaltende moderne Temperamentsforschung von einem multidimensionalen Konzept aus. Nachfolgend werden die Grundannahmen und Ergebnisse der modernen psychologischen Temperamentsforschung skizziert.

Temperamentsunterschiede beziehen sich nach Bates (1989) auf: **Grundannahmen**

▶ Unterschiede im beobachtbaren Verhalten,
▶ biologische, insbesondere neurophysiologische Unterschiede,
▶ angeborene, insbesondere hereditär (erblich) bedingte Unterschiede.

Definition

Bates (1989) definierte das **Temperament** so: „[It] consists of biologically rooted individual differences in behavior tendencies that are present early in life and are relatively stable across various kinds of situations and over the course of time" (Bates 1989, 4).

Der Temperamentsbegriff bezieht sich also auf beobachtbare *interindividuelle Verhaltensunterschiede* (Thomas et al. 1968), insbesondere auf Unterschiede in der Intensität des Emotions- und Erregungsausdruckes (z. B. Schreien), in der motorischen Aktivität (z. B. Strampeln im Bettchen) und auf Unterschiede im Schlaf-Wach-Rhythmus, die über verschiedene Situationen und über längere Zeit stabil bleiben.

Diese Verhaltensunterschiede basieren nach Ansicht der meisten Forscher auf biologischen Unterschieden (Bates 1989), zeigen sich schon in der frühen Kindheit (Goldsmith et al. 1987) und sind weitgehend genetisch bedingt (Buss/Plomin 1984; Thompson 1990; Emde et al. 1992; Goldsmith 1989; Saudino et al. 1995; Schmitz et al. 1996).

Studie

In einer der wichtigsten empirischen Längsschnittstudien über das Temperament von Kindern, der *New York Longitudinal Study* (*NYLS*) von Alexander Thomas und Stella Chess (1977) wurde das Temperament nicht direkt beobachtet, sondern mittels persönlicher Befragung der Mütter erfasst.

Diese Studie begann 1956 mit 141 Kindern aus 85 Familien, später wurden weitere Untersuchungsgruppen aufgenommen (Frühgeburten, Kinder aus sozioökonomisch benachteiligten Familien, Kinder mit geistiger Behinderung). Die Interviews mit den Müttern erfolgten in den ersten 2 Jahren nach der Geburt alle 3 Monate und danach bis zum 7. Lebensjahr in größeren Abständen (zuerst in halbjährlichen, später in jährlichen Abständen).

Später wurden nochmals zu 2 Zeitpunkten Interviews durchgeführt, einmal als die Kinder im Jugendalter waren und nochmals im frühen Erwachsenenalter. Interviewpartner waren jetzt die Jugendlichen bzw. jungen Erwachsenen selbst.

Thomas und Chess (1977) definierten das Temperament als einen Verhaltensstil: Es interessierte die Art und Weise, wie sich das Kind verhält und wie es handelt, und nicht weshalb oder wie gut es gewisse Dinge tun kann.

Sie operationalisierten das Konstrukt durch *9 Temperamentsdimensionen:*

Kasten

Temperamentsdimensionen nach Thomas und Chess:
(1) Annäherung vs. Rückzug gegenüber neuen Erfahrungen (approach/ withdrawal)
(2) Anpassung an Veränderungen (adaptibility)
(3) positive vs. negative Stimmungen (mood)
(4) Intensität emotionaler Reaktionen (intensity)
(5) Rhythmizität biologischer Funktionen (rhythmicity)
(6) Beharrlichkeit gegenüber umweltbedingten Widerständen (persistence)
(7) Ablenkbarkeit/Beruhigbarkeit (distractibility)
(8) Aktivitätsniveau (activity)
(9) Stimulationsschwelle für die Auslösung einer Reaktion (threshold)

Kritik

Die sich im Anschluss an NYLS entfaltende empirische Temperamentsforschung erfasste diese Verhaltensdimensionen meist mittels Elternfragebogen. Die Dimensionen erwiesen sich allerdings als zu wenig unabhängig voneinander und über die Zeit nur als moderat stabil.

Ein übergeordneter Faktor schwieriges Temperament (bei Thomas und Chess die Dimensionen 1–5) wurde zwar oft gefunden, enthielt jedoch in der Regel nur einzelne, aber nicht alle 5 postulierten Dimensionen (Bates 1989). Zum „schwierigen Temperament" scheint v.a. der häufige Ausdruck negativer Affekte (Schreien) — weniger jedoch die Rhythmizität zu gehören. Thomas und Chess klassifizierten etwa bei 10% der Kinder ein „schwieriges" und bei 40% der Kinder ein „einfaches" Temperament. [Randnotiz: schwieriges Temperament]

Da sich die postulierten Dimensionen nur bedingt bewährt haben, ist es nicht erstaunlich, dass das Konzept weiterentwickelt wurde. [Randnotiz: Weiterentwicklungen]

Rothbart und Derryberry (1981) gingen beispielsweise aufgrund ihrer Forschung von 6 Dimensionen aus (→ Tab. 3.1), Buss und Plomin (1984) nur noch von 3 Dimensionen. Insgesamt wird deutlich, dass je nach Autorengruppe klar unterschiedliche Dimensionen vorgelegt wurden.

Die Dimension der *negativen Emotionalität* (Buss/Plomin 1984) bezieht sich auf das Ausmaß der sich im Verhalten oder im Emotionsausdruck äußernden Erregung auf Ereignisse. Eine ausgeprägte Tendenz zur Erregung basiert auf der Dominanz des sympathischen Teils des vegetativen Nervensystems. Welche der negativen Affekte besonders ausgeprägt sind [Randnotiz: negative Emotionalität]

(Furcht, Ärger), ist einerseits von Erfahrungen, andererseits von weiteren Temperamentsausprägungen abhängig (z.B. von hoher Aktivität, die eher zu Ärger führt).

Eng verwandt mit dem Konzept der Emotionalität ist das Konzept des „schwierigen" Temperaments (vgl. Bates 1989; Thomas/Chess 1977).

Aktivität   Das Konzept der *Aktivität* bezieht sich auf das Tempo und die Energie, mit dem bzw. der das Kleinkind z.B. seine Umgebung exploriert oder beim

Vergleich der Temperamentsdimensionen von Rothbart / Derryberry und Buss / Plomin

Tab. 3.1

Rothbart und Derryberry (1981)	Buss und Plomin (1984)
(1) Aktivitätsniveau (grobmotorisch)	(1) Aktivität
(2) Lächeln und Lachen (positiver Affekt) (3) Furcht (Vermeidung neuer Situationen) (4) Frustrationstoleranz	(2) Negative Emotionalität
(5) Adaptation an neue Reize (Beruhigbarkeit) (6) Orientierungsdauer/ Durchhaltevermögen	(3) Soziabilität / Geselligkeit

Spielen agiert. Sehr aktive Kinder fordern die Kontrolle der Eltern stärker heraus, wodurch Konflikte in der Eltern-Kind-Interaktion wahrscheinlicher werden, dies allerdings in Abhängigkeit vom Temperament, den Ressourcen, Einstellungen etc. der Eltern. Die Richtung des Einflusses ist also wechselseitig. Hohe Aktivität muss somit kein Problem sein, sondern kann im Gegenteil zum Erwerb sozialer Kompetenzen und Privilegien führen.

Soziabilität   *Soziabilität* bezieht sich auf das Ausmaß der Präferenz für das Zusammensein mit anderen Personen, besonders mit Personen, zu denen bisher keine Beziehung bestand. Ein Kind mit hohen Werten auf dieser Dimension sucht häufig den Kontakt zu verschiedensten Personen, ist nicht gerne alleine und reagiert auf die Kontaktaufnahme anderer Personen freundlich. Auch hier sind wechselseitige Beziehungen zum familiären Hintergrund denkbar. Problematisch ist zum Beispiel eine hohe Soziabilität des Kindes, die auf eine geringe Kontaktbereitschaft der Eltern stößt.

Die *Instrumente zur Erfassung* des Temperamentes können hier nicht im Detail besprochen werden. Am häufigsten kamen bisher Fragebögen für die Eltern zur Anwendung (vgl. Übersicht in Bates 1989), seltener persönliche Interviews mit den Eltern oder anderen Kontaktpersonen der Kinder, z. B. den Lehrern. Noch seltener erfolgten Beobachtungen bei den Kindern zu Hause oder im Labor.

Erfassungsinstrumente

Kritik

Die Erfassung des Temperaments per Fragebogen wurde wiederholt kritisiert (Rothbart/Bates 2006). Die Angaben der Mütter in Bezug auf das schwierige Temperament des Kindes hängen nicht nur mit ihren Beobachtungen, sondern auch mit ihren Persönlichkeitseigenschaften und Erwartungen, gemessen bereits vor der Geburt des Kindes, zusammen (Vaughn et al. 1987).

In einigen wenigen Studien kamen sowohl Fragebögen als auch Laborbeobachtungen zum Einsatz. Matheny et al. (1987) fanden mittlere Korrelationen zwischen der im Labor und per Fragebogen erhobenen Lenkbarkeit (tractability).

Ein kritisches Merkmal von Temperamentsunterschieden ist deren *relative Stabilität* über die Zeit. Als genereller Befund gilt: Je jünger die Kinder, desto geringer ist die Stabilität. Dies gilt insbesondere dann, wenn Beobachtungsmaße und nicht Fragebogenmaße eingesetzt werden (vgl. z. B. Saudino/Eaton 1995).

Stabilität vs. Veränderung

Die noch *geringe Stabilität* im Verhalten Neugeborener sollte aus mehreren Gründen nicht erstaunen: In den ersten beiden Lebensmonaten reifen verschiedene Hirnstrukturen erst voll aus, insbesondere nimmt die Zahl der neuralen Verbindungen im Kortex stark zu (z. B. im visuellen Kortex, vgl. Banks/Salapatek 1983).

Für die Irritabilität, beobachtet in den ersten 4 Lebenstagen, fand man allerdings eine *gewisse Stabilität* über die ersten 2 Jahre (Riese 1987). Irritierbare Kinder waren mit 2 Jahren häufiger emotional negativ, weniger aufmerksam und weniger sozial orientiert.

In den ersten Lebensmonaten können – z. B. mittels Brazelton-Test (Brazelton et al. 1987) – teilweise beträchtliche interindividuelle Unterschiede festgestellt werden. Das ist relevant, weil Besonderheiten im Neugeborenenverhalten, beispielsweise eine besonders ausgeprägte Irri-

Unterschiede zwischen Neugeborenen

Irritierbarkeit

tierbarkeit, das Fürsorgeverhalten der Mutter nachweislich beeinflussen. Im Falle der hohen *Irritierbarkeit* ist dieser Einfluss eindeutig negativ (Van den Boom/Hoeksma 1994): Mütter stark irritierbarer Kinder beachten deren positive Signale weniger und stimulieren weniger effektiv als die anderen Mütter. Interessanterweise bleiben diese Gruppen-Unterschiede länger erhalten als die Gruppenunterschiede bezüglich der Irritabilität der Kinder.

Stabilität nach 2 Jahren

Ab 2, deutlicher ab 3 Jahren weisen Temperamentsunterschiede beachtliche normative Stabilität auf (Caspi/Silva 1995; Scarpa et al. 1995).

3.4.3 | Bindung und Entwicklung

Zum besseren Verständnis des Bindungskonzepts gebe ich eine kurze Einführung in dessen geschichtliche Wurzeln.

frühe Mutter-Deprivation

Durch die Einführung der Flaschenmilch wurde es möglich, Säuglinge ohne Mutter oder Mutterersatz (Amme) aufwachsen zu lassen. Die alarmierenden Berichte von Spitz (Übersicht in Spitz 1985) und weiterer Autoren zu den dramatischen psychischen Störungen und schweren Entwicklungsrückständen (Hospitalismus) von Kindern in Säuglingsheimen und Findelhäusern in den 1940er-Jahren machten aber deutlich, dass Säuglinge nicht nur einer ausreichenden Nahrungszufuhr bedürfen, um sich körperlich und seelisch-geistig zu entwickeln.

anaklitische Depression

Spitz (1985) beobachtete bei 19 von insgesamt 123 Kindern eines Säuglingsheims eine schwere psychische Störung, die zunächst gekennzeichnet war durch vermehrt weinerliches, unruhiges Verhalten, vermehrtes Anklammern, Schlaflosigkeit, später durch häufiges Schreien und Gewichtsverlust; nach 3 Monaten trat Kontaktverweigerung auf sowie ein starrer Gesichtsausdruck, während der Entwicklungsquotient kontinuierlich abnahm.

Dieses Bild bezeichnete Spitz als anaklitische Depression (anaklitisch = anlehnend). Bei allen 19 Kindern war dem Beginn der Depression im Alter von 6–8 Monaten die Trennung von der Mutter vorausgegangen, wobei die Trennung meist aus administrativen Gründen erfolgte. Die Erholung von der beschriebenen Symptomatik war bei den Kindern umso besser und vollständiger, je kürzer die Trennung von der Mutter gedauert hatte.

Während die theoretischen Positionen von Spitz und anderen psychoanalytischen Autoren von den Vertretern der Bindungstheorie in wesentlichen Punkten abgelehnt werden, so waren die von Spitz vorgelegten empirischen Untersuchungen doch eine wichtige und reichhaltige Datenquelle, welche die Aufmerksamkeit der Kinderpsychologen auf eine zentrale Determinante der menschlichen Entwicklung gelenkt hat. Und im Kern sind die Annahmen von Spitz immer noch gültig: Säuglinge und Kleinkinder brauchen eine einfühlsam-zärtliche Bezugsperson, zu der sie eine Beziehung aufbauen können, um sich normal zu entwickeln.

John Bowlby war Kinderpsychiater und Psychoanalytiker in London, wo er in den 1940er Jahren an der Tavistock-Klinik eine Forschungsgruppe gründete, die sich mit Trennungsreaktionen von Kleinkindern befasste. Er hatte sich im Auftrag der WHO mit den Folgen früher Deprivation befasst. *John Bowlby*

In den 1960er Jahren nahmen neben Bowlby weitere bekannte Forscher und Forscherinnen an den Tavistock-Seminaren zu Mutter-Kind-Interaktionen teil: u. a. Harry Harlow, Robert Hinde, Hanus Papoušek 2001, Rudolph Schaffer, Peter Wolff und besonders auch Mary Ainsworth.

Mary Ainsworth hatte sich schon 1939 in ihrer Dissertation mit dem Konzept „Sicherheit" befasst. Noch bevor Bowlby seine theoretischen Vorstellungen niedergeschrieben hatte, setzte sie 1955 einige dieser Ideen in ihrer in Uganda durchgeführten Studie um. 1963 begann Ainsworth mit der *Baltimore-Studie. Die Fremde-Situation* als standardisiertes Verfahren zur Beobachtung der Bindungsqualität wurde im Rahmen dieser Studie 1964 erstmals eingesetzt. *Mary Ainsworth*

Bowlby publizierte 1969 den ersten Band seiner Trilogie „Attachment and loss" mit dem Titel „Attachment", gefolgt von „Separation" (1973) und „Loss" (1980).

In diese Bände nahm er viele Einsichten, welche die Baltimore-Studie lieferte auf, besonders auch jene zu den individuellen Unterschieden in der Bindungssicherheit.

Nach der Publikation von „Patterns of Attachment" (Ainsworth et al. 1978) wurde die empirische Bindungsforschung in mehreren amerikanischen Universitäten auf breiter Ebene aufgenommen. *Patterns of attachment*

In Deutschland wurde die empirische Bindungsforschung von Karin und Klaus Grossmann aufgenommen. In der *Bielefelder Studie* haben sie und ihre Mitarbeiter die Resultate der Baltimore-Studie in den wesentlichen Punkten replizieren können (Grossmann et al. 1989, 1997). *Bielefelder Studie*

Bindung im engeren Sinne ist nach Bowlby kein Synonym für „soziales Band" und kann auch nicht zur Erklärung sämtlicher Aspekte der Eltern-Kind-Beziehung herangezogen werden. *Bindungssystem und Bindungsverhalten*

Bindungsfigur und *Spielpartner* sind beispielsweise konzeptuell auseinanderzuhalten, auch wenn die gleiche Person beide Rollen (nacheinander) einnehmen kann. Das Kind wird unter Stress eher die Bindungsfigur aufsuchen, bei größerer Unternehmungslust eher den Spielpartner. Eine Person, welche die wichtigste Bindungsfigur eines Kindes ist, braucht nicht zwingend auch dessen bevorzugter Spielpartner zu sein und umgekehrt.

Nach Sroufe und Waters (1977) ist Bindung ein hypothetisches Konstrukt, das die innere Organisation des Bindungsverhaltenssystems und der zugehörigen Gefühle darstellt. *Bindungsverhalten*

Das *Bindungsverhalten* ist eine Klasse von variablen und austauschbaren Verhaltensweisen oder Signalen, z. B. Anklammern, Nachfolgen, Weinen, Rufen. Diese Verhaltensweisen kommen auch im Zusammenhang mit anderen Motiven oder Bedürfnissen des Kindes vor. Sie können im Dienste der Bindung stehen und werden dann geäußert, wenn das Bindungs-(verhaltens-)system aktiviert worden ist. Ob ein Verhalten des Kindes bindungsmotiviert ist, hängt vom Kontext (Ereigniskette, Umgebung, beteiligte Personen) ab, in dem es auftritt.

Sicherheitsregulation — Bretherton (1985) beschreibt die Bindung als eine spezielle Beziehungsform und charakterisiert sie wie folgt: Inhaltlich zentriert sich die Bindung um die *Sicherheitsregulation*, wobei die Bindungsperson (das Kleinkind) die Sicherheit sucht und die Bindungsfigur diese bietet. Im Hinblick auf diesen Prozess handelt es sich um eine asymmetrische oder komplementäre Beziehung.

Indem die Bindungsfigur gelegentlich auch Spielpartner ist, kann sich die Beziehung für diese Zeit in eine reziproke verwandeln.

Aus der Perspektive des Beobachters scheint Bindung primär durch Nähe gekennzeichnet, aus der Perspektive der Bindungsperson (Kind) ist es jedoch die *gefühlte Sicherheit*, die mit dem gegenwärtigen Sollwert verglichen wird und folglich zielführend ist.

Entwicklung — Bindung ist ein eigenes unabhängig von der Ernährung bestehendes Motivationssystem, das in der Ontogenese sehr früh auftaucht. Ainsworth et al. (1978) beschrieben die Entwicklung der Bindung in vier Phasen.

Kasten

Die Bindungsentwicklung nach Ainsworth et al. (1978)

(1) Vorbereitende Anhänglichkeit (initial preattachment phase)
Dauer: Ab der Geburt bis 8 – 12 Wochen
In dieser Phase reagiert der Säugling auf alle Menschen besonders lebhaft, aber er kann die Personen visuell noch nicht gut voneinander unterscheiden. Er richtet seinen Blick auf andere und führt Greifbewegungen aus. Schon ab der Geburt ist die Kontaktaufnahme durch Schreien möglich, bald auch durch Lächeln und Plappern.

(2) Entstehende Bindung (attachment-in-the-making)
Dauer: Ende Phase 1 bis ungefähr 7 – 12 Monate
Intensität der sozialen Reaktionen auf andere Menschen nimmt zu. Etwa ab 4. Monat wird Freude besonders gegenüber vertrauten Personen ausgedrückt. Generell werden Nähe herstellende Verhaltensweisen zunehmend auf vertraute Personen gerichtet.

(3) Ausgeprägte Bindung (clear-cut attachment)

Dauer: Ende Phase 2 bis ins 2. oder 3. Lebensjahr

Das Kleinkind beginnt sich fortzubewegen (zuerst kriechend, dann aufrecht) und kann sich dadurch selber in die Nähe der Pflegeperson begeben. Der Beitrag des Kindes zur Herstellung von Nähe zur Pflegeperson ist deshalb in dieser Phase stark gesteigert. Diese wird nun als „Stützpunkt" benutzt, von dem aus die soziale und physikalische Umgebung erkundet werden kann, und zu dem das Kind sofort zurückkehren kann, wenn sein Sicherheitsgefühl dies verlangt. Beim Fortgehen der Pflegeperson mag sich das Kind — je nach Kontext und Sicherheitsgefühl — an diese anklammern, protestieren und Angst ausdrücken.

(4) Zielkorrigierte Partnerschaft (goal-corrected partnership)

Dauer: vom Ende der 3. Phase an

Das Kind beginnt die Ziele, Gefühle und Sichtweisen der Pflegeperson zu verstehen und kann allmählich das eigene Verhalten an diese anpassen. Dadurch wird eine komplexere und an gegenseitigen Mitteilungen, die zur Abstimmung notwendig sind, reichere Beziehung zwischen Pflegeperson und Kind möglich.

„Mit wachsenden kognitiven Fähigkeiten gewinnt das Kind durch Beobachtung und Erfahrung Einblick in die Motive und Gefühle der Bindungsperson und berücksichtigt diese zunehmend bei der Verwirklichung der eigenen Pläne und Absichten" (Grossmann et al. 1989, 36).

Abb. 3.9

Eine sichere Basis macht Erkundungen der Umwelt möglich; z. B. die viel zu großen Schuhe der Mutter.

Die emotionale und die kognitive Entwicklung gehen Hand in Hand: Der Übergang zur 2. Phase setzt voraus, dass das Kind zwischen verschiedenen Personen unterscheiden kann. Beim Übergang zur dritten Phase muss es den Aufenthaltsort der anderen antizipieren können.

Nach Ainsworth ist das Erreichen der 4. Stufe in der Entwicklung der Objektpermanenz (nach Piaget) eine Voraussetzung für den Aufbau einer ausgeprägten Bindung. In diesem Stadium ist die Existenz eines Objektes nicht mehr von den eigenen Handlungen abhängig.

Bretherton (1985) nimmt die Bildung des Bindungs-(verhaltens-)systems zeitlich ab dem 9. Monat an und betrachtet den Begriff „Bindung" erst ab diesem Alter als angebracht. Das macht insofern Sinn, als sich das Kind erst ab diesem Alter aktiv von der Bindungsfigur weg und wieder zu ihr hin bewegen kann. Deshalb ist ein funktionierendes Bindungsverhaltenssystem mit der nunmehr verbesserten Fortbewegung besonders *adaptiv*.

Im Gegensatz zu Bowlby, der davon ausging, dass das Bindungssystem nur episodisch bei wahrgenommener Gefahr aktiviert sei, hingegen bei wahrgenommener Sicherheit ausgeschaltet, nimmt Bretherton (1985) an, dass das Bindungssystem kontinuierlich aktiv ist.

sichere Basis   Im Falle von wahrgenommener Sicherheit entfernt sich das Kind weiter weg von der Bindungsfigur (Mutter bzw. Vater als *Sicherheitsbasis*). Das Kind versichert sich gelegentlich, z. B. durch Schauen oder kurzes Kontaktnehmen, dass diese Basis gegeben ist. Sobald jedoch in der Umwelt eine Gefahr auftaucht, verändert sich das Ziel bezüglich der erwünschten Nähe (*goal-setting*) und das Kind wird in der Folge verstärkt die Nähe der Bindungsfigur aufsuchen.

Responsivität   Das Kind hat ein Wissen (mentale Repräsentation) darüber, ob die Bindungsfigur im Falle von Gefahr Schutz bieten wird (*Responsivität* und *Sensitivität* der Bindungsfigur). Wenn es annehmen muss, dieser Schutz sei unsicher, so wird es sich ängstlicher verhalten. Wenn die Bindungsfigur die Situation selber nicht als gefährlich einschätzt, so kann sie dem Kind auch Bewältigungsmöglichkeiten (*Coping*) zeigen.

Social Referencing ist in das Bindungskonzept leicht integrierbar: Das Kind sucht, besonders wenn es die Situation nicht gut einschätzen kann, im Gesicht der Mutter oder des Vaters nach Hinweisen, worauf es diese Information im Sinne des Modells weiterverarbeitet. Einen entscheidenden Teil des Bindungssystems bilden die Repräsentationen des Kindes zur Verfügbarkeit, Reaktionsbereitschaft und Sensibilität seiner Bindungsfiguren.

innere Arbeitsmodelle   Das Konstrukt der „Working Models" stammt von Bowlby und ist für die Bindungstheorie zentral. Es nimmt an, dass jedes Kind über mentale (*kognitive* und *emotionale*) *Repräsentationen* verfügt, die sich einerseits auf eine spezifische Bindungsfigur und andererseits auf das Selbst beziehen. Diese Repräsentationen beinhalten z.b. das Wissen über die Reaktionen der Mutter (oder des Vaters) in bestimmten Situationen. Das kann konkret etwa eine Zurückweisung sein oder aber die gewünschte Hilfe. Die Bildung solcher Arbeitsmodelle ist vermutlich erfahrungsgeleitet. Wiederholte Erfahrungen führen zur Bildung generalisierter Ereignisrepräsentationen (im Sinne von Scripts).

Das Modell von Bretherton schlägt einerseits ein „Working model of self" und andererseits ein „Working model of attachment figure" vor. Da diese beiden Modelle innerhalb dyadischer Erfahrungen gebildet werden, scheint es zumindest in der frühen Kindheit sinnvoll, von einem *Arbeitsmodell der Beziehung* auszugehen (vgl. Main et al. 1985).

> Arbeitsmodelle

Ein Kind, das beispielsweise — wie oben ausgeführt — immer wieder zurückgewiesen wird, wird nicht nur seine Bindungsfigur(en) als in vielen Situationen zurückweisend, sondern auch sich selbst als nicht der Hilfe würdig und als nicht liebenswert erleben.

Die Arbeitsmodelle sind *personenspezifisch*. Ein Kind kann demnach zu einer Bezugsperson eine sichere Bindung entwickeln und zu einer anderen eine unsicher-ängstliche. Im Verlauf der Entwicklung werden die Arbeitsmodelle auch revidiert und aufgrund der verbesserten sozialen Kognition (Perspektivenübernahme) verfeinert. Sehr frühe Arbeitsmodelle der Bindungsfiguren können mit neu aufgebauten inkompatibel werden und außerhalb des Bewusstseins bleiben (vgl. Konzept der Abwehr). Bowlby nimmt jedoch an, dass sie trotzdem wirksam sind und in eine inadäquate Realitätswahrnehmung führen.

> Personspezifität

Die Bindungsqualität ist demnach ein relationales Konstrukt. Es wurden während längerer Zeit drei qualitativ unterschiedliche Bindungstypen angenommen: B-, A- und C-Dyaden.

> Bindungsqualität

Es wurden verschiedene Methoden zur Erfassung der Bindungsqualität entwickelt. Eine nicht abschließende Übersicht (im Sinne einer Auswahl) über die Instrumente zur Erfassung der Bindungsqualität bietet die Tabelle 3.2.

Im Folgenden werde ich nur auf *die Fremde Situation* als Erfassungsinstrument und auf das Q-Sort-Verfahren eingehen.

Die Bindungstypen wurden erstmals von Ainsworth et al. (1978) — auf der Basis von ersten Studien in Uganda — in der Baltimore-Studie (USA) mit der sogenannten *Fremden Situation* erfasst. In dieser Studie wurden 106 Kinder aus weißen Mittelschichtfamilien untersucht.

> Fremde Situation

In der Fremden Situation werden unter standardisierten Laborbedingungen zwei kurze, bis 3 min dauernde, Trennungen des Kindes von der Mutter inszeniert, jeweils gefolgt von Wiedervereinigungen. Der Ablauf der Fremden Situation besteht aus 8 Episoden und ist zeitlich und bezüglich des Verhaltens der Erwachsenen (unbekannte Person, Mutter) genau festgelegt.

Tab. 3.2 | **Instrumente zur Erfassung der Bindungsqualität**

11 bis 20 Monate	*Fremde Situation* (Ainsworth et al. 1978)
10 M. bis mittlere Kindheit	*Attachment-Q-Sort* (Waters / Deane 1985)
Vorschulalter bis mittlere Kindheit	*Familienzeichnungen* *Trennungsangsttest* (vgl. Übersicht in Grossmann / Grossmann 2006) *Wiedervereinigung nach Trennung* (1 h) (Main / Cassidy 1988) *Diskursanalysen* (Main et al. 1985)
späte Adoleszenz	*Analyse von Kindheitserinnerungen* (Kobak / Sceery 1988)
Erwachsenenalter	*Adult Attachment Interview* (Main et al. 1985)

Wiedervereinigungsszenen

Das wichtigste diagnostische Kriterium zur Unterscheidung der Bindungsmuster (A, B oder C) ist das Verhalten der Kinder in den *Wiedervereinigungsszenen* (Episoden 5 und 8).

Vermeider

Vermeider (Gruppe A) suchen beim Wiedereintreten der Mutter weder ihre Nähe noch eine Interaktion mit ihr. Sie ignorieren sie, blicken weg und / oder laufen weg. Auf den Arm genommen halten sie sich nicht fest, wehren sich aber auch nicht dagegen.

Ambivalente

Das kritische Merkmal der *ambivalenten Kinder* (Gruppe C) im Kontrast dazu ist, dass sie sich dagegen wehren, auf dem Arm gehalten zu werden, aber andererseits auch intensiv Nähe suchen (kombiniert mit Zeichen von Ärger).

sicher gebundene Kinder

Die *sicher gebundenen Kinder* (Gruppe B) suchen den Kontakt zur Mutter in moderater bis starker Ausprägung. Sie wehren sich nicht dagegen wie die C-Kinder, und vermeiden ihn nicht wie die A-Kinder.

Das *Schreien* in den Trennungs- und Wiedervereinigungsepisoden *diskriminiert nicht* zwischen den Bindungsmustern (Sroufe / Waters 1977).

In der Baltimore-Studie bildeten die Kinder, die als sicher (B) klassifiziert worden waren, die größte Gruppe. In der Bielefelder-Studie war hingegen die Gruppe der Vermeider mit 50 % die größte (Grossmann et al. 1985). Kinder mit einem ambivalenten Bindungsmuster stellen in der Regel die kleinste Gruppe dar.

Bereits in der Baltimore-Studie und in allen nachfolgenden Bindungsstudien gab es Kinder (ca. 10%), deren Verhalten in dem Fremde-Situations-Test nicht einem der 3 Typen zugeordnet werden konnte. Main und Solomon (1986, zit. in Grossmann/Grossmann 2006) analysierten diese Verhaltensweisen und schlugen einen 4. Bindungstyp, die *desorganisierte* bzw. *desorientierte Bindung* vor. Kennzeichen dieser Bindungsstörung sind: widersprüchliches Verhalten (z.B. vermeidendes Abwenden des Kopfes bei gleichzeitigem Nähesuchen), bizarre oder erstarrte Gestik, verlangsamte Bewegungen, aggressives Verhalten gegen Bindungsperson oder Gegenstände. Gruppe D

Der *Attachment-Q-Sort* von Waters/Deane (1985) besteht aus (ursprünglich) 100 Aussagen zu kontextbezogenen und bindungsrelevanten Verhaltensweisen von Kindern. Im Wesentlichen erfasst das Instrument, in welchem Ausmaß das Kind die Mutter als sichere Basis (secure base) benutzen kann. Eine revidierte Version des Attachment-Q-Sort enthält noch 90 Items. Inhaltlich beziehen sich die auf Kärtchen notierten Verhaltensbeschreibungen insbesondere auf die folgenden Bereiche (vgl. Waters/Deane 1985): Attachment-Q-Sort

▶ Bindungsverhaltenssystem (Balance zwischen Bindung und Exploration, Reaktionen gegenüber den Eltern),
▶ Affektivität,
▶ soziale Interaktion (z.B. lacht mit dem Beobachter),
▶ Manipulation von Objekten.

Ein Beobachter oder Mutter bzw. Vater sollen die Kärtchen danach sortieren, ob sie das Verhalten des Kindes mehr oder weniger zutreffend beschreiben. Vorgehen

Das geschieht in der Regel dadurch, dass alle Kärtchen zuerst in 3 Haufen (und damit 3 Kategorien) unterteilt werden und diese danach nochmals je in 3 Haufen (und damit 3 Unterkategorien). Es entstehen dadurch insgesamt 9 Haufen. Dies ergibt nun für jedes Kind und Item einen Wert (1 – 9), der anzeigt, wie zutreffend die gegebene Verhaltensbeschreibung auf dieses Kind passt.

Nun wird dieses Rating mit dem Ideal-Rating (Expertenrating) eines sicher gebundenen Kindes korreliert. Die Höhe dieser Korrelation (d.h. des statistischen Zusammenhangs) gibt an, wie sicher die Bindung des untersuchten Kindes ist (Vaughn/Waters 1990).

Die mit dem Q-Sort erzielten Resultate sind *eindimensional* und erlauben insofern eine Vorhersage der Bindungsqualität, wie sie mit dem Eindimensionalität

Fremde-Situations-Test gemessen wird, als sie zwischen den nach dieser Prozedur als unsicher (vermeidend oder ambivalent) und den als sicher gebunden eingestuften Kindern relativ zuverlässig unterscheiden. Es besteht somit eine relativ enge Beziehung zwischen den beiden Vorgehensweisen, wobei für das Q-Sort-Verfahren die höhere ökologische Validität spricht.

Bedingungen und Vorläufer

In der Baltimore-Studie wurden die untersuchten Familien im ersten Lebensjahr des Kindes einmal monatlich für jeweils 4 Stunden besucht. Die Beobachter konzentrierten sich auf Verhaltenskomplexe wie Flexibilität der Mutter beim Ernähren des Kindes, das zärtliche soziale Spiel, die Qualität und die Häufigkeit der Körperkontakte mit dem Baby und besonders auch auf die Reaktionen der Mutter auf kindliches Weinen.

Sämtliche dieser Verhaltensweisen diskriminierten zwischen den im Fremde-Situations-Test erhaltenen Bindungsmustern (sicher vs. unsicher). Eine weitgehende Übereinstimmung mit diesen Resultaten fanden Grossmann und Kollegen (1985) anhand der Daten der Bielefelder Längsschnittstudie vor.

Feinfühligkeit

Grossmann et al. (1989) fassten die Befunde zum mütterlichen Verhalten als Bedingung einer sicheren Mutter-Kind-Bindung unter dem Begriff der *mütterlichen Feinfühligkeit* wie folgt zusammen:

▶ Wahrnehmung der Verhaltensweisen des Säuglings, Wahrnehmungsschwelle der Mutter sollte nicht zu hoch sein, sie sollte das Kind „im Blick" haben.
▶ Richtige Interpretation der Äußerungen des Säuglings aus seiner Lage und nicht nach ihren Bedürfnissen.
▶ Prompte Reaktion, wodurch der Säugling eine Verbindung zwischen seinem Verhalten und dem spannungsmindernden Effekt der mütterlichen Handlung herstellen kann (Kontingenz). Dies vermittelt ein erstes Gefühl der eigenen Effektivität (Kontrolle) im Gegensatz zur Hilflosigkeit.
▶ Angemessenheit der Reaktion, die nicht mehr beinhaltet als das, was vom Säugling verlangt wurde und zu seinem Entwicklungsstand passt.

Studie

Cox und Kollegen (1992) haben Kinder mit ihren Müttern und Vätern je separat im 3. Lebensmonat zu Hause in Spielsituationen beobachtet und sowohl für Mütter als auch für Väter mit der Ainsworth-Studie vergleichbare Prädiktoren für die Bindungssicherheit gefunden.

Die Bindungssicherheit wurde mit 12 – 13 Monaten über Ainsworths Fremde-Situations-Test gemessen (2 Messungen, je 1 mit der Mutter und 1 mit dem Vater, mit einem Abstand von 7 – 10 Wochen).

Die Interaktionen in der 15 min dauernden Spielsituation wurden mit der Videokamera aufgenommen und später hinsichtlich der folgenden Dimensionen eingeschätzt (Rating):

▶ Feinfühligkeit (prompte und angemessene Reaktionen auf die Signale des Babys),
▶ Ausmaß der positiven (vs. negativen) Gefühle der Mutter bzw. des Vaters,
▶ affektive Animation / Anregung,
▶ Ausmaß des reziproken Spiels,
▶ Haltung zum Spiel (Freude am Spielen mit dem Baby),
▶ Aktivitätsniveau beim Spielen (distanziert bis hoch),
▶ Entwicklungsstimulation (unangepasste bis recht angepasste Stimulation),
▶ sprachliche Zuwendung (Anzahl der Vokalisationen während der Zeitstichproben),
▶ zärtliche Zuwendung (Anzahl der Küsse während der Zeitstichproben).

Die Einstellungen bzw. Haltungen der Eltern wurden in individuellen halbstrukturierten Interviews erfasst. Hierbei wurden die Eltern zu ihren Gefühlen gegenüber dem Kind, zu ihrer Auffassung über die Elternrolle und zu ihren Wahrnehmungen hinsichtlich der kindlichen Entwicklung befragt. Diese Interviews wurden dann entlang folgender Dimensionen eingeschätzt:

▶ Freude / Entzücken (delight) am Baby,
▶ Akzeptieren (vs. Zurückweisen),
▶ sensible, empathische Haltung hinsichtlich der kindlichen Bedürfnisse,
▶ Investment (Priorität der Elternrolle).

Für die Qualität der Mutter-Kind-Bindung (zusammengefasst als Kontinuum der Sicherheit) waren die Zeit, welche die Mutter mit dem Kind verbrachte, und die Qualität der Interaktion prädiktiv.

Für die Vater-Kind-Bindung war neben der Interaktionsqualität auch die Einstellung bzw. Haltung zum Kind prädiktiv. Die Zusammenhänge mit den Einstellungsmaßen bringen uns zurück zu den anfänglich vorgebrachten Überlegungen zu den Bindungsrepräsentationen bzw. Arbeitsmodellen, die im Verlauf der Kindheit bis ins Erwachsenenalter hinein aufgebaut und mehrfach überarbeitet werden (Bretherton 1985). Die Befunde von Cox und Kollegen können als Hinweis auf die Wirksamkeit der von den Vätern aufgebauten Arbeitsmodelle gedeutet werden.

Prädiktoren

Abb. 3.10

Sicher gebundene Kinder können ihre Gefühle frei ausdrücken.

Konsequenzen

Es liegen heute mehrere Längsschnittstudien vor, die von der Kindheit bis ins Erwachsenenalter hinein aufzeigen, welches die Konsequenzen von sicheren und unsicheren Bindungen sind (vgl. Übersicht in Grossmann/Grossmann 2006):

► Sicher gebundene Kinder sind in vielerlei Hinsicht beziehungsfähiger als unsicher gebundene: Sie haben einen besseren Zugang zu den eigenen Gefühlen (können z.B. Trennungsschmerz wahrnehmen und ausdrücken), können die eigenen Gefühle an die jeweilige Situation angepasst regulieren und dadurch flexibler und hilfsbereiter auf die Bedürfnisse von Freunden eingehen. Außerdem kooperieren sie erfolgreicher mit anderen und sind beliebter bei den Gleichaltrigen.

► Frühe negative Bindungserfahrungen (mit den Eltern) sind allerdings nicht in Stein gemeißelt: Spätere Bindungen zu anderen Personen sind die „vielleicht wichtigste Erfahrung, die ein Mensch in seiner Entwicklung machen kann, um frühere psychisch einschränkende und belastende Erfahrungen in ihrem Einfluss auf die Organisation seiner Gefühle allmählich zu erkennen und bewältigen zu lernen. Auf diesem Weg kann auch nachträglich eine Wertschätzung von Bindungen und eine neue, reflektierte, sichere mentale Repräsentation von Bindung erworben werden" (Grossmann/Grossmann 2006, 408).

Temperament und Bindung | 3.4.4

Die Temperamentsforschung und die Bindungstheorie haben sich ungefähr im gleichen Zeitraum wissenschaftlich etabliert. Bald schon stellte
sich die Frage nach dem Zusammenhang dieser beiden Konstrukte. Die
Bindungstheorie nimmt an, dass die Qualität der Bindung wesentlich
durch das responsive, feinfühlige Fürsorgeverhalten der primären Be-
zugsperson(en), in der Regel der Mutter, beeinflusst wird (Bretherton
1985; Grossmann et al. 1989). Könnte aber die Bindungsqualität nicht
(auch) eine Folge von Temperamentsunterschieden sein?

Erwartungsgemäß fand man in mehreren Studien querschnittliche   Studien
Zusammenhänge zwischen dem kindlichen Temperament und der Bin-
dungsqualität, die interessanterweise umso höher ausfielen, je älter die
Kinder waren (Vaughn et al. 1992).

Nach Vaughn und Koautoren weisen diese Resultate darauf hin, dass die
Temperamentswahrnehmung der Eltern mit dem Alter zunehmend durch
Merkmale der Beziehung beeinflusst sein könnte. Prinzipiell sind zu dieser
Frage jedoch nur längsschnittliche Daten wirklich aufschlussreich.

Studie

Solche Daten legten Belsky und Kollegen (1991) vor. Sie analysierten Be-
obachtungs- und Fragebogen-Daten zur *Emotionalität des Kindes*, zur *Bindungssicherheit* und zu *personalen und familialen Ressourcen* (Persönlichkeit,
Affektivität, Ehebeziehung) sowie zu *Eltern-Kind-Interaktionen*, die sie
über den Verlauf des 1. Lebensjahres des (1.) Kindes gesammelt hatten.
Die Emotionalität wurde hierbei als negative und als positive Emotionalität im Sinne eines Temperamentsfaktors im 3. und im 9. Monat gemessen (basierend auf Verhaltensbeobachtung und Fragebogen).

Die Autoren interessierten sich nun für die Veränderung in der Emotionalität und dafür, ob diese Veränderung wiederum ein Prädiktor für
die Bindungssicherheit sein könnte. Die wichtigsten Ergebnisse sind im
folgenden Kasten zusammengefasst.

Ergebnisse bezüglich des Verlaufs der negativen Emotionalität
(Extremgruppen-Vergleiche, N = 50)

LL vs. LH	LH-Väter waren affektiv weniger auf andere orientiert, zur Ehe weniger positiv eingestellt und seltener als die Mütter in Eltern-Kind-Dyaden involviert (gemessen mit 3 Monaten).

HH vs. HL	HL-Mütter und -Väter hatten einen höheren Selbstwert, Mütter gaben weniger Ehe-Konflikte an. HL-Mütter waren überzufällig oft in komplementäre und feinfühlige Interaktionen mit dem Baby (3. und 9. Monat) involviert.

Legende

LL (Low-Low)	= Negative Emotionalität im 3. und im 9. Monat tief
LH (Low-High)	= Negative Emotionalität im 3. tief und im 9. Monat hoch
HH (High-High)	= Negative Emotionalität im 3. und im 9. Monat hoch
HL (High-Low)	= Negative Emotionalität im 3. hoch und im 9. Monat tief

Der Verlauf (Kontinuität vs. Diskontinuität) der negativen Emotionalität war nicht mit der Bindungssicherheit (zur Mutter) assoziiert. Ein kombiniertes Maß, das die *negative und die positive* Emotionalität zu den beiden Zeitpunkten im Sinne eines kumulativen Risikos zusammenfasste, war jedoch signifikant mit der Bindungssicherheit assoziiert.

Risiko-Indizes von jeweils 1 wurden vergeben (und allenfalls aufaddiert), wenn ein Kind der negativen Emotionalitätsgruppe *High-High* oder *Low-High* angehörte (d.h. wenn es 2-mal viel negative oder zuerst wenig und später viel negative Emotionen zeigte) und/oder wenn es der positiven Emotionalitätsgruppe *Low-Low* oder *High-Low* angehörte (d.h., wenn es 2-mal wenig positive oder zuerst viel, später wenig positive Emotionen zeigte).

Kinder mit tieferem Risikoscore waren häufiger sicher gebunden als Kinder mit hohem Risikoscore (→ Abb. 3.11).

Abb. 3.11

Zusammenhang zwischen Temperament und Bindung (Daten aus Belsky et al. 1991)

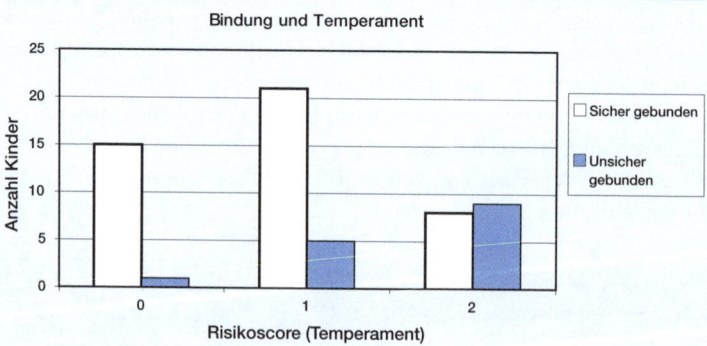

Insgesamt bestätigen die Ergebnisse von Belsky und Kollegen (1991), dass die Bindungsentwicklung, das individuelle Temperament des Kindes und die Persönlichkeit der Eltern miteinander korrespondieren. Mangelsdorf und Koautoren (1990) konnten die mit 13 Monaten erfasste Bindungsqualität am besten durch die Interaktion mütterlicher Persönlichkeitsmerkmale mit dem kindlichen Temperament (erfasst mit 9 Monaten) vorhersagen.

Wechselwirkungen

Vergleichbare Resultate berichten auch Susman-Stillman und Kollegen (1996), die – neben dem erwarteten Haupteffekt der mütterlichen Sensitivität – ebenfalls Interaktionen fanden. Umgekehrt leiden Kinder mit weniger „pflegeleichtem" Temperament besonders unter emotionalen Mangelsituationen (Gunnar et al. 1992).

Studie

Gunnar und Kollegen (1992) beobachteten 9-monatige Kinder 30 min lang in Abwesenheit der Eltern. Die eine Gruppe wurde von einer nichtinteragierenden, jedoch sensitiven Person betreut, die andere Gruppe von einer Person, die sich mit dem Kind beschäftigte (playmate condition).

Die Autoren konnten zeigen, dass Kinder mit geringer Frustrationstoleranz besonders davon profitierten, d. h., weniger negative Affekte zeigten und keinen erhöhten Cortisol-Spiegel hatten, wenn sie während der Zeit der Trennung mit einer Person interagieren konnten.

In einer weiteren Untersuchung fand die gleiche Forschergruppe (Nachmias et al. 1996) bei *gehemmten Kindern* mit unsicherer Bindung in Stresssituationen höhere Konzentrationen des Stress-Indikators Cortisol (im Speichel) als bei:

gehemmte Kinder

(1) sicher gebundenen, gehemmten,
(2) sicher gebundenen, nicht gehemmten und
(3) unsicher gebundenen, nicht gehemmten Kindern in den gleichen Situationen.

Diese Resultate zeigen, dass sich ungünstige Temperamenteigenschaften – hier Gehemmtheit – bei unsicherer Bindung besonders negativ auf die Gesundheit und wohl auch auf die Gesamtentwicklung auswirken. Umgekehrt scheint eine sichere Bindung temperamentsbedingte Nachteile abfedern zu können.

Literatur

Goswami, U. (2008). *Cognitive Development. The Learning Brain.* Hove: Psychology Press.

Slater, A. & Lewis, M. (Eds.) (2002) *Introduction to Infant Development.* Oxford New York: Oxford University Press.

Übungsaufgaben

1 Können Neugeborene ihre Mutter *erkennen*? Beschreiben Sie, inwiefern das möglich ist und inwiefern nicht.

2 Warum erinnern wir uns nicht an unsere eigene Geburt?

3 Wie kann man Wahrnehmungskompetenzen von Säuglingen untersuchen?

4 Welche Bedeutung haben *Kategorisierungsprozesse* für die frühkindliche Entwicklung?

5 Beschreiben Sie die verschiedenen Formen des Lernens, die in der frühen Kindheit vorkommen.

6 Vergleichen Sie die Entwicklung der Wahrnehmung, des Gedächtnisses und der Sprache in der frühen Kindheit. Welche Beziehungen stellen Sie fest? Handelt es sich um verbundene oder um voneinander getrennte Entwicklungen?

7 Weshalb ist es problematisch, aufgrund der vorhandenen motorischen Kompetenzen auf die kognitive Entwicklung des Säuglings zu schließen?

8 Wann sollten Kinder Ihrer Ansicht nach in die Kinderkrippe eingewöhnt werden? Was sollte dabei aus *bindungstheoretischer Sicht* beachtet werden?

Mittlere Kindheit | 4

4.4   Entwicklung des Selbstkonzepts und der Geschlechtsidentität

    4.4.1   Entwicklung des Selbstkonzepts

    4.4.2   Entwicklung der Geschlechtsidentität

4.5   Feinmotorische und visumotorische Entwicklung:
       Zeichnen und Schreiben

Definition

Die **mittlere Kindheit** umfasst die Altersspanne zwischen 4 und 10 Jahren
(Vorschulalter, erste Schuljahre).

4.1 | Fortschritte der Sprachentwicklung

Der aktive Wortschatzumfang steigt von etwa 500 bis 1600 Wörtern mit
drei Jahren auf etwa 3000 bis 6000 Wörter zu Beginn der Schulzeit (Jus-
ka-Bacher/Jakob 2014). Der passive Wortschatz umfasst demgegenüber
mit 6 Jahren bereits zwischen 10.000 und 14.000 Wörter (Anglin 1993;
Juska-Bacher/Jakob 2014). Im deutschsprachigen Raum erlernen Kinder
zwischen 1.5 und 4 Jahren auch die wichtigsten grammatischen Formen
der Muttersprache (Szagun 2013).

syntaktische Kompetenzen   Während das (deutschsprachige) 4-jährige Kind das grammatische Geschlecht (Genus) schon fast fehlerfrei beherrscht, unterlaufen ihm noch
einige Fallfehler beim Akkusativ und beim Dativ. Insbesondere bei Formen, bei denen die entsprechenden Markierungen unbetont (also für das
Kind schwer unterscheidbar) sind, sowie bei den Vergangenheitsformen
der unregelmäßigen Verben, die wie regelmäßige behandelt werden
(z. B.: „Er hat gesingt"), sind Fehler immer noch häufig (Szagun 2013).

Ebenfalls teilweise fehlerhaft bleiben in diesem Alter seltenere Plural-
formen, wobei die Fehler die Anwendung an sich korrekter Pluralregeln
(der deutschen Sprache) erkennen lassen (Szagun 2013).

phonetische Kompetenzen   Es ist bemerkenswert, dass die *phonetischen Kompetenzen* im Vergleich
zum grammatischen Entwicklungsstand eher verzögert zunehmen. Vor
allem gewisse Konsonantencluster können lange nicht richtig ausgesprochen werden (Stoel-Gammon/Vogel Sosa 2007). Im Deutschen sind „str"
(„Strich" wird oft wie „Stich" ausgesprochen) oder „tr" („Beatice" statt „Be-
atrice") gute Beispiele für dieses Phänomen.

Der Anteil der unverständlich ausgesprochenen Wörter (d.h. unverständlich für eine Person, die das Kind nicht kennt) nimmt von rund 50 z.B. mit zwei Jahren auf 25% mit drei Jahren und 0% mit 4 Jahren ab (Stoel-Gammon/Vogel Sosa 2007).

Nun sind bekanntlich Wortschatz, Syntax und Phonetik noch keine ausreichenden Voraussetzungen, um als kompetenter Kommunikator am sozialen Leben teilzunehmen. **pragmatische Kompetenzen**

Das Kind muss lernen, wann welche Sprechhandlungen adäquat und zielführend sind. Auch diese als *pragmatisch* bezeichneten Kompetenzen nehmen ab der frühen Kindheit kontinuierlich zu (Weinert/Grimm 2012), wobei die Fortschritte mit der sozial-kognitiven Entwicklung (→ Kap. 4.3.3 und 4.3.5) verbunden sind und sich bis in Schulalter hinein fortsetzen.

Die meisten Kinder lernen beispielsweise im Kontext der Familie, dass und wie man sich in bestimmten Situationen entschuldigt (bzw. entschuldigen sollte). Während von den Eltern induzierte Entschuldigungen zwischen dem 3. und dem 6. Lebensjahr seltener werden, nehmen die selbst initiierten Entschuldigungen der Kinder allmählich zu (Ely/Gleason 2006).

Die pragmatischen, semantischen und syntaktischen Kompetenzen ermöglichen dem Vorschulkind nicht nur die Organisation immer komplexer angelegter Rollenspiele mit entsprechenden Rollenzuweisungen an die Mitspieler/-innen (→ Kap. 4.3.7), sondern auch den korrekten (und für Erwachsene verständlichen) sprachlichen Bezug auf vergangene und zukünftige Ereignisse (→ Kap. 4.2.7).

| Abb. 4.1

Bilderbücher können die Sprachentwicklung fördern.

4.2 Kognitive Entwicklung

Schon das 4-jährige Kind verfügt über ein beachtliches Weltwissen und ist grundsätzlich fähig, logische (induktive und deduktive) Schlussfolgerungen zu ziehen (vgl. Goswami z. B. 2001, 2008).

Abb. 4.2 |

Wissensdurst und Forscherdrang sind in der mittleren Kindheit besonders groß.

4.2.1 | Wissen und induktives Denken

konzeptuelle Entwicklung

Eine der zentralen Fragen der kognitiven Entwicklung bezieht sich darauf, wie Kinder ihr Wissen über die Welt aufbauen. Dem ist man u. a. anhand des Wissens über Lebewesen nachgegangen.

Bereits 3- bis 4-Jährige unterscheiden biologische (lebendige) von nicht-biologischen Daseinsformen (Goswami 2001, 2008). Sie wissen schon im Alter von 3 Jahren, dass junge Tiere mit der Zeit wachsen, also größer werden, Gegenstände jedoch nicht (Rosengren et al. 1991).

Den Unterschied zwischen biologischen Wesen und Objekten begründen sie auch damit, dass nur die lebendigen Wesen, etwa Hunde, Katzen, Fliegen oder Fische, sich selbst (zielgerichtet) und sogar bergauf (gegen die Schwerkraft) bewegen können (Massey/Gelman 1988; Gelman/Opfer 2002). Die Unterscheidung wird schließlich auch aufgrund wahrgenommener (und schlussgefolgerter) Ähnlichkeiten hinsichtlich äußerer und innerer Merkmale getroffen (Gelman/Wellman 1991).

Experimentelle Befunde zeigen, dass 3- bis 4-Jährige Annahmen über die innere Beschaffenheit von Tieren treffen, die sie *nicht* aus der unmittelbaren Erfahrung abgeleitet haben können. Kinder dieses Alters gehen beispielsweise *nicht* davon aus, dass sich im inneren eines Tiers etwas befindet, das wie eine Maschine aussieht (Simons/Keil 1995). Vermutlich werden diese und weitere Annahmen der Vorschulkinder über die Attribute von Tieren (z. B. Inagaki/Sugiyama 1988) via Analogieschluss vom Wissen über Menschen abgeleitet (Goswami 2008).

Wenn ein Kind hört, dass Braunbären klettern können, dann geht es davon aus, dass Pandabären wahrscheinlich (aber nicht sicher!) auch klettern können. Aber es nimmt deshalb noch lange nicht an, dass auch Goldfische klettern können. Das Kind generalisiert also sein Wissen (über die Fähigkeit zu klettern) von einem bekannten Fall (Braunbären) auf einen *ähnlichen* neuen Fall (Pandabären), aber nicht auf einen unähnlichen Fall (Goldfische). Bereits 18 Monate alte Kinder ziehen solche induktiven Schlüsse (Gelman 2003). Gleichwohl basieren die induktiven Schlüsse, die jüngere Kinder ziehen, noch auf vergleichsweise wenig ausgereiften Strategien: Sie versuchen z. B. nicht wie Erwachsene möglichst unterschiedliche Vertreter einer Kategorie (z. B. verschiedene Hunderassen für die Kategorie „Hunde") heranzuziehen, wenn es darum geht, mehr über diese Kategorie herauszufinden, sondern begnügen sich mit einer Auswahl typischer Vertreter der Kategorie (Rhodes et al. 2008). Erst im Verlaufe des Grundschulalters lernen Kinder, dass es sich lohnt, ganz unterschiedliche Vertreter einer Kategorie zu betrachten, wenn generelle Aussagen über die ganze Kategorie gemacht werden sollen (Rhodes et al. 2008).

Wissenserweiterung durch Induktion

Neben der Ähnlichkeit nutzen Kinder spätestens ab dem 5. Lebensjahr zur induktiven Wissenserweiterung auch ihr Wissen über kausale Beziehungen (Hayes/Thompson 2007). Haben Kinder beispielsweise gelernt, dass Eulen in der Nacht gut sehen, *weil* sie große Augen haben, so können sie bei Tieren (etwa bei Katzen), die ebenfalls große Augen haben — im Übrigen aber der Eule wenig ähnlich sind(!) — ebenfalls auf die Fähigkeit schließen, im Dunkeln gut sehen zu können.

Nutzung kausaler Beziehungen

Es scheint, dass die Ähnlichkeit für die Induktion von Wissen im Verlauf der Entwicklung bis hin zum Erwachsenenalter an Bedeutung verliert, während in der gleichen Zeit die Bedeutung kausaler Beziehungen zunimmt (Hayes/Thompson 2007).

Das analoge Denken — eine Spezialform des induktiven Denkens — besteht darin, dass zum Verständnis eines bestimmten Phänomens oder zum Lösen eines (neuen) Problems ein bereits bekanntes Phänomen oder Problem herangezogen und genutzt wird. Natürlich muss zwischen dem bekannten und dem neuen Phänomen oder Problem eine ausreichende

analoges Denken

Ähnlichkeit bestehen, damit aus dem Vergleich ein Erkenntnisgewinn gezogen werden kann. Bei Kindern wurde dieses Denken vor allem mittels Itemanalogien vom Typ a:b = c:d und im Zusammenhang mit dem analogen Problemlösen untersucht.

Studie

Goswami und Brown (1990) legten 4-jährigen Kindern anhand von Bildern z. B. diese Analogie vor:

$$\text{Vogel : Nest} \quad = \quad \text{Hund : ?}$$

Zur Auswahl standen „Hundehütte", „Knochen", „Katze" und „Hund". Das Kind muss zur Lösung der Aufgabe wissen, welche Funktion das Nest für den Vogel hat (z. B. „Schutz") und kann daraus ableiten, dass die Hundehütte diese Funktion für den Hund haben könnte.

Schon 4-Jährige können solche Itemanalogien lösen, wenn sie wissen,

▶ wie die Objekte zueinander in Beziehung stehen und
▶ dass die Relationen in den beiden Paaren der Analogie gleich sein müssen.

analoges Problemlösen   Beim analogen Problemlösen geht es darum, dass das Kind eine gelernte Problemlösung auf ein ähnliches (neues) Problem übertragen kann (Goswami 2001).

Studie

Brown et al. (1986) haben Kindern ein Szenario präsentiert, bei dem Genie, der Flaschengeist, wertvolle Edelsteine transportieren wollte, ohne dass diese Schaden nehmen. Die (präsentierte) Lösung bestand darin, dass Genie die Steine durch seinen aufgerollten Zauberteppich (ein Blatt Papier) rutschen ließ.

Die Forscher stellten den Kindern sodann ein ähnliches Problem: Der Osterhase sollte die Eier rechtzeitig zu den Kindern bringen, ist aber spät dran. Ein Freund will helfen, ist aber auf der anderen Seite des Flusses. Wie kann man die Eier auf die andere Seite des Flusses bringen, ohne dass sie nass werden? Die analoge Problemlösung war: Er muss seine Decke zusammenrollen und die Eier durch sie hindurch auf die andere Seite rutschen lassen.

Einem Teil der Kinder wurden vor der Frage nach der neuen Problemlösung (wie man die Eier über den Fluss bringen kann) einige Fragen zur Zielstruktur beim ersten Problem gestellt. Solche Fragen waren z. B.: „Wer hat das Problem?" oder „Was musste der Flaschengeist machen?" Ca. 70 % der 4- bis 5-jährigen Kinder konnten das neue analoge Problem lösen, wenn man ihnen zuvor Fragen zur Zielstruktur des ersten Problems gestellt hatte (Brown et al. 1986). Ohne solche Fragen waren es nur 20 %, die das Problem lösen konnten.

Man kann davon ausgehen, dass die Fragen dazu dienten, die relationalen Strukturen des ersten Problems (das Wissen, wie Genie das Problem gelöst hat) im Gedächtnis zu repräsentieren, damit sie später weiterhin zur Verfügung standen (Goswami 2001).

Neben dem Stellen von Fragen zur Zielstruktur (s. o.), ist es auch hilfreich, Kindern mehrere Szenarien zu präsentieren. Das wiederholte (und unterstützte) gezielte Suchen nach Analogien fördert das analoge Problemlösen der Kinder entscheidend (Goswami 2001).

Voraussetzungen für analoges Problemlösen

Kontrafaktisches und hypothetisches Denken | 4.2.2

Kontrafaktisches Denken bezieht sich auf die Vorstellung einer „Realität" (Ereignis, Gegebenheit etc.), die im Widerspruch zur (im Augenblick oder in der Vergangenheit) angetroffenen Realität steht. Das **hypothetische Denken** bezieht sich demgegenüber auf vorgestellte zukünftige Gegebenheiten.

Im Denken der Erwachsenen sind kontrafaktische Überlegungen, wie „Was wäre passiert, wenn ich nicht so, sondern anders entschieden hätte?", ebenso alltäglich wie hypothetische Annahmen über die Folgen bestimmter in der Zukunft liegender Ereignisse („Was, wenn ich morgen ...? "). Während das hypothetische Denken schon bei Dreijährigen nachgewiesen wurde, scheint sich das kontrafaktische (auf die Vergangenheit bezogene) Denken erst im 4. Lebensjahr zu entwickeln (Beck et al. 2006; German / Nichols 2003).

Beck und Kollegen (2006) haben das kontrafaktische Denken von 4- bis 5-Jährigen in einem bemerkenswerten Experiment nachweisen können. Die teilnehmenden 3- bis 6-jährigen Kinder wurden zunächst mit einem Apparat vertraut gemacht. Es wurde ihnen gezeigt, dass „Mäuse" — je nachdem welche Karte(n) das jeweilige Kind aus einem Kartenstapel zog — auf bestimmten Bahnen rutschten und am Ende der Bahn auf Baumwolle fielen, die das Kind zuvor an die richtige Stelle (nämlich dort, wo es jeweils annahm, dass die Maus hinfallen würde) hinlegen durfte (→ Abb. 4.3).

Abb. 4.3 |

Versuchsaufbau von Beck und Kollegen (Beck et al. 2006, 417)

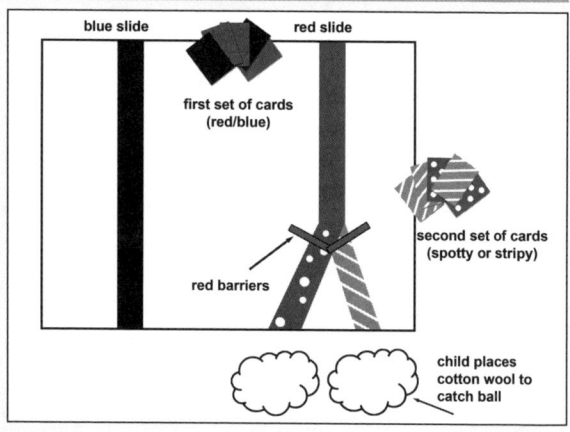

Nachdem das Kind auch eine Karte aus einem weiteren Stapel gezogen hatte und richtig angenommen hatte, wo die Maus ankommen würde (was für die teilnehmenden Kinder kein Problem war) und die Maus auch tatsächlich an der Stelle gelandet war, wurde das Kind gefragt: „Was, wenn die Maus das nächste Mal den anderen Weg nimmt, wo wird sie dann sein?" Auch diese Frage wurde von den meisten Kindern richtig beantwortet.

Nur wenige Kinder konnten jedoch vorhersagen, dass bei mangelnder Information auch mehr als eine Stelle in Frage kommt, auf der die Maus landen kann. Dies wurde in Durchgängen getestet, bei denen das teilnehmende Kind, *vor* dem Ziehen einer Karte aus dem zweiten Kartenstapel die Baumwolle dahin legen sollte, wo die Maus hinfallen würde. Auch die Nachfrage, ob die Maus noch woanders hingehen könnte, hat nicht viel gebracht (Beck et al. 2006).

Offensichtlich ist es deutlich schwieriger für 4-Jährige, unter *ungewissen* Voraussetzungen mehrere Möglichkeiten zu repräsentieren als kontrafaktische Überlegungen anzustellen; erstere Kompetenz kann folglich für die letztere *keine* Voraussetzung sein.

Deduktives Schließen

4.2.3

Beim *deduktiven Schluss* wird vom Allgemeinen (z. B. von einem Gesetz) auf das Besondere (z. B. auf den Einzelfall) geschlossen. Einerseits sind dazu schon Vorschulkinder grundsätzlich fähig, andererseits scheitern noch Erwachsene an deduktiven Aufgaben der formalen Logik.

deduktives Schließen

Als Beispiel für die Kompetenz von Kindern kann etwa der Kommentar zu einem Hochzeitsfoto dienen, auf welcher der Mann wegen seiner langen Haare (!) wie eine Frau aussieht: „Dann kann das auch keine Hochzeit sein" (unbekannte Herkunft).

Systematisch erforscht wurde das deduktive Denken von jüngeren Kindern insbesondere anhand von Syllogismen. Die seit der Antike bekannten Syllogismen setzen sich aus zwei vorangestellten (wahren oder falschen) Prämissen und einer Schlussfolgerung zusammen.

Syllogismen

Beispiel

Beispiel 1:

Alle Affen können klettern.	(1. Prämisse)
Lumpi ist ein Affe.	(2. Prämisse)
Lumpi kann klettern.	(korrekte Schlussfolgerung)

Beispiel 2:

Alle Fische leben auf den Bäumen.	(1. Prämisse)
Tobi ist ein Fisch.	(2. Prämisse)
Tobi lebt auf den Bäumen.	(korrekte Schlussfolgerung)

Beispiel 3 (Prämissen ohne logischen Link):

Jeder Zobol ist gelb.	(1. Prämisse)
Alle roten Dinge haben eine Nase.	(2. Prämisse)
Zobol hat eine Nase.	(falsche Schlussfolgerung)

Während Vorschulkinder kaum Probleme haben, Syllogismen mit wahren Prämissen (vgl. Beispiel 1) korrekt zu lösen, bekunden sie große Schwierigkeiten mit Syllogismen, deren Prämissen ihnen offensichtlich falsch erscheinen (vgl. Beispiel 2). Sie neigen dann dazu, die Frage ihrem Wissen entsprechend und nicht formal-logisch korrekt (aber kontrafaktisch!) zu beantworten. So antworten sie sinngemäß beim Beispiel 2: „Nein, wenn das ein Fisch ist, dann lebt er im Wasser!" Offensichtlich haben Vorschulkinder (aber auch viele Kinder, Jugendliche und Erwachsene) Mühe, den Impuls, auf den Wahrheitsgehalt der Aussagen zu reagieren, zu unterdrücken (vgl. Moutier et al. 2006), was bei einer falschen Prämisse notwendig wäre.

Hilfestellungen für jüngere Kinder

Schon 4- bis 6-jährige Kinder können jedoch Syllogismen mit falschen Prämissen lösen, wenn ihnen die Aussagen vorgespielt werden (Dias/Harris 1988, 1990). Ebenfalls positiv wirkt es sich aus, wenn die Kinder explizit dazu aufgefordert werden, über die falsche Prämisse nachzudenken. Also etwa: Schließe deine Augen und stelle dir vor, dass die Katzen bellen würden. Kannst du dir das vorstellen? (Leevers/Harris 2000). Solche Techniken führen vermutlich dazu, dass Kinder überhaupt bereit sind, falsche Prämissen zu akzeptieren, was sie in der Folge erst in die Lage versetzt, ihre an sich vorhandene Fähigkeit, deduktiv zu schließen, zielführend einzusetzen.

Es ist außerdem zu vermuten, dass diese Techniken dem Kind helfen, die spontane Reaktion auf den Mangel an inhaltlicher Plausibilität zu unterdrücken, zumal man auch bei älteren Kindern zeigen kann, dass die Unterdrückung entsprechender Impulse (inhibitory control) die Lösung solcher Aufgaben positiv beeinflusst (Handley et al. 2004).

Eine gewisse Vorsicht gegenüber den Ergebnissen zu frühen deduktiven Kompetenzen ist allerdings angezeigt, wenn man bedenkt, dass Vorschulkinder auch der Schlussfolgerung des oben aufgeführten dritten Beispiels mehrheitlich zustimmen, also nicht erkennen, dass hier die korrekte Antwort „Ich weiß nicht" wäre (Markovits et al. 1989). Die Fähigkeit, logische und unlogische Syllogismen (letztere haben unverbundene Prämissen) zu unterscheiden, entwickelt sich erst im Verlauf der Grundschule.

Selektionsaufgaben

Das deduktive Schließen wurde auch in Form sogenannter *Selektionsaufgaben* erforscht.

Beispiel

Die wohl bekannteste *Selektionsaufgabe*, die in der psychologischen Forschung verwendet wurde, ist diejenige von Wason (1966). Bei dieser Aufgabe geht es darum zu entscheiden, wie viele mindestens und welche aus vier Karten mit den (auf der Oberseite sichtbaren) Buchstaben bzw. Ziffern A, D, 4 oder 7 umgedreht werden müssen, um den Satz „Wenn auf der einen Seite ein Vokal ist, dann ist auf der anderen Seite eine gerade Zahl" zu überprüfen.

Eigene unsystematische Versuche bezogen auf das Beispiel mit Studierenden verschiedener Hochschulen ergeben regelmäßig, dass jeweils um die 50% die Karten A und 4 wählen, was nicht richtig ist. Korrekt sind die Karten A und 7! Selbst intelligente junge Erwachsene haben offenbar Mühe, abstrakte, nicht mit dem Alltagswissen verbundene Selektionsaufgaben korrekt zu lösen.

Und doch sind schon 6- bis 7-jährige Kinder fähig, Selektionsaufgaben zu lösen, wenn die Aufgaben in Form sinnvoller Erlaubnisregeln vorgelegt werden, die pragmatische Handlungsschemata ansprechen (Light et al. 1989). Was unter solchen Erlaubnisregeln zu verstehen ist, erläutere ich anhand der Studie von Light und Kollegen (1989).

Studie

Eine *sinnvolle* Regel lautete bei Light und Kollegen (1989): „In dieser Stadt hat die Polizei die Regel aufgestellt, dass alle Lastwagen außerhalb der Stadtmitte sein müssen."

Die Kinder konnten in der Folge auf einem Spielbrett, auf dem die Stadtmitte eingezeichnet war, entscheiden, welche Bewegungen welcher Fahrzeuge diese Regel verletzen würden und welche nicht.

Die Selektionsaufgabe bestand schließlich darin, dass auf dem Spielbrett zwei umgekehrte Bilder (d. h. Rückseite oben) gezeigt wurden — eines in der Stadtmitte und eines außerhalb der Stadtmitte — und die Kinder entscheiden sollten, welches umgedreht werden müsste, um zu überprüfen, ob die Regel verletzt worden war oder nicht.

Weit weniger erfolgreich waren Kinder gleichen Alters, wenn sie eine *willkürliche* Regel wie diese überprüfen sollten: In dieser Stadt hat die Polizei die Regel aufgestellt, dass alle Pilze außerhalb der Stadtmitte sein müssen (Light et al. 1989).

konditionales Schließen

Schon 4- bis 5-jährige Kinder sind in der Lage, den richtigen Schluss aus der Prämisse „P impliziert Q, P ist wahr" (Modus ponens) zu ziehen (Hawkins et al. 1984).

Studie

Janveau-Brennan und Markovits (1999, 906) haben Kinder gefragt: „Wenn jemand den Arm bricht, dann ist er verletzt. Stell dir vor, jemand bricht den Arm. Ist er verletzt?" Dies korrekt zu beantworten, fiel den wenigsten 6-Jährigen schwer.

Ebenso wenig Probleme hatten die gleichen Kinder mit dem Modus tollens (P impliziert Q, Q ist nicht wahr), wenn sie gefragt wurden: „Wenn jemand den Arm bricht, dann ist er verletzt. Stell dir vor, jemand ist nicht verletzt. Hat er den Arm gebrochen?"

Hingegen bekundeten Kinder bis weit ins Schulalter hinein wesentlich mehr Schwierigkeiten mit unsicheren logischen Formen, wie: „Wenn jemand den Arm bricht, dann ist er verletzt. Stell dir vor, jemand ist verletzt. Hat er den Arm gebrochen?" oder „Wenn jemand den Arm bricht, dann ist er verletzt. Stell dir vor, jemand hat den Arm nicht gebrochen. Ist er verletzt?"

Jüngere Schulkinder (und viele Erwachsene!) neigen dazu, die erste Frage mit „ja", die zweite mit „nein" zu beantworten, obwohl eine solche (eindeutige) Antwort (logisch) nicht zulässig ist.

Während die unsicheren Formen in der erwähnten Studie umso zutreffender beantwortet wurden, je älter die Schulkinder waren, war dieser Entwicklungstrend beim Modus ponens nicht zu beobachten (Janveau-Brennan/Markovits 1999). Die Performanz nahm hier sogar ab, weil mit dem zunehmenden Alter vorhandene Wissensbestände mit logischen Schlussfolgerungen interferieren (*belief-bias effect*, vgl. auch Markovits/Schroyens 2007).

Bei der Aufgabe „Wenn der Strom ausfällt, dann bleibt die Schule geschlossen. Der Strom fällt aus. Bleibt die Schule geschlossen?" antworten viele Kinder mit „nein" und begründen dies z. B. damit, dass die Schule über einen Notstromgenerator verfügen könnte (Janveau-Brennan/Markovits 1999)!

Trotz dieser bemerkenswerten Fähigkeiten im aussagenlogischen Denken ist die entsprechende Entwicklung im Grundschulalter noch lange nicht abgeschlossen. Nur eine Minderheit der Grundschüler kann

z. B. erkennen, dass die Aussage „Wenn der Kreis rot ist, dann ist der Stern gelb" (wenn P, dann Q) *nicht* im Widerspruch steht mit der Aussage „Wenn der Kreis blau ist, dann ist der Stern weiß" (wenn ¬P, dann ¬Q; was bedeutet: wenn P nicht wahr ist, ist Q auch nicht wahr) — eine Erkenntnis, die sich erst im Jugendalter durchsetzt (Gauffroy/Barrouillet 2011; Barrouillet/Gauffroy 2013).

Als eine letzte Variante des logischen Denkens sei hier *das transitive Schließen* dargestellt. In abstrakter Form bezieht sich der transitive Schluss z. B. auf die Erkenntnis, dass ausgehend von den vier Prämissen A > B, B > C, C > D und D > E der Schluss B > D korrekt, der Schluss D > A jedoch nicht korrekt ist.

transitive Schlussfolgerungen

Transitive Schlüsse sind im Bereich des Messens, also bei Rangreihen, grundlegend. Aus der Ordinalität gezählter Objekte (eins, zwei, drei, vier) geht zwingend hervor, dass vier mehr sind als zwei. Damit wird deutlich, dass das Konzept beim Aufbau des Zahlbegriffs bedeutsam ist.

Lange ging man davon aus, dass Kinder das Konzept der Transitivität während der konkret-operatorischen Stufe (Inhelder/Piaget 1954), also ab ca. 7 Jahren erwerben. Mit teilweise recht originellen Experimenten konnte man jedoch zeigen, dass schon 4-Jährige korrekte transitive Schlüsse aus vertikalen Raumbeziehungen (Vergleich von Größen) ziehen können (Goswami 2008). Schwieriger und erst Jahre später lösbar sind Aufgaben, bei denen transitive Schlüsse anhand von Prämissen mit horizontalen Anordnungen (Vergleich von Längen) gezogen werden müssen (Goswami 2001).

Inklusionsprobleme

| 4.2.4

Als geradezu klassische Testaufgaben, die zeigen sollten, ob ein Kind die konkret-operatorische Stufe des Denkens (Inhelder/Piaget 1954) erreicht hat, galten lange Zeit die Klasseninklusions- und die Erhaltungsaufgaben (→ Kap. 4.2.5).

Vorschulkinder scheinen in der Regel bei Aufgaben zu versagen, in denen *Klasseninklusionsprobleme* zu lösen sind (Piaget/Inhelder 1973). Das kann man leicht sehen, indem man einem Vorschulkind beispielsweise 10 braune und 6 weiße Kugeln zeigt und dann fragt: „Was meinst du, sind es mehr braune Kugeln oder mehr Kugeln?" Darauf antworten die meisten Vorschulkinder, es seien mehr braune Kugeln. Sie scheinen nicht zu merken, dass die braunen Kugeln nur eine Teilmenge der Menge aller vorhandenen Kugeln darstellen.

Klasseninklusions- probleme

Allerdings ist die Frage auch etwas ungewöhnlich — man würde eher einen Vergleich der braunen und weißen Kugeln erwarten. Deshalb ist man auf die Idee gekommen, die sprachliche Präsentation der Aufgabe zu verändern.

Kollektivbegriff

Es zeigte sich in der Folge, dass Kinder weit weniger Mühe haben, die Aufgabe korrekt zu lösen, wenn für die Gesamtmenge ein *Kollektivbegriff* verwendet wird (Markman/Seibert 1976). Dazu folgendes Beispiel:

Beispiel

„Hier sind rote und gelbe Blumen. Wer hätte mehr Blumen: die Person, welche die gelben Blumen hat, oder die Person, die den ganzen Strauß hat?"

Die so gestellte Frage beantworten bereits 5-jährige Kinder mehrheitlich korrekt. Ebenfalls hilfreich sind andere Kollektivbegriffe wie „Stapel" oder „alle" (Fuson et al. 1988). Das bedeutet, dass Kinder schon vor dem Schuleintritt Klasseninklusionsprobleme lösen können, sofern sie in sprachlich geeigneter Form gestellt werden.

4.2.5 | Erhaltungsaufgaben

Einen weiteren Beleg dafür, dass Kinder zwischen dem 6. und 8. Lebensjahr einen qualitativen Wandel ihres Denkens vollziehen, meinten Piaget und Inhelder (1973) in der neu auftretenden Fähigkeit des Kindes zu erkennen, dass die Menge (Volumen, Anzahl) eines Objekts erhalten bleibt, wenn man das Objekt umformt oder – im Falle einer Flüssigkeit – in ein anders geformtes Glas umschüttet. Die Erkenntnis erschien für den Übergang von der voroperatorischen zur konkret-operatorischen Stufe der kognitiven Entwicklung kennzeichnend.

Invarianzexperiment mit Flüssigkeit

Der klassische Versuch besteht darin, dass ein Versuchsleiter (VL) mit dem Kind zusammen zunächst zwei gleich große Gläser A und B (→ Abb. 4.4) mit Sirup (oder einer anderen Flüssigkeit) füllt und das Kind jeweils fragt, ob nun in den beiden Gläsern gleich viel Flüssigkeit ist. Nachdem das Kind die Frage positiv beantwortet, schüttet der VL den Sirup vom Glas B in ein tieferes aber breiteres Glas C um und fragt auf Glas C zeigend: „Ist es nun mehr Sirup oder weniger Sirup oder gleich viel?"

Darauf antworten noch die meisten Vorschulkinder, es sei nun weniger (oder mehr), erkennen also nicht, dass sich die Menge durch bloße Umformung nicht verändert haben kann. Nach Piaget und Inhelder (1973) fehlt diesen Kindern noch das für die konkret-operatorische Stufe zentrale Konzept der *Reversibilität*. Kinder mit korrekter Antwort weisen in ihrer Begründung nicht selten explizit darauf hin, dass man die Flüssigkeit wieder zurückschütten könnte und man dann sehen könnte, dass immer noch gleich viel im Glas ist.

Invarianz der Flüssigkeit in unterschiedlichen Gefäßen

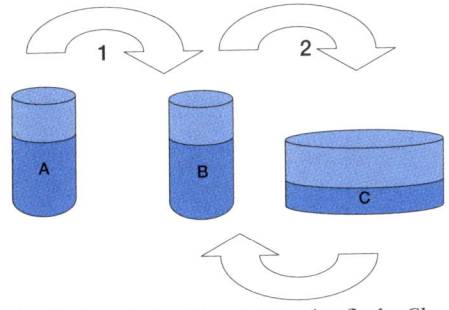

| Abb. 4.4

Invarianzexperiment von Piaget (Flüssigkeiten)

Frage an das Kind nach dem Umschütten ins flache Glas C:
Ist es nun mehr Sirup oder weniger Sirup oder gleich viel?

Kritik

Folgestudien zur Erhaltungsaufgabe haben gezeigt, dass sich die betreffenden Fähigkeiten wahrscheinlich eher früher entwickeln als von Piaget angenommen (Goswami 2001, 2008).

Bei *unbeabsichtigten* Umformungen, wenn z.B. ein „ungezogener" Bär während eines (vom VL inszenierten) Spiels Unordnung in die Spielsachen bringt, antworten bereits 4- bis 5-Jährige mehrheitlich im Sinne des Erhaltungsprinzips (McGarrigle/Donaldson 1975). Ebenfalls im Rahmen eines Spiels mussten die Muscheln „aus Sicherheitsgründen", weil ein Becher einen Riss aufwies, umgeschüttet werden (Light et al. 1979). Unter dieser Bedingung beantworteten 70% der 6-jährigen Kinder die Erhaltungsaufgabe richtig.

Solche unter spielerischen Bedingungen erzielte Ergebnisse werfen die Frage auf, ob die Befragung des Kindes im ursprünglichen Experiment von Piaget eine *suggestive Komponente* aufweisen könnte (Goswami 2001). Indem der VL wiederholt die gleiche Frage stellt („… ist es gleich viel …"), suggeriert er, dass sich etwas verändert haben könnte, sonst würde die Frage nicht wiederholt …

4.2.6 | Gedächtnisentwicklung

Das Gedächtnis ist eine notwendige Bedingung für das Lernen – und ohne Lernen gäbe es keine psychologisch relevante Entwicklung. Im Folgenden gehe ich auf die Gedächtnisentwicklung zwischen dem 4. und 10. Lebensjahr ein.

Vierjährige können sich bereits an mehrere Monate zurückliegende Ereignisse erinnern, beispielsweise an solche, die während der Ferien des vergangenen Jahres stattgefunden haben. Sie haben aber generell noch Mühe damit, vergangene Ereignisse in der Zeit korrekt einzuordnen, weil sie die entsprechenden Konzepte (Tage, Wochen, Monate, Jahre) und deren Relationen noch nicht erworben haben.

Skripts

Das Erinnerungsvermögen an vergangene Ereignisse (Langzeitgedächtnis) ist beim Vorschulkind stark von dem mittels Erfahrung gewonnenen Handlungswissen abhängig. Handlungswissen wird in *Skripts* gespeichert (Nelson 1993), die man sich als Drehbücher vorstellen kann.

Diese *Drehbücher* beschreiben sowohl spezifische einmalige Ereignisse (letzte Weihnachtsfeier) als auch generalisierte Ereignisse im Sinne eines Wissens, wie bestimmte Ereignisse ablaufen sollten (Weihnachtsfeier im Allgemeinen). Schon Vorschulkinder wissen in unserem Kulturkreis beispielsweise, dass bei der Weihnachtsfeier zunächst die Kerzen angezündet und Lieder gesungen werden und erst danach die Geschenke geöffnet werden.

frühe autobiografische Erinnerungen

Schon 2- bis 3-jährige Kinder können sich an mindestens ein Ereignis erinnern, das weiter als 6 Monate zurückliegt (Fivush et al. 1987). Die Erinnerung an spezifische Ereignisse wird aber im Verlauf des Vorschulalters deutlich reichhaltiger (Nelson/Fivush 2004; Bauer 2006). Das autobiografische Erinnern wird im Vorschulalter (und darüber hinaus) stark durch offene Fragen der Eltern gestützt (z.B. „Was haben wir heute im Park gemacht?"). Eltern, die sodann mit ihrem Kind gemeinsam das Wer, Was, Wann, Wie und Wo gemeinsamer Erlebnisse elaborieren und das Kind anregen, diese Ereignisse zu evaluieren („War das lustig?"), helfen dem Kind (und später dem/der Jugendlichen), autobiografische Erinnerungen aufzubauen, die die Kontinuität des Selbst im Verlauf der Zeit dokumentieren (Fivush 2011).

Zunahme der Gedächtnisleistung

Zwischen dem 6. und dem 10. Lebensjahr nimmt die Gedächtnisleistung des Kindes stark zu (Schneider/Lindenberger 2012). Die psychischen Prozesse, die dafür verantwortlich sind, werden nachfolgend vorgestellt.

Gedächtniskapazität

Die Anzahl der einsilbigen Wörter, die sich ein Kind merken und die es danach abrufen kann (Wortspanne), nimmt zwischen 5 und 12 Jahren von 4 auf 5 zu (Schneider/Lindenberger 2012). Die Zahlenspanne nimmt demgegenüber von etwa 4 Items mit 5 Jahren auf 6 oder 7 im Jugendalter zu. Die Gedächtniskapazitätszunahme liegt in der Automatisierung und Effizienzsteigerung der mentalen Prozesse begründet. Der dadurch frei gewordene Arbeitsspeicher (im Arbeitsgedächtnis) kommt der Gedächtniskapazität zugute.

Zusätzlich geht man davon aus, dass die Artikulationsgeschwindigkeit für Wörter (in der sogenannten artikulatorischen Schleife des Arbeitsgedächtnisses) zunimmt. Diese Schleife wird uns bewusst, wenn wir eine Telefonnummer auswendig lernen wollen und sie aus diesem Grund einige Male innerlich wiederholen. Die größere Artikulationsgeschwindigkeit bewirkt, dass mehr Wörter bzw. Zahlen erinnert werden können (Schneider/Lindenberger 2012).

Artikulationsgeschwindigkeit

Ab der mittleren Kindheit bis weit in die Adoleszenz macht das Kind enorme Fortschritte im Gebrauch des Gedächtnisses (Schneider/Lindenberger 2012). Diese Fortschritte sind insbesondere auf den Erwerb und Gebrauch von Gedächtnisstrategien, auf das größere Wissen in vielen Sachbereichen und auch auf die besseren Kenntnisse des eigenen Gedächtnisses (Metagedächtnis) zurückzuführen (→ Kap. 5.2.2).

Strategien, Wissen und Metagedächtnis

Kinder und Jugendliche erlernen für den effizienten Umgang mit dem eigenen Gedächtnis sogenannte Gedächtnisstrategien. Dabei handelt es sich einerseits um *Enkodierstrategien* — das sind Strategien für die effiziente Einspeicherung neuer Information (Wiederholen, Organisieren, Elaborieren) — und andererseits um *Abrufstrategien*, also Strategien, die beim Abrufen bereits eingespeicherter Information angewendet werden.

Gedächtnisstrategien

Das *Wiederholen* (rehearsal) wird von Kindergartenkindern spontan erst selten, ab ca. 10 Jahren aber mehrheitlich verwendet. Die älteren Kinder kumulieren beim Wiederholen mehrere Einheiten in der gleichen phonologischen Schleife (das ist die für auditive Reize zuständige Komponente des Arbeitsgedächtnisses), was eine effizientere Strategie ist als das Wiederholen der einzelnen Wörter (Schneider/Lindenberger 2012).

Das *Organisieren* von Wörtern in Oberbegriffe ist eine weitere Strategie. Sie wird später als das Wiederholen spontan eingesetzt (Schneider/Lindenberger 2012), was aufgrund der höheren kognitiven Ansprüche dieser Strategie nicht weiter erstaunt — semantische Beziehungen müssen ja erst einmal entdeckt werden, bevor sie eingesetzt werden können.

Als eine weitere, spontan ebenfalls eher spät auftauchende Strategie gilt das *Elaborieren*. Dieses beinhaltet den Aufbau bildhafter oder sprachlicher Assoziationen zwischen Wörtern, um einen späteren Abruf zu verbessern. Die Elaboration ist nicht zuletzt für das Vokabeln-Lernen

(Fremdsprachen) nützlich. Schneider/Lindenberger (2012) beschreiben drei verschiedene Strategiedefizite bei jüngeren Kindern:

▶ *Mediationsdefizit*: Jüngere Kinder (frühes Kindergartenalter) können Strategien nicht spontan einsetzen, selbst wenn sie dazu instruiert wurden.

▶ *Produktionsdefizit*: Ältere Kindergartenkinder und Schulanfänger setzen spontan ebenfalls keine Strategien ein. Sie profitieren aber von gezielter Unterweisung mit anschließendem Einsatz der Strategie.

▶ *Nutzungsdefizit*: Einige jüngere Schulkinder haben schon einfache Strategien zur Verfügung, profitieren aber zunächst noch wenig von deren Einsatz, weil dieser selbst viel mentale Energie bindet (vgl. Björklund et al. 1997).

4.2.7 Entwicklung mathematischer Kompetenzen

Das Vorschulkind kommt in der Regel spielerisch mit Mengen und Zahlwörtern in Kontakt. In unserem Kulturkreis zählt das Kind, das die anderen beim Versteckspiel suchen muss, laut bis zu einer bestimmten Zahl (oft 20), bevor es die Suche aufnehmen darf.

Ordinalität und Kardinalität

Viele 4-Jährige zählen daher bereits fehlerlos von 1 bis 10 oder weiter (Geary 2006). Dabei haben sie aber das *Konzept der Kardinalzahl*, das besagt, dass die letzte Zahl beim Zählen für die Anzahl der gezählten Objekte steht, noch nicht erworben.

Fragt man ein 4-jähriges Kind beispielsweise, wie viele Finger an einer Hand sind, so zählt es die Finger ab. Wenn sodann die Frage wiederholt wird, zählt es sie noch mal ab, obwohl man gerade vorher die Richtigkeit der Antwort bestätigt hat. Das nochmalige Zählen weist darauf hin, dass das Kind das Zahlwort „fünf" noch nicht als Kardinalzahl verwendet.

Das 4-jährige Kind hat jedoch in der Regel schon ein prozedurales Wissen über die Bestimmung von Mengen: Es weiß, dass es zählen muss! Das Konzept der Ordinalität (z.B. „5 ist mehr als 4") wird also früher – zwischen 3 und 4 Jahren – erworben als das Konzept der Kardinalität (Bullock/Gelman 1977). Das Kind hat somit zunächst ein einfaches „Nachfolgemodell" des Zählens (*Ordinalität*), das es sukzessive zu einem *Mengenmodell* und schließlich zu einem *Inklusionsmodell* (Zahlbegriff) weiterentwickelt (Halford/Andrews 2006, → Abb. 4.5).

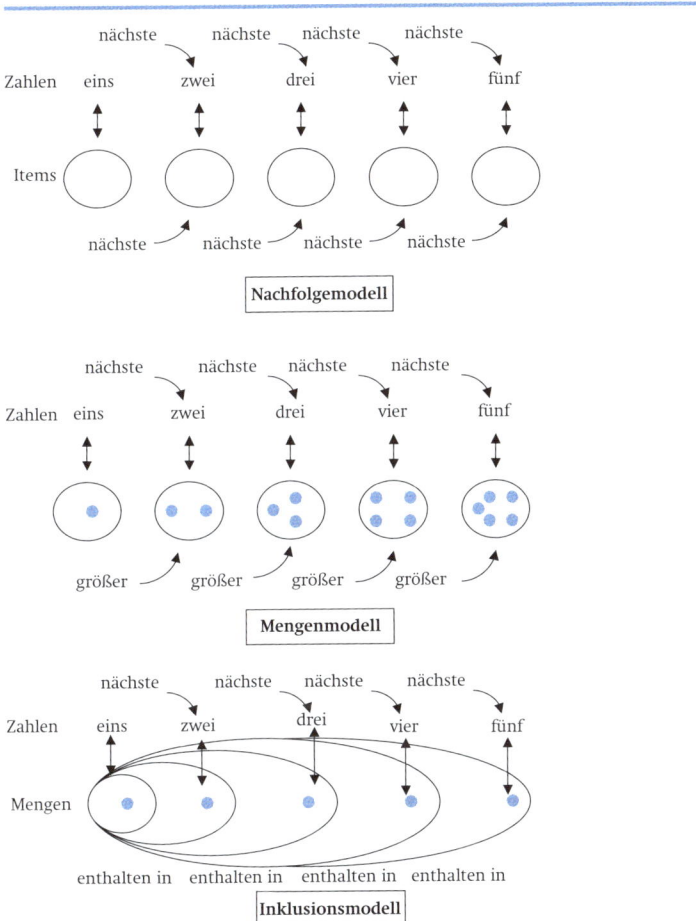

Abb. 4.5

*Mentale Modelle des
Zählens nach
Halford/Andrews
(2006)*

Wenngleich primitive mathematische Kompetenzen schon bei Säuglingen nachgewiesen wurden (vgl. z.B. Lipton/Spelke 2003), so scheinen sich arithmetische Operationen nur langsam gegen Ende des Vorschulalters zu entwickeln, was vermutlich nicht zuletzt auch mit beschränkten Kapazitäten des Arbeitsspeichers zusammenhängt (→ Kap. 4.2.6).

frühe arithmetische
Kompetenzen

Einfache Additionen, wie beispielsweise 4 Birnen plus 5 Birnen, lösen 4- bis 5-Jährige typischerweise, indem sie die vorhandenen Birnen abzählen. Sind die Objekte nicht verfügbar, nehmen sie die Finger der beiden Hände zu Hilfe und zählen über beide Hände hinweg ab (Geary 2006).

arithmetische Konzepte
und Operationen

Der Schulunterricht beeinflusst (und beschleunigt) die Entwicklung der mathematischen Kompetenzen entscheidend. Im Verlauf der ersten Schuljahre erwerben die meisten Kinder nicht nur die *arithmetischen Grundoperationen* Addition, Subtraktion, Multiplikation und Division im Zahlenraum 1 – 1000, sondern auch grundlegende mathematische Konzepte wie *Kommutativität* (z. B.: a + b = b + a), *Assoziativität* (z. B.: (a × b) × c = a × (b × c)) und *Inversion* (a + b − b = a) (Geary 2006). Ein implizites Verständnis einzelner Konzepte wie der Kommutativität kann allerdings schon im Vorschulalter nachgewiesen werden (Canobi et al. 2002).

intuitives Wissen über
nicht-lineares Wachstum

Während Kinder bereits bei Schuleintritt korrekte Vorstellungen von linearem Wachstum mitbringen, entwickelt sich das intuitive Wissen über nicht-lineares (z. B. exponentielles) Wachstum langsamer.

Studie

In einer Studie (Ebersbach/Wilkening 2007) hat man Kindern verschiedenen Alters (anhand eines Modells) drei Wasserlinsen-Pflanzen in einem See gezeigt und ihnen erklärt, dass sich jede dieser Pflanzen über Nacht teilt, so dass am nächsten Tag sechs Pflanzen vorhanden sind.

Dem Kind wird sodann diese Geschichte erzählt: Paul kommt am Montag an diesen See und sieht eine Wasserlinse. „Was meinst du, wie viele Pflanzen wird er am Dienstag vorfinden?" Und danach: „Was denkst du wie viele Pflanzen am Mittwoch?" Nach der Beantwortung dieser Frage folgt die kritische Frage: „Nun kann Paul nicht jeden Tag an den See kommen. Was meinst du, wie viele Pflanzen findet er am Sonntag vor?"

Auch wenn erst die Schätzungen von 13-Jährigen und Erwachsenen nah bei der korrekten Anzahl (64) liegen, so ist doch bemerkenswert, dass die geschätzte Anzahl bereits im Verlauf der Grundschule kontinuierlich zunimmt, was darauf hinweist, dass in dieser Zeit intuitives Wissen über exponentielles Wachstum aufgebaut wird (Ebersbach/Wilkening 2007).

Problemschemata bei
Textaufgaben

Textaufgaben sollen das Kind befähigen, praktische quantitative Fragen und Probleme, wie sie sich im Alltag und im Beruf stellen, mit mathematischen Methoden anzugehen. Trotz oberflächlicher Ähnlichkeit erweisen sich Textaufgaben als unterschiedlich schwierig, je nachdem wie sie formuliert sind, wie dies am Beispiel der folgenden Auswahl von Aufgabenstellungen deutlich wird (Geary 2006, 798):

Veränderungsaufgaben (Change)
► Andy hatte 2 Murmeln. Dann gab Nick ihm noch 3 Murmeln dazu. Wie viele Murmeln hat Andy jetzt?
► Andy hatte 5 Murmeln. Dann gab er Nick 3 Murmeln. Wie viele Murmeln hat Andy jetzt?
► Andy hatte 2 Murmeln. Dann gab Nick ihm einige Murmeln dazu. Jetzt hat Andy 5 Murmeln. Wie viele Murmeln hat Nick ihm gegeben?
► Nick hatte einige Murmeln. Dann gab er Andy 2 Murmeln. Jetzt hat Nick noch 3 Murmeln. Wie viele Murmeln hatte Nick am Anfang?

Kombinationsaufgaben (Combine)
► Andy hat 2 Murmeln. Nick hat 3 Murmeln. Wie viele Murmeln haben sie zusammen?
► Andy hat 5 Murmeln. Drei Murmeln sind rot und die übrigen Murmeln sind blau. Wie viele blaue Murmeln hat Andy?

Vergleichsaufgaben (Compare)
► Nick hat 3 Murmeln. Andy hat 2 Murmeln. Wie viel weniger Murmeln hat Andy als Nick?
► Nick hat 5 Murmeln. Andy hat 2 Murmeln. Wie viel mehr Murmeln hat Nick als Andy?
► Andy hat 2 Murmeln. Nick hat 1 Murmel mehr als Andy. Wie viele Murmeln hat Nick?
► Andy hat 2 Murmeln. Er hat 1 Murmel weniger als Nick. Wie viele Murmeln hat Nick?

Veränderungsaufgaben können bereits von den meisten Kindergartenkindern und Erstklässlern gelöst werden, weil die Formulierung der Aufgaben die sukzessiven Lösungsschritte vorgibt, dem Kind somit hilft, den Text in eine Rechnung umzusetzen. Typischerweise führt das Kind die Veränderungen (Addition und Subtraktion) direkt unter Verwendung entsprechender Objekte (Murmeln) oder der eigenen Finger durch.

Demgegenüber stellen **Kombinations-** und **Vergleichsaufgaben** — trotz der gleichen zugrunde liegenden mathematischen Operation — konzeptionell deutlich höhere Ansprüche. Das liegt an den bei diesen Aufgaben vorliegenden statischen Problemschemata, die keine klaren Handlungshinweise enthalten. Daher ist es nicht erstaunlich, dass solche Aufgaben erst etwas später korrekt gelöst werden können (Geary 2006).

4.3 | Soziale und emotionale Entwicklung

Die hier verwendete Gliederung in kognitive Entwicklung auf der einen und soziale und emotionale Entwicklung auf der anderen Seite ist nur didaktisch motiviert. Inhaltlich ist es fragwürdig, kognitive von sozialen oder emotionalen Prozessen abzugrenzen, weil diese Prozesse ineinander verwoben sind und sich auch gegenseitig beeinflussen. Diese wichtige Überlegung im Hinterkopf wenden wir uns jetzt der sozio-emotionalen und der sozial-kognitiven Entwicklung zu.

Das Vorschulkind kann seine Emotionen anfänglich noch deutlich weniger gut situativ angepasst regulieren als die meisten Erwachsenen. In diesem Bereich sind jedoch im Vorschulalter große Fortschritte zu verzeichnen, auf die im Folgenden noch näher eingegangen wird (→ Kap. 4.3.1).

Das Vorschulkind wird zunehmend zu einem kompetenten Gegenüber, das situationsangemessene Erwartungen über das Handeln seiner engeren Bezugspersonen generiert — also zum Beispiel weiß, dass es abends von den Eltern nach dem Zähneputzen keine Schokolade mehr erhält, aber beim Taufpaten diesbezügliche Chancen vorhanden sind.

Das Vorschulkind entwickelt nicht nur eine Vorstellung davon, was andere Wissen und dass dieses Wissen sich vom eigenen Wissen unterscheiden kann. Es erkennt auch bald, dass das Handeln anderer von deren (korrekten oder falschen) Kenntnissen abhängt. Dieses Thema werden wir im Kapitel 4.3.3 zur *Theory of Mind* vertiefen.

Weitere Abschnitte dieses Kapitels befassen sich mit klassischen entwicklungspsychologischen Themen: mit dem Belohnungsaufschub, dem Zeitverständnis, der Perspektivenübernahme, der Entwicklung des Spiels und schließlich mit der Bedeutung von Geschwister- und Freundschaftsbeziehungen.

4.3.1 | Emotionsregulation

Definition

Emotionen sind zentrale psychophysiologische Prozesse des Menschen. Sie beinhalten schnell erfolgende Bewertungen von Situationen und erzeugen darauf basierende Verhaltensbereitschaften, die dem Individuum helfen, sich im Strom der unmittelbaren (ggf. auch vermittelten) Erfahrung zu orientieren (Cole et al. 2004).

Der Begriff der **Emotionsregulation** bezieht sich auf die Regulation oder Kontrolle von emotionalen Prozessen durch sprachliche oder andere Handlungen.

Demgegenüber wird die regulierende oder motivierende Wirkung einer Emotion präziser als **emotionale Handlungsregulation** bezeichnet (Holodynski 2006).

In sozialen Interaktionen sind oft Emotionsregulation und emotionale Handlungsregulation gleichzeitig beteiligt (Cole et al. 2004). Beispielsweise dürfte beim Zoobesuch eine im Gesicht der Mutter sichtbare Emotion (z. B. Freude) dazu beitragen, dass das Kind seine aktuell erlebte Emotion (z. B. Furcht) besser kontrollieren ggf. sogar unterdrücken kann.

Während die Emotionsregulation in der frühen Kindheit noch weitgehend auf der Verhaltensebene erfolgt und vielfach durch die Eltern und andere nahe Bezugspersonen initiiert wird (im Sinne einer *interpersonalen Emotionsregulation*, z. B. indem diese das Kind je nach Situation beruhigen oder ablenken), gelingt dem Kind ab dem 3. Lebensjahr zunehmend eine selbständige *intrapersonale Emotionsregulation*.

Es setzt nun immer häufiger auch *symbolische Strategien* ein, etwa indem es eine Situation umdeutet (z. B. bagatellisiert), ein Motiv zeitlich zurückstellt (vgl. Belohnungsaufschub, → Kap. 4.3.2), das Gesprächsthema wechselt etc. (Holodynski 2006).

symbolische Strategien

Diese Strategien lernen die Kinder zum größten Teil in der Familie, etwa indem sie die Eltern oder Geschwister beobachten, wie diese ihre Emotionen (z. B. Wut, wenn ein Kind etwas anstellt) regulieren oder indem die Eltern oder Großeltern den Kindern zeigen, wie sie (unerwünschte oder unpassende) Emotionen umdeuten können.

Izard (2002) weist zu Recht darauf hin, dass Emotionsregulationsstrategien wichtige Ansatzpunkte zur Prävention antisozialen Verhalten bieten.

Symbolische Formen der Emotionsregulation entwickeln sich interessanter Weise praktisch gleichzeitig mit der *Theory of Mind* (→ Kap. 4.3.3).

Belohnungsaufschub   4.3.2

Es entspricht einer alltäglichen Erfahrung mit jüngeren Kindern, dass Warten nicht zu ihren Stärken gehört. Sie können z. B. fast nicht warten, bis ein Fest beginnt oder bis sie ein Geschenk öffnen können.

Studie

Mischel und Kollegen fanden in ihren Experimenten bei 4-jährigen Kindern interessante Unterschiede (siehe z. B. Mischel et al. 1989): Kinder werden vor die Wahl gestellt, ob sie *unmittelbar nach* einem Spiel eine *kleinere* Belohnung gleich erhalten oder *nach einiger Wartezeit* eine *größere* Belohnung erhalten wollen. Während viele Vorschulkinder die kleinere (sofortige) Belohnung wählen (obwohl sie wissen, dass dies eigentlich keine kluge Entscheidung ist), gelingt es Kindern im Verlauf der Grundschule immer besser, die sofortige Belohnung (zugunsten einer größeren) aufzuschieben.

Nachuntersuchungen haben gezeigt, dass jene Kinder, die Belohnungen aufschieben können, später als Jugendliche sozial kompetenter, frustrationstoleranter, selbstsicherer und in der Schule erfolgreicher sind als die Kinder, die Belohnungen nicht aufschieben konnten (Mischel et al. 1989). Dieser Befund ist exemplarisch für die Bedeutung der exekutiven Kontrolle und früh ausgebildeter Willensstrategien für die soziale Entwicklung des Kindes.

Neben der exekutiven Kontrolle scheint der Belohnungsaufschub aber auch davon abhängig zu sein, ob ein Kind daran glaubt, dass es nach einigem Warten eine größere Belohnung auch tatsächlich bekommt. Kinder, denen in einem Experiment zunächst leere Versprechungen gemacht wurden, haben im nachfolgenden Delay-of-Gratification-Test deutlich schlechter abgeschnitten als Kinder, die vorgängig erfahren haben, dass sie den Versprechungen der Versuchsleiterin vertrauen können (Kidd et al. 2013).

4.3.3 | Theory of Mind

Die *Theory of Mind (ToM)* war in den letzten 15 Jahren eines der größten Forschungsgebiete der Entwicklungspsychologie überhaupt. Die Forschung beschäftigt sich mit dem Aufbau einer naiven Theorie des Kindes über die Psyche (Mind) des Menschen. Dieser Aufbau erfolgt kontinuierlich und beginnt schon in der frühen Kindheit, z. B. mit (impliziten) Annahmen des Kindes über spezifische Ziele und das Handeln anderer Personen (vgl. auch „Modell of Others" nach Bretherton, → Kap. 3.4).

Bereits 2- bis 3-jährige Kinder unterscheiden zwischen einer physischen und einer mentalen (vorgestellten) Welt (z. B. einen Hund, den man sich nur vorstellt, kann man nicht füttern, → Kap. 4.3.7). Sie verstehen auch, dass Handlungsabsichten und Handlungen von den konkreten Zielen und Wünschen der Handelnden abhängen (Wellman/Wooley 1990).

Demgegenüber haben die meisten 3-Jährigen noch Mühe zu erkennen, dass andere Personen aufgrund eines fehlerhaften Wissens, das sich vom eigenen Wissen unterscheidet, Intentionen verfolgen können, die nicht zielführend sind. Erst zwischen dem 3. und 5. Lebensjahr lernt das Kind, dass andere Menschen, die nicht über das gleiche Wissen verfügen wie es selbst, aufgrund dieses evtl. *falschen Wissens* und daraus abgeleiteter Überzeugungen (*false beliefs*) auch entsprechend andere Entscheidungen treffen (Wellman et al. 2001). In der Forschung hat man diese sozial-kognitive Kompetenz mit unterschiedlichen Experimenten nachgewiesen.

falsche Überzeugungen

Studie

Im heute bereits klassischen „Maxi-Experiment" (Wimmer/Perner 1983) wird 3- bis 5-jährigen Kindern die folgende Situation vorgespielt:

Maxi und seine Mutter kommen vom Einkaufen nach Hause zurück. Maxi hilft seiner Mutter die Einkäufe auszupacken und legt die Schokolade in den Schrank A. Dann geht er auf den Spielplatz. Während er weg ist, nimmt seine Mutter die Schokolade aus dem Schrank A und legt sie in den Schrank B. Maxi kommt hungrig vom Spielplatz und möchte etwas Schokolade aus dem Schrank nehmen.

Nun wird das am Experiment teilnehmende Kind gefragt: „Wo wird Maxi die Schokolade suchen?"
Während noch fast alle 3-Jährigen meinen, Maxi würde im Schrank B suchen (wo die Schokolade tatsächlich ist!), meint die Mehrheit der 5-Jährigen, er suche im Schrank A. Eine entscheidende Veränderung hat also zwischen dem 3. und 5. Lebensjahr statt gefunden.

Sparsamer (und somit eleganter) als Aufgaben vom Typ „Maxi", bei denen sich die falsche Überzeugung auf die Lokalisierung eines Objekts bezieht, sind *„false content"-Aufgaben* (z. B. Gopnik/Astington 1988).

False content

Studie

In diesem Aufgabentyp zeigt der VL dem Kind einen Behälter, z. B. eine Smarties-Schachtel, und fragt es nach dessen Inhalt. Nachdem das Kind geantwortet hat, es seien Smarties darin, öffnet der VL die Schachtel und das Kind sieht, dass Bleistifte in der Schachtel sind. Nun wird das Kind gefragt (Testfrage), was der (nicht anwesende) Vater oder ein anderes Kind glaube, was in der Smarties-Schachtel sei.

Wiederum ist es so, dass 3-Jährige noch mehrheitlich falsch antworten („Bleistifte"), während die meisten 5-Jährigen die Testfrage korrekt beantworten, also berücksichtigen, dass die fragliche Person eine Überzeugung hat (und danach handelt), die mit der Wirklichkeit nicht übereinstimmt.

Metarepräsentation
In beiden Experimenten geht es darum, dass sich das (erfolgreich) teilnehmende Kind vorstellt, was sich eine andere Person vorstellt. Es handelt sich somit um eine Repräsentation (Vorstellung) über eine Vorstellung, also um eine *Metarepräsentation*, von der wir heute annehmen, dass sie Teil der sozialen Kognition 5-Jähriger ist.

falsche Überzeugungen 2. Ordnung
Nun kann es auch sein, dass wir uns überlegen, was wohl jemand darüber denkt, was noch jemand anderer denkt. Solche noch etwas komplexeren sozialen Kognitionen hat man mit sogenannten falschen Überzeugungen 2. Ordnung (*second-order false beliefs*) überprüft (Perner/Wimmer 1985; Hogrefe et al. 1986).

Studie

Bei Naito und Seki (2009) wird eine solche Aufgabe im Rahmen dieser Geschichte präsentiert:

Die Mutter hat ihrer Tochter Aki-chan ohne deren Wissen eine Puppe gekauft, mit der sie sie zum Geburtstag überraschen möchte. Stattdessen sagt die Mutter zu Aki-chan aber, sie habe ein Spielzeug gekauft. Nun entdeckt Aki-chan die Puppe zufällig beim Spielen draußen im Gartenhäuschen und denkt, dass ihr die Mutter nun doch eine Puppe gekauft hat. Während Aki-chan draußen ist, ruft die Großmutter an und fragt die Mutter: „Weiß Aki-chan, was sie wirklich zum Geburtstag bekommt?"

An dieser Stelle wird das am Versuch teilnehmende Kind zuerst gefragt, was es glaube, was die Mutter antworte. Dann wird es daran erinnert, dass Aki-chan die Puppe gefunden hat.

Die Großmutter fragt sodann die Mutter: „Was meint Aki-chan, was sie zum Geburtstag bekommt?"

Und an dieser Stelle folgte nun die Testfrage bezüglich der falschen Überzeugung 2. Ordnung: *„Was sagt die Mutter zur Großmutter?"*.

Erst die 8-Jährigen beantworteten in der Studie von Naito und Seki (2009) die Testfragen zu den Überzeugungen 2. Ordnung korrekt, während noch die 6-Jährigen auf Zufallsniveau antworteten.

Heute liegt eine Vielzahl von Studien vor, die bestätigen, dass sich die Einsicht in falsche Überzeugungen 2. Ordnung etwa ein bis zwei Jahre nach der Einsicht in falsche Überzeugungen 1. Ordnung entwickelt (Miller 2009).

Kinder, die in der Lage sind, sich vorzustellen, was andere über nochmals andere aufgrund derer Wissensstände annehmen, sind zunehmend fähig, komplexere soziale Interaktionen zu durchschauen und auch selbst (z.B. im Spiel) zu lenken, zu täuschen, moralische Dimensionen des Handelns sowie Ironie und Witze zu verstehen (Sodian et al. 2012; Wicki 2000).

Konsequenzen der sozial-kognitiven Fortschritte

Natürlich ist mit der Kompetenz, falsche Überzeugungen zu durchschauen, die Entwicklung der naiven Psychologie (ToM) noch lange nicht abgeschlossen. Im Schulalter entwickelt das Kind eine Reihe weiterer Kompetenzen, die der ToM zugerechnet werden (Sodian 2002; Sodian et al. 2012):

▶ Die Kinder lernen, dass sich die aktuellen Lernergebnisse vom Vorwissen unterscheiden.

▶ Sie gewinnen auch zunehmend Einsicht in den konstruktiven und interpretativen Charakter mentaler Aktivität.

▶ Sie entwickeln eine Vorstellung von kontinuierlicher gedanklicher Aktivität, die nur schwer zu unterdrücken ist.

▶ Sie entwickeln ein Verständnis für unterschiedliche Bewusstseinszustände (z.B. Schlaf, Traum) und für das Unbewusste.

▶ Sie denken bei Strategiespielen zunehmend rekursiv: Sie berücksichtigen z.B., was der oder die Gegner/in denken könnte, was sie selbst denken und leiten daraus ein Handeln ab, das ihnen Vorteile bringt (Bischof-Köhler 2011).

Zeitverständnis | 4.3.4

Jüngere Kinder leben im Augenblick, schieben eine attraktive Tätigkeit, z.B. das Öffnen eines Geschenks, nicht gerne auf. Praktisch zeitgleich mit dem Repräsentieren falscher Überzeugungen entwickeln Kinder ein

Vergegenwärtigung von Zeit

Verständnis für die Zeit: Es gelingt ihnen sich die Zeit (als Bezugssystem) zu vergegenwärtigen (Bischof-Köhler 2000, 2011).

Beispielsweise können Kinder ab ca. 4 Jahren beurteilen, welche der zur Auswahl stehenden unterschiedlich gefüllten Sanduhren länger braucht, bis sie abgelaufen ist. Und sie können sagen, welche der Sanduhren ablaufen sollte, bis ein erwünschtes Ereignis eintreffen wird – nämlich die Uhr, die weniger Sand enthält (Bischof-Köhler 2000). Die Repräsentation der Zeit ermöglicht dem Kind nun, einander konkurrierende Motive auf einen vorgestellten Zeitraum zu verteilen, also eine Handlung zugunsten einer anderen zurückzustellen (Bischof-Köhler 2000, 2011). Sie ermöglicht dem Kind außerdem, sich im Raum des hypothetisch Möglichen die Befriedigung antizipierter Bedürfnisse in Abhängigkeit der erst später eintretenden Bedingungen vorzustellen und seine Planung darauf abzustellen (Bischof-Köhler 2011). Es versteht sich von selbst, dass diese kognitiven Fortschritte einen entscheidenden Beitrag zur Entwicklung des Belohnungsaufschubs (→ Kap. 4.3.2) beisteuern.

4.3.5 | Perspektivenübernahme

Für das soziale Zusammenleben ist die **Perspektivenübernahme** eine grundlegende Fähigkeit. Die entwicklungspsychologische Forschung hat sich intensiv mit der Frage befasst, wie sich die Fähigkeit, sich in die Lage anderer zu versetzen (deren Perspektive zu übernehmen), entwickelt.

visuelle Perspektivenübernahme

Kinder merken bereits im Alter von 24 Monaten, dass andere Personen etwas nicht sehen, das sie selbst sehen können (z. B. weil es für die andere Person verdeckt ist) (Moll/Tomasello 2006). Dagegen sind sie aber erst ab ca. 4 Jahren in der Lage, auch zu merken, dass andere aus anderer Perspektive das gleiche Objekt anders sehen als sie selbst.

soziale Perspektivenübernahme

Zur Kompetenz, einen sozialen Sachverhalt (z. B. einen Gesprächsverlauf) aus der Perspektive der anderen Teilnehmenden zu verstehen, gehören auch die im vorangehenden Kapitel zur Theory of Mind vorgestellten Entwicklungsschritte.

Theoretisch kann man sicher davon ausgehen, dass die sich im Vorschulalter entwickelnden Einsichten über Vorstellungen und Überzeugungen anderer Personen und das Verständnis von deren Perspektiven sehr eng verknüpft sind. *Soziale Pespektivenübernahme* ist zudem auch eine gute Voraussetzung für prosoziales Verhalten, dem wir uns im Folgenden zuwenden.

Prosoziales Verhalten und moralische Entwicklung | 4.3.6

Definition

Prosoziales Verhalten bezieht sich auf freiwillige Handlungen, die einer anderen Person zugute kommen (schenken, helfen, unterstützen etc.).

Helfen kann unterschiedlich motiviert sein: Ist es intrinsisch (und nicht egoistisch) motiviert, bezeichnet man das prosoziale Verhalten als **altruistisch** (Eisenberg/Mussen 1989; Eisenberg et al. 2006). Es ist getragen von Sympathie oder Sorge für andere und verankert in internalisierten Werten. Altruistisch motiviertes prosoziales Verhalten wirkt meist selbstverstärkend, indem es das Selbstwertgefühl erhöht und zu Stolz oder Befriedigung führt.

Das prosoziale Verhalten bleibt über die Zeit stabil: Kinder, die im Vorschulalter relativ häufig helfen, tun dies auch später noch. In der durchschnittlichen Häufigkeit nimmt es im Verlauf der Kindheit bis zur Adoleszenz zu (Eisenberg et al. 2006), was mit den dafür notwendigen Kompetenzen zusammenhängt. | Alterseffekte

Der *Erwerb* (Kompetenz) einer prosozialen Verhaltensweise sollte von deren *Ausführung* (Performanz) unterschieden werden. Ein Kind kann vielleicht bereits erkennen (→ Kap. 4.3.5), dass ein anderes Kind darunter leidet, von anderen Kindern gemieden zu werden oder es kann gelernt haben, dass es kleineren Kindern, die von größeren geplagt werden, helfen sollte. Trotzdem hilft es möglicherweise in keinem der beiden Fälle, weil es selbst Sanktionen durch die Täter befürchtet. | Kompetenz vs. Performanz

Kinder im Alter von 8–9 Jahren haben bereits viele moralische Normen internalisiert (Nunner-Winkler 1993). Entsprechend sind 8-jährige Kinder deutlich häufiger als 4-Jährige bereit, etwas von dem, was sie in einem Spiel gewonnen haben, „armen Kindern" zu spenden (Ongley et al. 2014). 8-Jährige können das Verhalten anderer an moralischen Normen messen und diese Normen anderen erklären. | moralische Normen und Emotionen

Kinder gehen ab diesem Alter im Falle von Fehlverhalten auch immer häufiger davon aus, dass dieses Verhalten für den Akteur oder die Akteurin negative emotionale Folgen (Scham, Schuld) zeitigen kann (Hertz/Krettenauer 2014). Dennoch ist der Erwerb solcher Normen und moralischer Emotionen im Grundschulalter nicht so stark mit großzügigem Schenken korreliert, wie man erwarten könnte (Eisenberg/Mussen 1989; Malti/Krettenauer 2013; Ongley et al. 2014).

Um die erworbenen Normen in die Tat umsetzen zu können, muss das Kind zuerst die Bedürfnisse des Gegenübers wahrnehmen und richtig interpretieren (→ Kap. 4.3.5). Darüber hinaus muss es eine Idee davon haben, wie dem Gegenüber geholfen werden kann. Es muss sich schließlich in der betreffenden Situation auch kompetent fühlen, also glauben, die notwendigen Maßnahmen treffen zu können.

Außerdem sollten ihm die Kosten bzw. Risiken des Handelns nicht als zu hoch erscheinen. Wenn diese Zusatzbedingungen nicht erfüllt sind, wird auch ein Kind, das die Norm der sozialen Verantwortlichkeit kennt, kaum helfen. Die Internalisierung von Normen ist also nicht ausreichend, um prosoziales Verhalten voraussagen zu können.

Einflussfaktoren   Kulturvergleichende Studien (Whiting/Whiting 1975) zeigen, dass *das frühe Zuweisen von Aufgaben* durch Erwachsene und die *Übernahme von Verantwortung* (Ausmaß, in dem die Kinder Aufgaben im Haushalt oder Aufgaben zur Sicherung des Familieneinkommens zu übernehmen hatten) das altruistische Handeln positiv beeinflussen. Modelllernen und Identifikation gehören hier zu den zentralen Lernmechanismen für prosoziales Verhalten.

Studie

Rice und Grusec (1975) haben Kinder ein Modell beobachten lassen, das bei einem Miniaturkegelspiel Knöpfe gewann, die es nachher in interessante Preise umtauschen konnte. Nach beendetem Spiel verschenkte das Modell der Experimentalgruppe seine Knöpfe an „arme Kinder", während es in der Kontrollgruppe aus dem Raum gerufen wurde, bevor es die Knöpfe verschenken konnte.

Die Kinder der Kontrollgruppe verschenkten in der Folge deutlich weniger ihrer Knöpfe als die Kinder der Experimentalgruppe (Rice/Grusec 1975).

Selbst relativ kurzzeitiges Beobachten eines Modells führt zu erstaunlich nachhaltigen Effekten. 7- bis 11-jährige Kinder waren auch 2 – 4 Monate nach Beobachtung eines entsprechenden Modells freizügiger, selbst in einem leicht veränderten Setting (anderer Raum, anderer Experimentator, anderer Empfänger) (Rushton 1975).

In Übereinstimmung mit der übrigen Forschung zum Modelllernen (z. B. Bandura 1977) werden ranghohe, warmherzige Modelle eher imitiert als rangtiefe, unfreundliche Modelle (Eisenberg/Mussen 1989). Angewandt auf die Familie bedeutet dies, dass liebevolle, responsive Eltern eher in ihrem altruistischen Verhalten nachgeahmt werden als nicht-responsive Eltern.

Einschränkend ist zu solchen Befunden zu bemerken, dass der Generalisierung eines so gelernten prosozialen Verhaltens (z. B. Freizügigkeit) auf andere prosoziale Verhaltensweisen (z. B. Hilfeleistung) enge Grenzen gesetzt sind (Eisenberg/Mussen 1989).

Umso mehr sind deshalb weitere Lernmechanismen von Interesse, wie z. B. das Überzeugen, Instruieren und Lehren prosozialen Verhaltens, welche experimentell mit der Beobachtung von Modellen verglichen wurden.

kognitive Mediatoren

Studie

Rushton (1975) fand heraus, dass Ratschläge, großzügig zu sein, langfristig einflussreicher sind als die Beobachtung eines Modells (das großzügig war). Unmittelbar nach dem Experiment war das Modelllernen noch wirkungsvoller. Dies änderte sich jedoch 2 Monate später: 7- bis 11-jährige Kinder, die ein *großzügiges Modell* beobachtet hatten, das *Kleinlichkeit predigte*, waren weniger freizügig als Kinder, die ein *kleinliches Modell* beobachtet hatten, das *Freizügigkeit predigte*.

Sprachlich vermittelte Hinweise sind somit *kognitive Mediatoren* — Wissen, enkodiert als Regeln, Normen, Prinzipien —, die in anderen Situationen wieder abgerufen und angewendet werden können (Eisenberg/Mussen 1989).

Direkte Instruktionen dürften beim Vorschulkind wirksamer sein als bei älteren Kindern.

Zuschreibung altruistischer Traits

Studie

Grusec und Redler (1980) verglichen bei 8-jährigen Mädchen und Jungen die Wirkungen zweier verbaler Reaktionen der Versuchsleiterin, wenn die Kinder in einem Spiel gewonnene Murmeln mit anderen teilten:

(1) *Loben* des prosozialen Verhaltens (gewonnene Preise anderen geben) und
(2) *Zuschreibung* altruistischer Traits:

(1) „Gee, you shared quite a bit. It was good that you gave some of your marbles to those poor children. Yes, that was a nice and helpful thing to do."

(2) „Gee, you shared quite a bit. I guess your're the kind of person who likes to help others whenever you can. Yes you are a very nice and helpful person."

Beide Reaktionsweisen führten im Gegensatz zur Kontrollbedingung (keine Reaktion auf die Spenden des Kindes) zu einem Anstieg des nachfolgenden Teilens. Beide verbale Reaktionen waren gleich wirksam bezüglich des Teilens im gleichen Kontext.

Hinsichtlich der Großzügigkeit, mit der anschließend die für die Teilnahme am Spiel erhaltenen Murmeln verschenkt wurden, fanden die Autoren jedoch Unterschiede: Die Bezugnahme auf die Person des Kindes im Sinne einer Zuschreibung altruistischer Traits ging nun mit vermehrtem Verschenken einher.

Analog waren die Befunde in einer Aufgabe, die Hilfestellung erforderte (Papier falten). Soziale Verstärkung (Lob des Verhaltens) scheint somit kaum zur Generalisierung dieses Verhaltens über verschiedene Situationen hinweg zu führen, die Zuschreibung von Traits hingegen schon.

Bei jüngeren Kindern (5-jährigen) konnten Grusec und Redler (1980) diesen Generalisierungseffekt von Zuschreibungen nicht finden. Vermutlich ist in diesem Alter die Entwicklung des Selbstkonzeptes noch nicht so weit fortgeschritten, als dass ein Trait wie „eine hilfreiche Person sein" Resonanz finden würde (vgl. Harter 2006). Deshalb ist bei jüngeren Kindern die Bezugnahme auf konkrete Verhaltensweisen effektiver.

Effekte prosozialen Verhaltens Prosoziale Kinder und Jugendliche sind beliebte Peer-Gruppenmitglieder. Sie haben vergleichsweise viele Freunde, darunter viele, die sich ebenfalls prosozial verhalten (Eisenberg et al. 2006; vgl. auch Kap. 4.3.8). Im Folgenden wenden wir uns dem Spiel zu, in dem viele Aspekte der sozial-kognitiven und sozialen Entwicklung sichtbar werden.

4.3.7 | Entwicklung des Spielens

Definition

Unter dem **Spielen** (vom althochdeutschen „spil": Tanzbewegung) wird in der Psychologie eine Tätigkeit verstanden, die *ohne bewussten Zweck* zur Entspannung oder aus Freude an ihrer Ausübung, an ihrem Inhalt oder ihrem Ergebnis ausgeführt wird.

Bei Kindern erfolgt im Rahmen des Spiels oft ein Wechsel des Realitätsbezugs. Vorschulkinder spielen zum Beispiel im Wohnzimmer, sie würden eine Reise unternehmen, kleiden sodann ihre Kinder (Puppen) ein, packen die Koffer (Taschen) und nehmen den Zug (setzen sich auf die Treppe). Wechsel des Realitätsbezugs

Piaget (1969) erkannte im Spiel einen „Überhang an Assimilation", weil er beobachtete, dass das Kind im Spiel Gegenstände und Rollen nach seinem Wissen und nach seinen Bedürfnissen umdeutet. Spiel wäre demnach nicht als Lernen von etwas Neuem, sondern als „Einpassung" der angetroffenen sozialen und physikalischen Welt in das bereits im Kind vorhandene Wissen und Können zu verstehen. Spiel und Lernen

Spielerisches Verhalten ist nicht auf den Menschen beschränkt, es kann auch bei den Jungtieren vieler Spezies, insbesondere bei vielen Säugetierarten, beobachtet werden. Die tiervergleichende Psychologie geht heute davon aus, dass die Jungtiere im Spiel verschiedene später meist überlebenswichtige Verhaltensweisen (Jagd, Flucht, Dominanzverhalten, soziale Bindung etc.) in sicheren Kontexten einüben (Burghardt 1999).

Aus dieser Perspektive heraus kann man vermuten, dass dem Spiel auch beim Kind adaptive Funktionen zukommen. Damit dürfte Spielen *exploratives Lernen* im Hinblick auf spätere Aufgaben sein, was mehr ist als „Assimilation".

Es ist sinnvoll und in der Entwicklungspsychologie üblich, verschiedene Formen des Spiels zu unterscheiden. Die wichtigsten Formen (jeweils mit einer ungefähren Altersangabe des ersten Auftretens) sind: Formen des Spiels

▶ das *sensumotorische Spiel, Funktionsspiel* (ab wenigen Monaten): z.B. mit der Rassel spielen
▶ *Informationsspiel, Explorationsspiel* (ab ca. 6 Monaten): z.B. Gegenstände zerlegen
▶ *Konstruktionsspiel* (ab 13 Monaten): z.B. Klötze zusammenfügen
▶ *Symbolspiel, Als-ob-Spiel, Fiktionsspiel* (ab 13 Monaten): z.B. Spiele mit Puppen, Figuren, Stofftieren etc.
▶ *Sozialspiel, Rollenspiel* (ab 3 − 4 Jahren): z.B. „einkaufen", in die „Ferien reisen" etc.
▶ *Regelspiel* (ab 6 − 7 Jahren): z.B. Brettspiele, Kartenspiele, Tennis, Basketball

Ich gehe im Folgenden auf zwei Formen näher ein: Zunächst auf das in sozial-kognitiver Hinsicht besonders bedeutsame Symbolspiel und danach auf das Sozialspiel, das für die soziale Entwicklung von herausragender Bedeutung ist.

Abb. 4.6

*Das Symbolspiel
(z. B. mit Puppen) ist für
soziale und
kognitive Entwicklung
besonders wichtig.*

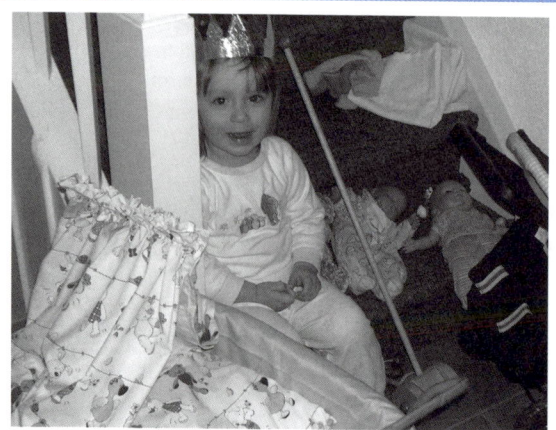

Entwicklung des
Symbolspiels

Das *Symbolspiel* setzt mit ca. 12 Monaten ein und entwickelt sich in einer gewissen Abfolge (vgl. Goswami 2008). Erste Symbolspiele beinhalten meist alltägliche Tätigkeiten, wie zum Beispiel das Trinken aus einer Tasse. Entscheidend ist hierbei, dass das Kind weiß (dies also mental repräsentiert), dass die Tasse leer ist und doch so tut, als ob etwas darin wäre (und dies ebenfalls mental repräsentiert). Oder das Kind tut so, als ob der Teddybär aus der Tasse trinken würde.

Im Verlauf des zweiten Lebensjahres und später verbinden Kinder einzelne symbolische Handlungen planvoll zu längeren Sequenzen. Das kindliche Verständnis des Symbolspiels (von anderen Kindern) bleibt aber noch bis zum 5. Lebensjahr rudimentär.

In einem geistreichen und später mehrfach kopierten Experiment wies Lillard (1993) nach, dass nur eine Minderheit der 4-Jährigen zum Beispiel versteht, dass ein Kobold, der – wie dem Kind gesagt wird – nichts über Kängurus weiß und noch nie eines gesehen hat, gar *nicht* spielen *kann*, er sei ein Känguru. Die Mehrzahl der 4-Jährigen geht – trotz dieser Vorinformation bezüglich Unkenntnis des Kobolds – davon aus, dass der Kobold *vorgibt*, ein Känguru zu sein, also *so tut, als ob er* eins wäre.

Offensichtlich basiert das Wissen des Kindes über das Symbolspiel in diesem Alter noch nicht auf Annahmen über Repräsentationen (in diesem Fall: die Repräsentationen des Kobolds, die ja für dessen Symbolspiel grundlegend sind), sondern bleibt handlungsnahes Verständnis für das „Als-ob".

Entwicklung des
Sozialspiels

Das Sozialspiel hat ab dem 3. Lebensjahr für das Kind und seine Entwicklung eine herausragende Bedeutung. Die Komplexität der gespielten

Szenarien und der gegenseitigen Abstimmung der Akteure nimmt im Verlauf der Vorschulzeit kontinuierlich zu (Howes/Matheson 1992):

▶ *Parallelspiel* ohne und mit Blickkontakt: nebeneinander spielen, ohne gegenseitigen Einbezug (bei einjährigen Kindern die häufigste Form)
▶ *einfaches Sozialspiel*: gleiche Tätigkeiten ausführen und miteinander sprechen, Spielzeug austauschen etc. (ab dem 2. Lebensjahr)
▶ *komplementäres Sozialspiel*: Spiel mit Rollenwechseln, z.B. Suchen und Verstecken, Kuckuckspiel (ab 3 Jahren sehr häufig)
▶ *kooperatives Als-ob-Spiel*: übernehmen komplementärer Rollen im Rahmen des Symbolspiels, fiktive Rollen (ab 4 Jahren)
▶ *komplexes Rollenspiel*: übernehmen expliziter komplementärer Rollen im Rahmen des Symbolspiels, Metakommunikation über fiktive Rollen (erst ab 5 Jahren häufiger)

Ein Spiel kann (ggf. gleichzeitig) unterschiedlichen Funktionen dienen (Oerter 1999): Das Kind kann mit *Materialien* hantieren (z.B. mit Wasser) und aus diesen (spielerischen) Erfahrungen lernen, es kann eine *Entwicklungsthematik* (z.B. Ablösung vs. Abhängigkeit, indem die Kinder „in die Ferien" gehen) oder auch eine *Beziehungsthematik* (z.B. einen aktuellen Konflikt, den es selbst hat oder den es zwischen den Eltern oder anderen Personen beobachtet hat) inszenieren.

Nicht selten dient die spielerische *Bewältigung von Konflikten* dazu, das Gefühl von Kontrolle zurück zu erlangen, wo dieses bedroht oder gar verloren gegangen ist. Das soziale Spiel dient aber auch dem Einüben *kooperativer Fertigkeiten*, etwa wenn Kinder sich gegenseitig über die Rollenverteilung und -interpretation einigen müssen.

Man kann solche Effekte unterstellen, auch wenn klar ist, dass Kinder *nicht* deshalb spielen, weil sie etwas „verarbeiten", „üben" oder „lernen" wollen.

Sinn und Funktionen des Spiels

| Abb. 4.7

Spiele (wie hier ein Puzzle) haben vielfältige Funktionen.

4.3.8 | Geschwisterbeziehungen und Freundschaften

Geschwister, Freunde und Freundinnen bieten Gelegenheit zu spezifischen sozialen Erfahrungen, etwa im Spiel (→ Kap. 4.3.7), in der Schule oder in der Nachbarschaft, die für die soziale Entwicklung des Kindes von sehr großer Bedeutung sind.

Geschwister

Geschwister wählen einander nicht aus (im Gegensatz zu Freunden) und doch verbringen sie viel Zeit miteinander. Zumindest im ersten Lebensjahrzehnt sind Kinder länger mit den Geschwistern zusammen als mit Freunden. Ihre Beziehung ist eher auf einer Ebene als die Eltern-Kind-Beziehung, weshalb sie viele Gelegenheiten zu loyalem und helfendem, aber auch zu konflikthaftem, kompetitivem oder dominantem Verhalten bietet.

Geschwisterkonflikte

Geschwisterkonflikte sind zumindest im Kindesalter allgegenwärtig und für viele Eltern eine tägliche Herausforderung, aus der sich letztere häufig – nicht selten zu häufig – herauszuhalten versuchen (Kramer et al. 1999). Zumindest bei jüngeren Kindern hätte jedoch eine die Konfliktlösung unterstützende Intervention der Eltern, etwa in dem sie auf die aktuellen Zielkonflikte und die damit zusammenhängenden Emotionen eingehen, positivere Auswirkungen (Kramer et al. 1999).

Besonders *ungünstig* auf die weitere soziale Entwicklung wirken sich – bei Geschwisterkonflikten leider häufig eingesetzte – körperliche Bestrafungsaktionen durch die Eltern aus (Gershoff 2002).

kulturelles Lehren

Kinder bringen ihren jüngeren Geschwistern – insbesondere im Rollenspiel – viel kulturelles Wissen bei (Maynard 2002). Kompetente ältere Geschwister beeinflussen die Selbstkontrolle und die kognitive und soziale Kompetenz der jüngeren Geschwister direkt und indirekt (Brody et al. 2003). Den direkten Effekt kann man sich durch Modellierung und andere Lehrstrategien der Geschwister erklären.

Kompetente ältere Geschwister steigern zudem den Selbstwert der Mutter, der seinerseits mit einer besseren Unterstützung des jüngeren Geschwisters einhergeht (Brody et al. 2003). Dieser indirekte Effekt kann u. a. damit erklärt werden, dass die Mütter die positive Erziehungserfahrung mit dem älteren Kind auf eigene Leistungen attribuieren und (teilweise) auch deshalb gerne wieder das jüngere Kind unterstützen.

reziproke Effekte

Obwohl jüngere Geschwister öfter die älteren imitieren, ist der Einfluss oft wechselseitig. Helfendes Verhalten jüngerer Geschwister wirkt sich zu einem späteren Zeitpunkt positiv auf das prosoziale Verhalten der älteren aus (Eisenberg/Mussen 1989).

Mütter, die mit ihren älteren Kindern über die Gefühle und Bedürfnisse ihrer neugeborenen Geschwister sprechen, können das Interesse der älteren Geschwister für das Baby wecken. Dieses wird das Baby häufiger streicheln, ihm Hilfe anbieten, es unterhalten.

Abb. 4.8

Geschwister: Eine
Vierjährige zeichnet
sich mit ihrer jüngeren
Schwester.

Dieses frühe Interesse am Geschwisterkind stand in einer Längsschnittstudie von Dunn und Kendrick (1982, zit. in Eisenberg & Mussen 1989)
mit späteren (nach ca. 1 und nach 3 Jahren beobachteten) wechselseiti-
gen prosozialen Verhaltensweisen in einem positiven Zusammenhang.

Mit diesen Überlegungen verlassen wir nun den engeren Fokus der
Familie und wenden uns den Beziehungen zu den Gleichaltrigen außerhalb der Familie zu.

Vorschulkinder haben auch außerhalb der eigenen Familie Beziehungen **Peerbeziehungen**
zu anderen Kindern. Das sind in der Regel *Gleichaltrige* (Peers), die meist
dem gleichen Geschlecht angehören und die auch ähnliche Aktivitäten
bevorzugen wie sie selbst (Rubin et al. 2006).

Auch wenn bereits jüngere Vorschulkinder nicht selten angeben, mit ei- **erste Freundschaften**
nem anderen Kind befreundet zu sein, so handelt es sich dabei nicht immer
um wechselseitige Freundschaften. Diese werden gegen Ende des Vorschulalters deutlich häufiger. Freunde helfen sich nicht nur häufiger als Nicht-
Freunde, sie streiten auch häufiger, was natürlich auch damit zusammenhängt, dass sie viel Zeit miteinander verbringen. Freunde geben aber vergleichsweise häufiger nach und finden ausgeglichene Konfliktlösungen.

Während des Schulalters nimmt die Zeit, die Kinder mit ihren Peers **Peers in der Schule**
verbringen, stark zu. Entsprechend steigt auch deren Bedeutung für die
Entwicklung.

Zu Beginn des Schulalters bleiben die Freundschaften noch instrumentell, auf das gegenseitige Geben und Nehmen bezogen, und sind
stark im Hier und Jetzt verankert. Freunde sind Kinder, die in der Nähe

wohnen und mit denen es interessant und lohnenswert ist, zusammen zu sein. Erst etwa ab dem 10. Lebensjahr werden geteilte Werthaltungen und gegenseitige Loyalität zu zentralen Merkmalen der Freundschaft (Rubin et al. 2006).

4.4 | Entwicklung des Selbstkonzepts und der Geschlechtsidentität

Vorschul- und jüngere Grundschulkinder haben bereits ein beachtliches Wissen über die eigene Person, das sich aber in Struktur, Inhalt, Umfang und Kohärenz noch stark von demjenigen der Jugendlichen und der Erwachsenen unterscheidet. Ich werde im Folgenden die Entwicklung des Selbstkonzepts beschreiben und dann einige grundlegende Erkenntnisse zum Aufbau der Geschlechtsidentität darstellen.

4.4.1 | Entwicklung des Selbstkonzepts

Die Entwicklung des Selbstkonzepts beginnt bereits im ersten Lebensjahr. Mit der Erfahrung von Kontingenzen (eigenes Handeln hat regelmäßig die gleichen Effekte) erlebt sich schon das 3 Monate alte Kind als Zentrum seiner Eigenaktivität. Rund ein Jahr später, mit 15 – 18 Monaten, entwickelt das Kind ein verbales oder konzeptuelles Selbst (Stern 1985). Es spricht nun von sich als Person und es erkennt sich im Spiegel (→ Kap. 3.4.1). Man kann davon ausgehen, dass das Kind ab diesem Alter Repräsentationen (Vorstellungen) von sich selbst und anderen Personen hat.

Selbstbeschreibungen mit 3 Jahren

Es dauert aber nochmals ein Jahr, bis das ca. 3-jährige Kind sich selbst in einigen Sätzen beschreiben kann (Harter 2006). Solche Beschreibungen beziehen sich vornehmlich auf eigene Aktivitäten (z.B. „Ich kann klettern"), auf physische („Ich habe blaue Augen") oder soziale Attribute („Ich habe eine Schwester") oder auch auf Vorlieben („Ich mag gern Schokolade"). Die Selbstbeschreibungen sind oft unrealistisch positiv („Ich bin sehr stark!") und auffällig isoliert (Harter 1999, 2006). Eine Kontrastierung positiver und negativer Attribute (Repräsentationen des Selbst) kommt noch nicht vor.

Selbstbeschreibungen 5- bis 7-Jähriger

Auch zu Beginn des Schulalters bleiben die Selbstbeschreibungen weitgehend positiv, sind nun aber zumindest teilweise besser miteinander verbunden, indem z.B. einzelne Tätigkeiten (z.B. Schreiben, Lesen und Rechnen) zunächst einzeln geschildert und sodann in einer übergeordneten Kategorie („Ich bin gut in der Schule") zusammengefasst werden (Harter 1999, 2006).

Erst gegen Ende der Kindheit lösen sich Kinder von konkreten Einzel-beschreibungen und gehen über zu etwas stärker generalisierten (abs-trakten) Beschreibungen (z.B. „Ich bin meist glücklich, wenn ich mit meinen Freunden zusammen bin", oder: „Ich bin beliebt, weil ich ande-ren helfe und Geheimnisse für mich behalten kann") (Harter 1999, 2006). Kinder dieses Alters beginnen nun auch, negative und positive Emotionen zu kombinieren und vergleichen sich deutlich stärker mit anderen Kindern als dies vorher der Fall war.

> Das Selbst mit 8–11 Jahren

Entwicklung der Geschlechtsidentität | 4.4.2

Ähnlich wie die Entwicklung des Selbst beginnt auch die Entwicklung der Geschlechtsidentität nicht erst in der Kindheit. Die frühen Kategori-sierungsprozesse (→ Kap. 3.1.2) beziehen sich u.a. auch auf das Geschlecht: 3 Monate alte Kinder unterscheiden männliche und weibliche Stimmen; mit 9−12 Monaten unterscheiden sie auch männliche und weibliche Gesichter. Mit 2 Jahren teilen Kinder Gegenstände ein in solche, die eher zu Jungen, und solche, die eher zu Mädchen passen. Die eigene Geschlechtszugehörigkeit wird mit 2.5 bis 3 Jahren zuverlässig erkannt (Trautner 2008).

Aber erst im Alter von ca. 7 Jahren entdecken Kinder die genitale Grundlage des Geschlechts, was die *Geschlechtskonstanz* entscheidend fes-tigt und damit die Erkenntnis, dass ein Mädchen ein Mädchen und ein Junge ein Junge bleibt (Trautner 2008).

> Geschlechtskonstanz

Mit 4 bis 6 Jahren werden die Geschlechterkategorien noch bedeut-samer: Das Kind ordnet immer mehr Tätigkeiten, Gegenstände und Ei-genschaften dem eigenen oder anderen Geschlecht zu. Es neigt auch dazu, die „guten" Attribute dem eigenen Geschlecht zuzuschreiben, „schlechte" Attribute eher dem anderen. Einhergehend mit der zuneh-menden Rigidität der *stereotypen Einstellungen* und *Präferenzen*, bevorzugt das Vorschulkind immer stärker geschlecht*shomogene* Gruppen, was dazu beiträgt, dass sich in Jungen- und Mädchengruppen je eigene Spiel-kulturen entwickeln. Diese Kulturen unterscheiden sich u.a. dadurch, dass Jungen ausgeprägtere Dominanzhierarchien aufbauen als Mädchen (Trautner 2008).

> Bildung der Geschlechterstereotypen

Schließlich lockern sich die Geschlechterstereotypen im Verlauf der Primarschulzeit und gegen Beginn der Adoleszenz allmählich etwas auf, was ggf. durch das Rollenvorbild älterer Geschwister verstärkt wird (McHale et al. 2002). Insgesamt bleibt aber − zumindest in den westli-chen Kulturen − die Geschlechtertrennung in diesem Alter erhalten.

> Auflockerung der Stereotypen

Bei Jungen hat man sogar etwa ab dem 10. Lebensjahr einen noch verstärkten Trend zu typisch männlichen Freizeitbeschäftigungen gefunden — im Gegensatz zu den gleichaltrigen Mädchen, bei denen man eine zunehmende Differenzierung und damit Auflockerung der stereotypen Freizeitbeschäftigungen fand (McHale et al. 2002).

4.5 | Feinmotorische und visumotorische Entwicklung: Zeichnen und Schreiben

Die Tatsache, dass die motorische Entwicklung weniger im Zentrum der Entwicklungspsychologie steht als andere dargestellte Bereiche, entspricht nicht deren tatsächlicher Bedeutung.

Bereits in der frühen Kindheit kommt dem Greifen eine große Bedeutung für die Erfahrung von Objekteigenschaften zu und die eigene Fortbewegung gehört zu den elementaren Möglichkeiten der Exploration (→ Kap. 3.3). Nun beinhaltet die fein- und visumotorischen Entwicklung, wie sie sich im Zeichnen entfaltet, die besondere Möglichkeit, eigene Spuren zu hinterlassen und die (wahrgenommene und erfahrene) Welt darzustellen.

Ab dem Alter von 2–3 Jahren beginnen die meisten Kinder spontan zu zeichnen und zu malen, wenn die entsprechenden Möglichkeiten (z.B. Zeichenstifte, Papier etc.) vorhanden sind. Das anfängliche Kritzeln wird bald abgelöst durch intentionales Darstellen von Formen und Figuren.

Entwicklungsphasen   Man kann mehrere zeichnerische Entwicklungsphasen unterscheiden (Winner 2006). Zu beachten ist allerdings, dass sowohl deutliche interindividuelle als auch interkulturelle Unterschiede bestehen. Einzelne Kinder zeichnen beispielsweise während einer längeren Zeit Kopffüßler (s.u.) als andere, und japanische Kinder stellen Menschen anders dar als mitteleuropäische (Schuster 2000).

(1) Die *Kritzelphase*: Im 2. Lebensjahr beginnen Kinder, Zeichen auf eine leere Seite zu setzen.

(2) *Prä-repräsentationale Muster*: Im 2. und 3. Lebensjahr treten an die Stelle der Kritzeleien kontrollierte „Muster" (z.B. kreisähnliche geschlossene Formen).

(3) *Erste Abbildungsversuche* entstehen mit ca. 3 Jahren (z.B. Kopffüßler: Abbildungen von Menschen mit Kopf, Beinen und Armen, aber ohne Rumpf; Schuster 2000). Sie stehen aber oft noch neben Kritzeleien und nicht-repräsentationalen Musterzeichnungen.

(4) Zwischen 6 und 10 Jahren werden die Abbildungen *komplexer und organisierter*. Die Menge der verwendeten Zeichnungsschemata (z.B. Dreieck = Dach) wächst.

Abb. 4.9 a, b

Menschzeichnungen einer Vierjährigen

(5) *Realismus*: Ab ca. 10 Jahren übernehmen die Jugendlichen immer häufiger die Abbildungskonventionen ihrer Kultur, wodurch die Bilder realistischer werden. Viele verlieren allerdings ab dieser Phase das Interesse am Zeichnen.

Die Forschung zur Entwicklung des Zeichnens hat sich intensiv mit der Frage beschäftigt, weshalb die meisten Kinder ein Kopffüßler-Stadium durchlaufen (Schuster 2000). Mittlerweile ist zumindest klar, dass 3-jährige Kinder, die Kopffüßler zeichnen, damit nicht fehlendes Wissen über den menschlichen Körper offenbaren. Vielmehr scheinen sie schematische Lösungen für bestimmte Objektdarstellungen (wie z.B. auch für die Sonne oder ein Haus) zu verwenden, die dem Kind für den Moment ausreichend scheinen und früher oder später ergänzt oder durch andere abgelöst werden.

Kopffüßler

Während jüngere Kinder in der Phase 4 oft in rigiden Abfolgen zeichnen, z.B. bei einem Haus immer zuerst ein Rechteck und darauf ein Dreieck (Dach) und dann den Schornstein (im rechten Winkel zum Dach) zeichnen, wird die Abfolge mit der Zeit flexibler und damit auch offener für etwaige inhaltliche Variationen und Erweiterungen (Picard/ Vinter 2007).

Rigide Zeichnungsroutinen

In die Phasen 4 und 5 fällt auch die Fertigkeit, Emotionen von Menschen zeichnerisch umzusetzen. Es ist bemerkenswert, dass einzelne Emotionen früher als andere dargestellt werden können: Bei Freude und Trauer gelingt den meisten 8-Jährigen eine für andere erkennbare Um-

Emotionsausdruck

Abb. 4.10 |

Anfangs zeichnen Kinder Objekte (wie hier ein Schiff, gezeichnet von einer Vierjährigen) noch in rigiden Abfolgen.

setzung, bei Wut und Überraschung ist dies erst ab ca. 11 Jahren der Fall (Brechet et al. 2007).

Vom Zeichnen zum Schreiben

Im Vergleich zum Zeichnen zeitlich etwas nachgelagert beginnen die meisten Vorschulkinder auch zu „schreiben" (Levin/Bus 2003). Dieses entwickelt sich kontinuierlich aus dem Kritzeln heraus (und hat damit auch den gleichen Ursprung wie das Zeichnen).

Das Schreiben geht sodann von der Produktion zunächst bedeutungsloser, aber segmentierter Zeichen über zu linear angeordneten bedeutungslosen Zeichen, gefolgt schließlich vom Schreiben erster konven-

Abb. 4.11 |

In der Entwicklung vom Zeichnen zum Schreiben entstehen in einer Phase linear angeordnete bedeutungslose Zeichen.

tioneller Buchstaben (meist beim Schreiben des eigenen Namens) bei vielen 4- bis 5-Jährigen.

Zeichnungs- und Schreibentwicklung sind miteinander korreliert: Je weiter die Zeichnungsentwicklung vorangeschritten ist, desto früher schreiben Kinder lesbare Buchstaben (Levin/Bus 2003). Dieser Zusammenhang ist schon deshalb nachvollziehbar, weil das Schreiben durch die Stifthaltung und die beim Zeichnen erforderlichen visumotorischen und koordinativen Fertigkeiten vorbereitet wird. Das korrekte Schreiben des eigenen Namens bedeutet allerdings noch nicht, dass Kinder auch bereits die Lautzuordnung zu einzelnen oder gar allen produzierten Buchstaben entdeckt haben.

Literatur

Lerner, R. M. (Ed.-in-Chief), Liben, L. S. & Mueller, U. (Vol. Eds.). (2015). *Handbook of Child Psychology and Developmental Science* (Vol. 2: Cognitive Processes). Hoboken N. J.: Wiley.

Übungsaufgaben

1 Charakterisieren Sie den Fortschritt der Sprachentwicklung zwischen dem 2. und dem 4. Lebensjahr.

2 Können Vorschulkinder *deduktiv* denken? Wie kann man das ggf. zeigen?

3 Sind Vorschulkinder zum *analogen Problemlösen* fähig? Wie kann diese Fähigkeit ggf. gefördert werden?

4 Können Vorschulkinder rechnen? Wie sind ggf. Aufgaben formuliert, die Kinder in diesem Alter besser lösen können?

5 Was ist unter *Emotionsregulation* zu verstehen? Worin unterscheiden sich diesbezüglich jüngere von älteren Kindern?

6 Was versteht man in der Psychologie unter *Theory of Mind*? Welche Bedeutung kommt in diesem Zusammenhang dem Begriff der *Metarepräsentation* zu?

7 Fördert das *Spiel* eher die kognitive oder die soziale Entwicklung? Begründen Sie Ihre Antwort.

8 Wie verändert sich das *Selbstkonzept* im Verlauf der Kindheit?

9 Wie können Eltern und andere wichtige Bezugspersonen das *prosoziale Verhalten* des Kindes fördern?

10 Weshalb zeichnen (die meisten) Kinder gerne? Ziehen Sie zur Begründung auch das in anderen Kapiteln Dargelegte hinzu.

5 | Entwicklung in der Adoleszenz

Definition

Die **Adoleszenz** umfasst nach gängiger Lehrmeinung das zweite Lebensjahrzehnt und wird in die frühe, mittlere und späte Adoleszenz unterteilt.

Die **Adoleszenzpsychologie** beschäftigt sich mit den biologischen, kognitiven, motivationalen, emotionalen, psychosozialen und kulturellen Aspekten der Entwicklung.

Die **Pubertät**, die in die frühe Adoleszenz (10.–13. Lebensjahr) fällt, ist demgegenüber deutlich enger definiert. Sie bezieht sich auf die biologischen Prozesse und Veränderungen im Zusammenhang mit der Geschlechtsreifung.

Pubertät: Biologie, Folgen, Timing | 5.1

Der Geschlechtsreifung mit den für die Pubertät typischen körperlichen Veränderungen (Bartwuchs, Stimmbruch, intime Behaarung, Wachstum der Geschlechtsorgane und der weiblichen Brust) und der beginnenden Samenproduktion (Spermarche) bzw. der ersten Menstruation (Menarche) gehen geschlechtsspezifische hormonelle Umstellungen voraus, die für die genannten sichtbaren Veränderungen verantwortlich sind.

Die komplexen *endokrinen Prozesse*, die zeitlich vor der äußerlich sichtbaren Pubertät einsetzen, können hier nicht im Detail besprochen werden (vgl. z.B. Schandry 2003; Grumbach/Styne 1998). In Kürze so viel: Angestoßen durch von der Hypophyse produzierte (folikelstimulierende sowie luteinisierende) Hormone, werden in den Eierstöcken der Mädchen die Eibläschenreifung und die Produktion und Ausschüttung von Östradiol angeregt, wobei letzteres via Blutbahn weitere körperliche Veränderungen einleitet. *(hormonelle Umstellungen)*

Bei den Jungen sind die interstitialzellen-stimulierenden und luteinisierenden Hormone für die Produktion von Testosteron (in den Hoden) und von weiteren Androgenen (in der Nebennierenrinde) verantwortlich (Schandry 2003). Androgene unterstützen die Spermatogenese in den Hoden und – via Blutbahn – die Entwicklung der primären und sekundären Geschlechtsmerkmale.

Die hormonellen Umstellungen haben für Jungen und Mädchen unterschiedliche Auswirkungen auf Körperwachstum und Aussehen. *(Auswirkungen auf das Aussehen)*

Jungen entwickeln mit der vermehrten Ausschüttung männlicher Geschlechtshormone mehr Muskeln, was durchaus im Einklang steht mit dem gängigen männlichen Schönheitsideal. Zusätzlich hemmen die Androgene vermutlich die Fettproduktion in den Zellen (Singh et al. 2006).

Bei den Mädchen hingegen verhindern die zusätzlichen weiblichen Hormone die Fetteinlagerung in den Zellen nicht. Die mit der Pubertät einhergehende Gewichtszunahme der Mädchen steht im *Widerspruch zum* (in der westlichen Kultur) *vorherrschenden weiblichen Schönheitsideal*, was erklärt, weshalb deutlich mehr Mädchen als Jungen mit ihrem Körpergewicht unzufrieden sind (Flammer/Alsaker 2002, Ruble et al. 2006).

Körperschamgefühle Nicht wenige Mädchen sind in der Folge ab der frühen Adoleszenz stark mit der Frage beschäftigt, wie *andere* ihren Körper wahrnehmen und bewerten. Diese Tendenz wird durch sexuelle Belästigungen durch Gleichaltrige noch akzentuiert, was wiederum die zu Beginn der Pubertät ohnehin oft auftretenden Körperschamgefühle zusätzlich steigert (Lindberg et al. 2007). Das führt unmittelbar zur Frage, wie relevant der Zeitpunkt des Einsetzens der Pubertät ist.

pubertäres Timing Angaben zum durchschnittlichen Beginn der Pubertät und dem Erreichen der Geschlechtsreife dürfen nicht über die beträchtlichen interindividuellen Unterschiede hinwegtäuschen. Das pubertäre Timing beeinflusst die psychologische Verarbeitung der Geschlechtsreife maßgeblich: Früh geschlechtsreife Mädchen (individuelle Akzeleration) schließen im Vergleich zu später reifenden Mädchen früher Freundschaften mit oft etwas älteren Jungen (Poulin/Pederson 2007). Sie nehmen auch früher als die später geschlechtsreifen Mädchen intime und sexuelle Beziehungen zu Jungen auf (Crockett et al. 2006).

Für Mädchen scheint eine sehr frühe Geschlechtsreife insbesondere wegen der Gewichtszunahme (s.o.) negative Auswirkungen auf das Körperselbstbild und das Selbstkonzept zu haben. Sie empfinden sich im Vergleich zu den on-time reifenden Mädchen als zu schwer und lehnen oft auch die neuen Körperformen ab (Archibald et al. 2006).

Vermutlich als Folge davon und wohl auch als Folge der vermehrten Kontakte zu (älteren) Jungen sind sie insgesamt weniger angepasst als die später reifenden Mädchen, was sich bei einigen Mädchen negativ auf die Schul- und Berufskarriere auswirkt (Stattin/Magnusson 1990).

Demgegenüber ist die frühe Geschlechtsreife von Jungen weniger auffällig. Jungen scheinen dafür unter einer spät einsetzenden Pubertät zu leiden, weil die damit einhergehenden positiv bewerteten Attribute wie Kraft, Stimmbruch etc. eben fehlen — eine Problematik, die im Verlauf der Adoleszenz wieder verschwindet (Archibald et al. 2006). Einiges spricht dafür, dass Jungen und Mädchen mit früh einsetzender Pubertät mehr Tabak und Alkohol konsumieren als die gleichaltrigen später reifenden Jugendlichen (z.B. Ge et al. 2006).

säkulare Akzeleration Im Verlauf der letzten 150 Jahre hat in vielen industrialisierten Nationen eine deutliche Vorverschiebung des Zeitpunkts der Geschlechtsreife stattgefunden (früherer Zeitpunkt der Spermarche bzw. der Menarche). Im Gegensatz zur interindividuellen Variabilität (siehe vorangehenden Abschnitt zum pubertären Timing) bezieht sich die säkulare Akzeleration auf die zwischen Generationen bzw. Zeiten und Kohorten beobachtete Variation.

Während die Geschlechtsreife heute um mehrere Jahre früher eintritt, werden die Ausbildungen, aufgrund deutlich längerer Ausbildungszeiten — wesentlich später abgeschlossen. Zusammen genommen führen die beiden Phänomene zu einer Verlängerung der Adoleszenz bzw. der Zeit, in der die Jugendlichen trotz körperlicher Reife — ausbildungsbedingt — unselbständig bleiben. — Maturity Gap

Dieses Auseinanderdriften wird in der Adoleszenzpsychologie als *Maturity Gap* bezeichnet und kritisch diskutiert (Moffitt 1993). Kennzeichnend dafür ist die bestehende Diskrepanz zwischen den mangelnden Berechtigungen (Schulabschlüsse, Diplome etc.) und frei verfügbaren Ressourcen (z.B. knappe finanzielle Mittel) auf der einen Seite und der weit fortgeschrittenen körperlichen Reife auf der anderen Seite.

Diese Lücke — so wird vermutet — wird möglicherweise mit illegalen oder risikoreichen Aktivitäten, wie Diebstahl (Aneignung von Mitteln) oder Konsum von Alkohol und Tabak (Aneignung von „Symbolen" der Erwachsenenwelt), kompensiert (Moffitt 1993).

Kognitive und motivationale Entwicklung | 5.2

Die kognitive Entwicklung der Jugendlichen wird im Folgenden unter zwei Aspekten betrachtet: Zuerst wenden wir uns der Entwicklung des wissenschaftlichen Denkens zu und betrachten anschließend einige Fortschritte im Umgang mit dem eigenen Gedächtnis.

Mit der Interessensentwicklung wird schließlich ein motivationspsychologischer Zugang zum Jugendalter vorgestellt.

Denken und Problemlösen | 5.2.1

Jugendliche wissen deutlich mehr als Kinder und sie verfügen (nicht zuletzt deshalb) über mehr Abstraktionsvermögen als diese. Inhelder und Piaget (1954) gingen davon aus, dass sich das Denken der meisten Jugendlichen von anschaulich-konkreten Operationen (Klasseninklusion, Multiplikation von Klassen, Seriation etc.) zu formalen Operationen weiterentwickelt (Inhelder/Piaget 1954).

Für das formale Denken nach Piaget ist typisch, dass eine Person bei der Problemlösung über die vorgefundenen oder gegebenen Informationen hinausgeht, Hypothesen bildet und nach Möglichkeit Variablen kontrolliert (Inhelder/Piaget 1954). Hypothetisches Denken impliziert — hypothetisches Denken die Formulierung von überprüfbaren Annahmen, was nicht nur im naturwissenschaftlichen Denken, das Piaget untersucht hat, sondern auch im Bereich der Sozialbeziehungen relevant ist.

Variablenkontrolle　　Die *Variablenkontrolle* bezieht sich darauf, dass bei mehreren potentiell einflussreichen Variablen alle außer einer konstant gehalten werden müssen, damit die Effekte der systematischen Variation auf der einen Variablen eindeutig interpretierbar sind. Jugendliche, die formal denken können, sind somit in der Lage, planvoll zu experimentieren. Das sei am folgenden Beispiel illustriert.

Beispiel

Zwei Pendel sind unterschiedlich lang (1. Variable: Länge) und unten am Pendel sind unterschiedlich schwere Gewichte (2. Variable: Gewicht) befestigt.

Die Testperson wird gefragt, welches der beiden Pendel (siehe Abb. 5.1) schneller hin und her schwingt: das lange Pendel mit leichtem Gewicht oder das kurze Pendel mit schwerem Gewicht.

Abb. 5.1

Pendelaufgabe nach Piaget zur Überprüfung des formalen Denkens

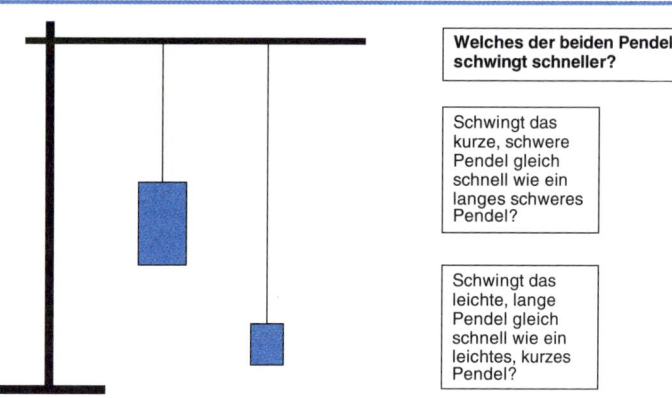

Welches der beiden Pendel schwingt schneller?

Schwingt das kurze, schwere Pendel gleich schnell wie ein langes schweres Pendel?

Schwingt das leichte, lange Pendel gleich schnell wie ein leichtes, kurzes Pendel?

Variablenkontrolle würde in diesem Beispiel bedeuten, in einem Versuchsdurchgang das angehängte Gewicht und im anderen die Länge des Pendels konstant zu halten. Also würde man z.B. an ein kurzes Pendel zuerst ein schweres und dann ein leichtes Gewicht anhängen und die beiden resultierenden Frequenzen des Pendels vergleichen. Danach würde man ein leichtes Gewicht zuerst an ein langes und dann an ein kurzes Pendel hängen und wiederum die Frequenzen vergleichen.

Dies würde die Feststellung erlauben, dass nur die Veränderung der Länge und nicht die Veränderung des Gewichts einen Effekt auf die Pendelfrequenz hat. Diese Erkenntnis würde es ermöglichen, diverse weitere Vergleiche korrekt vorherzusagen.

Experimentelle Studien zeigen, dass das hier diskutierte Denken bei einigen Kindern bereits spätestens ab dem 10. Lebensjahr möglich ist (Schauble 1996, Chen/Klahr 1999). Toth und Kollegen (2000) entwickelten eine von ihnen als „Benchmark Lesson" bezeichnete Unterrichtslektion, die dazu diente, experimentell gewonnene Befunde zur erfolgreichen Instruktion von Kindern bezüglich Variablenkontrolle in den natürlichen Kontext des Unterrichts (4. Schuljahr) zu übertragen. Das Lernziel dieser Lektion bestand darin, dass die Kinder erkannten, wie kontrollierte Experimente aufgebaut sein müssen, damit gültige Schlussfolgerungen möglich sind.

unkonfundierte Experimente

Anhand eines konkret vorliegenden Modells einer schiefen Ebene (hergestellt aus Holz und Stoff, vgl. Abbildung 5.2) beurteilten die Schülerinnen und Schüler in Kleingruppen, ob die Länge des Wegs, den eine die Rampe hinunter rollende Kugel zurücklegt, von einer oder mehreren der folgenden vier Variablen abhängt:

(1) Neigungswinkel der Rampe (steil vs. flach),
(2) Länge der schiefen Ebene (lang vs. kurz),
(3) Bodenbeschaffenheit (rau vs. glatt) sowie
(4) Typ der Kugel (Golfball vs. Gummiball).

A

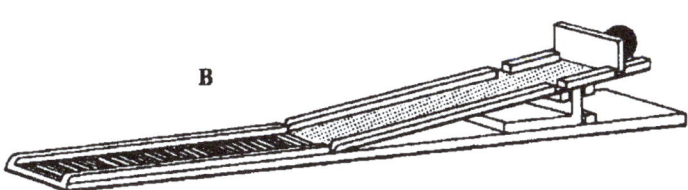

B

| Abb. 5.2

Rampe von Toth et al. (2000)

Sodann wurden die Kinder (erfolgreich) darin instruiert, wie zwei Rampen aufgebaut werden müssen, um jeweils den Einfluss einer einzelnen Variable überprüfen zu können. Sie lernten also, dass jeweils nur das fragliche Merkmal variiert werden darf, während die anderen Merkmale konstant gehalten werden müssen (unkonfundiertes Design). In einer Folgelektion gelang es schließlich auch noch, das am Beispiel der Rampe gelernte Prinzip der Variablenkontrolle auf andere Experimente zu übertragen (Toth et al. 2000).

Insgesamt zeigen diese Ergebnisse, dass zentrale Komponenten des wissenschaftlichen Denkens schon früh im schulischen Kontext erfolgreich vermittelt werden können.

5.2.2 | Gedächtnis

Die meisten heutigen Gedächtnismodelle gehen davon aus, dass das menschliche Gedächtnis in eine Reihe von Systemen gegliedert werden kann: darunter das sensorische Register (oder Ultrakurzzeitgedächtnis), das motorisch-prozedurale Gedächtnis, das implizite Gedächtnis, das Langzeitgedächtnis (mit episodischer und semantischer Komponente) und das Arbeitsgedächtnis (Baddeley 1998; Bösel 2001).

Arbeitsgedächtnis Das Arbeitsgedächtnis hat die Aufgabe, eine oder mehrere Informationen im Bewusstsein zu halten und ggf. zu bearbeiten, um eine Aufgabe (z. B. eine Rechenaufgabe oder ein Rätsel) zu lösen. Neuere Studien weisen nach, dass sich die Leistungen des Arbeitsgedächtnisses bis zum 17. Lebensjahr kontinuierlich weiterentwickeln, was mit der späten erst im Jugendalter erfolgenden Ausreifung des frontalen Kortex in Verbindung gebracht wird (Luciana et al. 2005; Conklin et al. 2007).

Fuzzy-Trace-Theorie Die Fuzzy-Trace-Theorie geht davon aus, dass Menschen ein vergangenes Ereignis sowohl abbildgenau (oder wortwörtlich) als auch als Kernaussage, die nur noch das Wesentliche enthält, abspeichern (Brainerd/Reyna 1990). Im Vergleich zu den genauen Gedächtnisspuren der abbildgenauen Repräsentationen sind die Gedächtnisspuren der Kernaussagen ungenau (daher: *fuzzy trace*), dafür aber leichter abrufbar. Die Fuzzy-Trace-Theorie postuliert, dass Menschen im Allgemeinen bevorzugt die Kernaussagen von Ereignissen ohne allzu viele Details repräsentieren (also *fuzzy traces* anlegen).

Beide Gedächtnisprozesse verbessern sich im Verlauf der Kindheit. Insbesondere aber nimmt die grundlegende Fähigkeit, aus detailreichen Inhalten die jeweils zentralen Elemente und Kernaussagen zu extrahieren und miteinander in Verbindung zu bringen, im Verlaufe von Kindheit und Jugend deutlich zu (Chapman et al. 2011).

Diese Entwicklung und generell die Zunahme der Kernrepräsentationen (*gist memories*) sind vermutlich für die im Verlauf der Kindheit feststellbare *zunehmende Tendenz* verantwortlich, neben korrekten auch falsche Erinnerungen zu produzieren (Brainerd/Reyna 2005). Unter Vernachlässigung von Detailinformationen fokussieren ältere Kinder (im Vergleich zu jüngeren) beim Lernen von Wortlisten stärker auf die Bedeutung der *Inhalte* der präsentierten Wörter, was dazu führt, dass sie fälschlicherweise (häufiger als die jüngeren Kinder) glauben, dass sie Wörter, die zur extrahierten Bedeutung passen, ebenfalls gesehen haben (Brainerd et al. 2008).

(Randnotiz: falsche Erinnerungen)

Die Gedächtnisleistungen Jugendlicher sind — abgesehen von den oben diskutierten falschen Erinnerungen — denjenigen von Kindern klar überlegen, was nicht zuletzt auch eine Folge des Schulbesuchs ist, der praktisch täglich das Memorieren von Vokabeln (einer Fremdsprache), Begriffen (z. B. im Geografie- und Geschichtsunterricht) oder mathematischer Formeln verlangt. Der häufige Gebrauch des Gedächtnisses macht den Einsatz von Gedächtnisstrategien (Kap. 4.2.6) lohnenswert und fördert Einsichten zum sinnvollen Umgang mit dem eigenen Gedächtnis (Metagedächtnis). Mit zunehmender Expertise in einzelnen inhaltlichen Bereichen fällt es zudem den Jugendlichen leichter, die aufgenommene Information sinnvoll mit dem Vorwissen zu verbinden, abzuspeichern und später wieder abzurufen.

Wer über ein Thema besser Bescheid weiß, kann dazugehörige neu aufgenommene Informationen später wesentlich besser erinnern als ein Laie.

(Randnotiz: Wissen)

Studie

In der vielbeachteten Studie von Chi (1978) fungierten 10-jährige Kinder als Schachexperten, während sich die Laien aus Erwachsenen unterschiedlichen Alters zusammensetzten. Die Aufgabe bestand darin, Schachpositionen zu erinnern, die nur kurze Zeit gezeigt worden waren.

Dies gelang den Kinderexperten besser, obwohl sie in einem Gedächtnisspannentest schlechter abschnitten als die Erwachsenen. Eine solche Umkehrung der im Allgemeinen zu beobachtenden Alterseffekte ist nicht nur im Schach, sondern auch in anderen Domänen (vgl. z. B. Fußballkenntnisse) denkbar.

Unter Metagedächtnis versteht man in der Psychologie das Wissen über das Funktionieren des Gedächtnisses und über die bewusste Nutzung dieses Wissens.

(Randnotiz: Metagedächtnis)

Definition

In der Forschung hat sich die Unterscheidung zwischen dem *deklarativen* und dem *prozeduralen Metagedächtnis* durchgesetzt. Ersteres bezieht sich auf das Wissen über Gedächtnisvorgänge (bei einem selbst und anderen Personen) bezüglich bestimmter Gedächtnisaufgaben und Strategien, letzteres auf die Fähigkeit zur Überwachung und Leistungsvorhersage des Gedächtnisses sowie auf die Regulation gedächtnisbezogener eigener Aktivität (z. B. bezüglich der notwendigen Anstrengung).

Die meisten Komponenten des Metagedächtnisses verbessern sich im Verlauf der Schulzeit und wirken sich positiv auf die Gedächtnisleistung aus (Schneider/Lindenberger 2012). Gemeinsam erlauben die Gedächtnisstrategien, das bereichsspezifische Wissen und das Metagedächtnis ein zunehmend selbstständiges (autonomes) Lernen, das auch außerschulisch genutzt werden kann, z. B. bei der Erkundung eigener Interessensgebiete.

5.2.3 | Entwicklung von Interessen

Die Entwicklung eigener überdauernder Interessen ist für das Jugendalter typisch. Einmal deshalb, weil aus anfänglicher Neugier (z. B. für Musik) und ersten Erfahrungen und Tätigkeiten (z. B. mit einem Instrument) spezifisches Wissen und Können entstanden sind, die ihrerseits die weitere Annäherung motivieren (Krapp 2002). Andererseits ist die Entwicklung eigener Interessen auch aufgrund der etwas größeren Freiheiten und Entscheidungsspielräume im Jugendalter eher möglich als vorher.

Abnahme schulischer Interessen

Im Vergleich zu den aus eigenem Antrieb gewählten Interessen (wie z. B. sportliche Interessen im Rahmen von Freizeitaktivitäten) gehen die schulischen (fachlichen) Interessen im Verlauf der Adoleszenz deutlich zurück (Dotterer et al. 2009).

Das scheint bei den Jungen deutlicher zuzutreffen als bei den Mädchen und in der Mathematik mehr als in anderen Fächern (Helmke 1993). Je stärker die akademischen Interessen zurückgehen, desto schwächer fallen auch die Schulleistungen aus (Dotterer et al. 2009).

5.3 | Entwicklungsaufgaben in der Adoleszenz

Das Konzept der Entwicklungsaufgaben stammt von Havighurst (1972, 1973), der in Anlehnung an Eriksons Konzept der psychosozialen Krisen (Erikson 1950, vgl. auch Kap. 6.1) jedem Lebensabschnitt spezifische *Aufgaben* zugeordnet hat, die das Individuum lösen sollte.

Die Verknüpfung der Entwicklungsaufgaben mit Lebensabschnitten liegt einerseits in deren Verbindung mit biologischen Reifungsvorgängen (z.B. Pubertät) und andererseits in gesellschaftlichen Werten und Normen, die die Aufgabenlösung in diesem Lebensalter vorschreiben.

Während verspätete Aufgabenlösungen in der Regel negativ bewertet werden, wird eine verfrühte Lösung je nach Aufgabe geschätzt oder — im Gegenteil — abgelehnt. Vaterschaft in der Adoleszenz zum Beispiel — eine Entwicklungsaufgabe des frühen Erwachsenenalters — wird meist negativ bewertet und scheint sich auch meist negativ auf die weitere Entwicklung auszuwirken (Buchanan/Robbins 1990).

Auch wenn das Konzept eindeutig normativ geprägt ist — Entwicklungsaufgaben unterliegen sowohl kulturellen als auch zeitgeschichtlichen Einflüssen (Zeitgeist) — scheint es doch entwicklungspsychologisch relevant, weil damit die sozial geteilten Erwartungen identifiziert werden, mit denen Jugendliche oft mehr implizit als explizit konfrontiert sind und mit denen ihre Biografie auch verglichen wird. Es folgen 10 Entwicklungsaufgaben, die nach gängiger Lehrmeinung für Jugendliche, die in modernen westlichen Gesellschaften leben, relevant sind (Oerter/Dreher 2008):

► Freundeskreis aufbauen
► pubertätsbedingte körperliche Veränderungen akzeptieren
► geschlechtsspezifische Rollen aneignen
► engere, intime Beziehungen aufnehmen
► sich von den Eltern ablösen
► Entscheidungen hinsichtlich Berufswahl treffen
► Vorstellungen über eigene Partnerschaft und Familie entwickeln
► sich selbst kennen lernen und beurteilen
► eigene Weltanschauungen und Einstellungen entwickeln und vertreten
► Zukunftsperspektiven und Lebensziele entwickeln

Im Folgenden werden einige der selbstbezogenen Entwicklungsaufgaben (Körperselbstbild, Selbsterkenntnis, Berufswahl, Entwicklung eigener Einstellungen und Zukunftsperspektiven) im Zusammenhang mit der Identitätsentwicklung diskutiert.

Auf die Bewältigung weiterer Aufgaben im Zusammenhang mit den Sozialbeziehungen zu Eltern, Geschwistern, gleich- und gegengeschlechtlichen Freunden bzw. Freundinnen wird danach eingegangen (→ Kap. 5.6).

5.4 | Selbstkonzept und Identitätsentwicklung

Während Kinder das eigene Selbst erst begrenzt thematisieren (→ Kap. 4.4.1), verschiebt sich der Fokus der Aufmerksamkeit ab der Adoleszenz sehr deutlich auf die Selbst- und Fremdwahrnehmungen zur eigenen Person mit ihren unverwechselbaren Eigenschaften, Einstellungen, Beziehungen und Plänen.

Abb. 5.3 |

Der Aufmerksamkeitsfokus liegt in der Adoleszenz nun stärker auf der eigenen Person.

5.4.1 | Entwicklung des Selbst in der Adoleszenz

frühe Adoleszenz

Die Beschreibungen des Selbst werden mit dem Beginn der Adoleszenz einerseits differenzierter und reichhaltiger, andererseits auch widersprüchlicher und abstrakter (Harter 1999, 2006). Die Tendenz zu abstrakteren Selbstbeschreibungen geht oft einher mit reichlich unrealistischen und verzerrten Selbstwahrnehmungen (Harter 2006). Außerfamiliäre Kontexte gewinnen (weiter) an Bedeutung: Die Jugendlichen stellen fest, dass sie sich in verschiedenen Gruppen verschieden verhalten (und sich unterschiedlich fühlen) und beginnen zwischen dem sozialen Selbst, das sie in bestimmten Gruppen zeigen, und dem wahren Selbst (wie sie „wirklich" sind) zu unterscheiden.

Die (unterschiedlichen) Rückmeldungen aus den Lebenskontexten (z. B. Freunde vs. Eltern vs. Geschwister), welche die Jugendlichen zu ihrer Person erhalten, werden nicht nur aufmerksam beobachtet, sie sind auch für kontextabhängige (situative) Unterschiede im Selbstwert der Jugendlichen verantwortlich (Harter 2006). Das kann z. B. bedeuten, dass sich Jugendliche in der Peergroup wesentlich wohler fühlen als zu Hause mit den Eltern.

In der mittleren Adoleszenz beschreiben sich Jugendliche noch akzentuierter — und Mädchen deutlicher als Jungen — anhand gegensätzlicher Attribute, deren Integration nur teilweise gelingt (Harter 1999, 2006): Jugendliche dieses Alters finden sich oft schön *und* hässlich, nett *und* unfreundlich, liebenswürdig *und* abstoßend etc. Die Selbstwahrnehmung wird nun — wenngleich noch wenig stabil über die Zeit — im Vergleich zur Kindheit deutlich kritischer und negativer.

mittlere Adoleszenz

In der späten Adoleszenz wird das Selbst zunehmend anhand von stärker gefestigten moralischen Werten und Einstellungen und auch von längerfristigen Ausbildungs- oder anderen Zielen beschrieben. Im Vergleich zur frühen und mittleren Adoleszenz wird nun der Einfluss der Peers oder auch der Eltern auf eigene Entscheidungen und Werte weitgehend ausgeblendet, was darauf hindeutet, dass diese als persönliche Wahl verstanden werden (Harter 2006). Den Adoleszenten gelingt nun die Integration widersprüchlicher Selbstwahrnehmungen zunehmend besser, was die Handhabung innerer Konflikte erleichtert und den Selbstwert steigert.

späte Adoleszenz

Dass die Selbstentwicklung, wie oben dargestellt, in ein von den Meinungen und Wahrnehmungen anderer weitgehend unabhängiges Selbst mündet, gilt nicht für alle Kulturen in gleichem Maße.

Unabhängiges vs. interdependentes Selbst

Kollektivistische Kulturen (z.B. China und Japan) legen deutlich mehr Wert auf soziale Bezogenheit (*Interdependenz*), was zu einer weniger individualistisch ausgerichteten Selbstentwicklung (Markus/Kitayama 1991) und beispielsweise auch zu einer erhöhten sozialen Aufmerksamkeit im Sinne von intensivierter Perspektivenübernahme führt (Wu/Keysar 2007).

Identitätsentwicklung | 5.4.2

Definition

Der entwicklungspsychologische Begriff der **Identität** bezieht sich auf das Selbstverständnis einer Person als einmalig und unverwechselbar (Erikson 1950, 1968, 1976). Und er bezieht sich darauf, dass der Jugendliche und Erwachsene dieses Verständnis in einem fortlaufenden Prozess konstruiert und weiterentwickelt, indem er:

▶ sich mit zentralen Themen der eigenen Vergangenheit, Gegenwart und Zukunft befasst,
▶ Handlungsvarianten exploriert,
▶ sich mit Handlungszielen identifiziert (Luyckx et al. 2006) und Verpflichtungen eingeht (Marcia 1966),
▶ sich mit anderen und mit sich selbst in der Vergangenheit vergleicht und
▶ sich mit Freunden und anderen wichtigen Bezugspersonen über die diesbezüglichen Wahrnehmungen austauscht (Pasupathi/Hoyt 2009).

Diese Definition enthält u. a. die Setzung, dass die eigene Identität nicht einfach vorliegt, sondern erarbeitet werden muss. Dies wiederum impliziert, dass Jugendliche (und Erwachsene) vor dieser Aufgabe grundsätzlich auch scheitern können oder sie gar nicht erst angehen. Solche Varianten werden im Folgenden näher erläutert.

Identitätsdiffusion Nach Marcia (1966) muss bei Jugendlichen von einer Identitäts*diffusion* gesprochen werden, wenn sie sich weder auf Werte, Überzeugungen und Aufgaben, welche die Gesellschaft bereithält, einlassen noch nach alternativen Werten, Überzeugungen oder Aufgaben suchen, also auch nicht explorieren. Identitätsdiffusion ist mit depressiven Symptomen und geringem Selbstwert korreliert (Coté/Schwartz 2002).

Moratorium Die Identitätskonstruktion erfolgt insbesondere in der Auseinandersetzung mit den grundlegenden Werten der Gesellschaft und der Festlegung eigener Positionen. Jugendliche, die sich intensiv mit Religion, Ethik, Konventionen, beruflichen Zielen, Familie etc. auseinandersetzen, aber die Übernahme diesbezüglicher Verpflichtungen verweigern oder aufschieben, befinden sich im Identitätsstatus des Moratoriums (Marcia 1966).

Die Auseinandersetzung (Exploration) kann sowohl in die Breite (Neues ausprobieren) als auch in die Tiefe (getroffene Entscheidungen analysieren) gehen (Luyckx et al. 2005, 2006). Die bereits oben angesprochene „Maturity Gap" (→ Kap. 5.1) scheint die Verlängerung des Moratoriums bis hinein ins frühe Erwachsenenalter zu begünstigen.

übernommene vs. erarbeite Identität Ebenfalls auf Marcia (1966) geht die Unterscheidung zwischen der erarbeiteten (selbst konstruierten) und der übernommenen Identität zurück. Während bei der *erarbeiteten* Identität dem Eingehen von Verpflichtungen die oben beschriebene Exploration von und Auseinandersetzung mit Werten, Zielen und Überzeugungen vorangeht, ist dies bei der *übernommenen* Identität nicht (oder deutlich weniger ausgeprägt) der Fall.

Neuere Arbeiten (z. B. Luyckx et al. 2006) differenzieren den Aspekt der Verpflichtung weiter aus: Man kann nämlich das Eingehen von Verpflichtungen (Commitment Making) unterscheiden von dem Ausmaß, wie sehr sich ein Jugendlicher bzw. eine Jugendliche mit den eingegangenen Verpflichtungen auch identifiziert (Identification with Commitment).

Zusammenfassend kann man annehmen, dass das Selbstkonzept von Jugendlichen mit erarbeiteter Identität, aufgrund der vorherig intensiveren Auseinandersetzung, kohärenter und der Selbstwert höher ist als bei Jugendlichen mit wenig reflektierter (d. h. übernommener) Identität (Coté/Schwartz 2002). Beide Gruppen (mit übernommmener und erarbeiteter Identität) haben aber einen höheren Selbstwert und weniger depressive Verstimmungen als die sich im Status des Moratoriums oder der

Diffusion befindlichen Jugendlichen und jungen Erwachsenen (Coté/ Schwartz 2002; Luyckx et al. 2008).

Viele Jugendliche tauschen sich heute nicht nur face-to-face in sozialen Gruppen (Familie, Peergruppe etc.), sondern auch in virtuellen Gruppen, in sozialen Netzwerken und in Chat-Rooms im Internet aus (Christofides et al. 2012). Die Veröffentlichung privater Informationen in sozialen Netzwerken wie z. B. Facebook bezieht sich meist auf das Alter, Geschlecht, Schule oder Arbeit, Interessen (z. B. bzgl. Musik oder Sport) und die „Freunde". Zentrale Bestandteile des erstellten Profils sind zudem Fotos, Videos und die Kommentare der Peers (Ahn 2011).

Die veröffentlichten Angaben sind meist korrekt: In einer amerikanischen Stichprobe Jugendlicher fand man das Experimentieren mit falschen Angaben zur Identität ziemlich selten (49% gar nicht, 40% einige Male, 10% gelegentlich bis häufig – in den meisten Fällen gaben sich Jugendliche älter!) (Gross 2004). Die Nutzung sozialer Netzwerke (z. B. Facebook) ist vorwiegend sozial motiviert: Die Jugendlichen pflegen auf diesem Weg nicht nur die Kontakte zu den Freunden, die sie oft sehen, sondern darüber hinaus zu anderen Jugendlichen, die sie selten sehen können, während Kontakte zu unbekannten Personen selten sind (Reich et al. 2012). Die Anzahl und Zusammensetzung der „Freunde" sowie deren Kommentare auf dem eigenen Profil tragen wesentlich zur Attraktivität eines/r Jugendlichen und damit zu seiner/ihrer sozialen Identität bei (Ahn 2011).

Man kann vermuten, dass die Präsentation der eigenen Identität im Chat und die damit möglichen Experimente ebenso wie sexuelle Explorationen in virtuellen Gruppen (Subrahmanyan et al. 2006) für die Identitätskonstruktion von vielen Jugendlichen bedeutsam sind. Die Auswirkungen der Internetkommunikation auf die Identitätsbildung sind allerdings noch kaum erforscht.

Jugendliche mit Migrationshintergrund und jugendliche Angehörige einer ethnischen Minorität sind mit der besonderen Situation konfrontiert, dass sie sich einerseits mit den Werten und Erwartungen der Herkunftskultur und andererseits (auch) mit den Werten (und Erwartungen) der Kultur des Migrationslandes bzw. der ethnischen Mehrheit auseinandersetzen müssen. Erst nach aktiver Exploration der ethnischen und kulturellen Zugehörigkeit und nach der Festlegung (Commitment) auf eigene Positionen kann man von einer *erarbeiteten ethnischen* Identität sprechen (Phinney 1989).

Nur wenige Studien haben allerdings im Längsschnitt untersucht, ob und ggf. in welchem Ausmaß jugendliche Angehörige ethnischer Minoritäten diese Auseinandersetzung (Exploration) überhaupt suchen. In einer amerikanischen Studie wurde eine vermehrte Exploration ethni-

Identität und Internet

ethnische Identität

scher Fragen im Zusammenhang mit dem Wechsel von − ethnisch homogenen − Junior High Schools auf − ethnisch häufig heterogene − Senior High Schools festgestellt (French et al. 2006). Man kann annehmen, dass mit dem Schulwechsel die Salienz (Auffälligkeit) der ethnischen Zugehörigkeit stieg, was die diesbezügliche Auseinandersetzung angeregt hat.

Eine ebenfalls neuere Studie identifizierte unter afro-amerikanischen 11- bis 17-jährigen Jugendlichen eine Gruppe mit erarbeiteter ethnischer Identität, die im Vergleich zu den anderen drei Gruppen (diffuse bzw. übernommene ethnische Identität sowie Moratorium) das beste Wohlbefinden aufwies (Seaton et al. 2006). Dies deutet darauf hin, dass die allgemeinen Befunde zur erarbeiteten Identität (s. o.) auch für die erarbeitete ethnische Identität gelten könnten.

spätere Identitätsprozesse Auch wenn man von einer „erarbeiteten" oder „übernommenen" Identität spricht, so bedeutet dies nicht, dass der Prozess der Identitätsfindung im Jugendalter zum Abschluss kommen würde. Vielmehr ist zu beobachten, dass sich der Prozess der Identitätsentwicklung in immer neuen Zyklen bis weit ins Erwachsenenalter hinein fortsetzt und im Rahmen neuer Aufgaben (wie Elternschaft, Berufswechsel, Ehescheidung) auch immer wieder neu lanciert wird (vgl. z. B. Gauda 1990).

| 5.5 Moralische Entwicklung

Um moralisch urteilen und handeln zu können, müssen Kinder und Jugendliche zuerst die moralischen Normen der Gesellschaft, in der sie leben, kennen lernen und sich zu eigen machen (Montada 2008).

Definition

Die **moralische Entwicklung** bezieht sich auf den Erwerb dieses in einer Kultur gültigen Wissens und auf die Anerkennung (Internalisierung) der moralischen Normen und Werte (auch: moralisches Selbst), auf das Empfinden von Ungerechtigkeit (moralische Sensibilität, moralische Emotionen), auf moralische Begründungen (moralisches Urteil) und schließlich auch auf die Motivation, tatsächlich moralisch zu handeln (Sherblom 2012).

Im Folgenden werden zunächst die Entwicklung des moralischen Urteils und Überlegungen zur Entwicklung moralischer Emotionen vorgestellt. Im Anschluss an diese Erörterung wird anhand des Konzepts der moralischen Distanzierung dargestellt, weshalb moralische Normen oftmals trotz deren Kenntnis doch nicht eingehalten werden.

Definition

Unter **moralischem Urteil** wird in der Entwicklungspsychologie mit Kohlberg (1984) die Argumentation oder Begründung verstanden, die eine Person für spezifische Handlungsentscheidungen in ethisch kritischen Situationen gibt.

Das moralische Urteil kann mit einem moralischen Dilemma untersucht werden, das dem/der Jugendlichen vorgelegt wird. Das bekannteste dieser Dilemmata ist das „Heinz-Dilemma" (siehe Kasten).

Kasten

„In einem fernen Land lag eine Frau, die an einer besonderen Krebsart erkrankt war, im Sterben. Es gab eine Medizin, von der die Ärzte glaubten, sie könne die Frau retten. Es handelte sich um eine besondere Form von Radium, die ein Apotheker in der gleichen Stadt erst kürzlich entdeckt hatte. Die Herstellung war teuer, doch der Apotheker verlangte zehnmal mehr dafür, als ihn die Produktion gekostet hatte. Er hatte 200 Dollar für das Radium bezahlt und verlangte 2000 Dollar für eine kleine Dosis des Medikaments.

Heinz, der Ehemann der kranken Frau, suchte alle seine Bekannten auf, um sich das Geld auszuleihen, und er bemühte sich auch um eine Unterstützung durch die Behörden. Doch er bekam nur 1000 Dollar zusammen, also die Hälfte des verlangten Preises. Er erzählte dem Apotheker, dass seine Frau im Sterben lag, und bat, ihm die Medizin billiger zu verkaufen bzw. ihn den Rest später bezahlen zu lassen. Doch der Apotheker sagte: „Nein, ich habe das Mittel entdeckt, und ich will damit viel Geld verdienen." Heinz hat nun alle legalen Möglichkeiten erschöpft; er ist ganz verzweifelt und überlegt, ob er in die Apotheke einbrechen und das Medikament für seine Frau stehlen soll.

Einstiegsfragen ins Interview: Sollte Heinz das Medikament stehlen oder nicht? Warum oder warum nicht?"

(Kohlberg 1996, 495f)

Das Niveau des moralischen Urteils wird nach Vorlage eines Dilemmas im Rahmen eines strukturierten Interviews erschlossen. Darin wird insbesondere nach der *Handlungsbegründung* (Warum soll Heinz das Medikament stehlen bzw. warum nicht?) gefragt. Kohlberg (1984) erstellte ein 6-stufiges Kategoriensystem, welchem er die Interviewantworten zuordnete. Je zwei Stufen werden zu einem übergeordneten Niveau zusammengefasst (präkonventionelles, konventionelles und postkonventionelles Niveau):

▶ *Präkonventionelles Niveau*
  1.   Strafe und Gehorsam
       Antwortmuster: Gerecht sind Handlungen, die sich lohnen. Strafe ist möglichst zu vermeiden.
  2.   Naiver instrumenteller Hedonismus
       Antwortmuster: Wer anderen hilft, sollte später dafür auch etwas zurückbekommen. Kosten und Nutzen sollten im Gleichgewicht sein. Strafen sollen andere von ähnlichen Taten abhalten (Strafe als Abschreckung).
▶ *Konventionelles Niveau*
  3.   Interpersonale oder Gruppenperspektive
       Antwortmuster: Gerecht sind von der Gruppe akzeptierte Handlungen, die zu harmonischen sozialen Beziehungen beitragen.
  4.   Gesellschaftsperspektive
       Antwortmuster: Gerecht sind all jene Handlungen, die den in der Gesellschaft gültigen Regeln entsprechen. Hohe Güter sind Verpflichtungen, Verträge und Gesetze. Strafen sind wichtig, weil man gegen Gesetzesübertretungen vorgehen muss.
▶ *Postkonventionelles Niveau*
  5.   Sozialer Kontrakt
       Antwortmuster: Gerechtigkeit muss Menschen ihre fundamentalen Rechte garantieren. Ethische Prinzipien und Menschenrechte sind vorrangig.
  6.   Universelle ethische Prinzipien
       Antwortmuster: Universelle ethische Prinzipien sind zu diskutieren und zu erarbeiten.

Kohlberg (1984) ging davon aus, dass sich das moralische Urteil bei allen Menschen — unabhängig von der Kultur, in der sie leben — in der von ihm postulierten Reihenfolge entwickelt und dass der individuell erreichte Entwicklungsstand stark von den Gelegenheiten des oder der Einzelnen zur sozialen Perspektivenübernahme abhängt. Spätere Studien, in denen auch andere Methoden als die Dilemma-Diskussionen eingesetzt wurden, konnten diese (starken) Annahmen nur teilweise bestätigen. Bestätigt wurde, dass Kinder bis ungefähr zum 10. Lebensjahr vorwiegend auf präkonventionellem Niveau argumentieren, während Jugendliche vorwiegend konventionell (zuerst Stufe 3, später Stufe 4) argumentieren (Gibbs et al. 2007).

Bestätigt wurde außerdem, dass die in den betreffenden Studien aufgegriffenen moralischen Themen und Werte wie Wahrheit, Bindung, Leben, Besitz, Gerechtigkeit und Vertrag weltweit in verschiedenen Kulturen bedeutsam sind (Gibbs et al. 2007).

Im Widerspruch zur Stufentheorie, wie sie von Kohlberg (1984) konzipiert wurde, in der Rückschritte eigentlich nicht vorkommen sollten, hat man in Längsschnittstudien bei nicht wenigen Jugendlichen auch Rückschritte gefunden. So haben beispielsweise ältere Jugendliche, die noch in der mittleren Adoleszenz zwischen der 4. und 5. Stufe argumentiert haben, wieder vermehrt instrumentell (präkonventionell) argumentiert (Smetana/Turiel 2006).

Widerspruch zur Stufentheorie

Studie

In einer repräsentativen Schweizer Studie wurden 15- bis 21-jährige Jugendliche und junge Erwachsene mit zwei kurzen Geschichten konfrontiert, zu denen sie anschließend Stellung nehmen sollten (Krettenauer et al. 2014). In der einen Geschichte (nur diese wird hier näher ausgeführt) sollten sich die Probanden/-innen vorstellen, dass sie ihr Rad für 500 Franken verkaufen wollten. Ein junger Mann würde Interesse zeigen und sie würden sich für 420 Franken handelseinig werden. Da würde der junge Mann sagen: „Sorry, ich habe mein Geld nicht dabei. Ich renne nach Hause und bin in einer halben Stunde zurück." Sie würden antworten: „Ok, ich warte auf Sie." Kurz darauf würde jemand vorbeikommen, der gewillt sei, den vollen Preis zu zahlen. Die Probanden/-innen sollten nun angeben, wie sie entscheiden würden, wie sie sich dabei fühlen würden und beides begründen.

Der Anteil der 15-jährigen Jugendlichen, die das Rad zum besseren Preis verkaufen (und ihr Versprechen nicht einhalten) wollten und sich dabei gut fühlten (die Gruppe der „happy victimizer"), betrug in dieser Studie 14% – nochmals 15% wollte ebenfalls so handeln, allerdings mit schlechtem Gefühl („unhappy victimizer"). Der Anteil derjenigen, die das Versprechen hielten und sich dabei auch gut fühlten („happy moralist"), betrug bei den 15-Jährigen 61%, um dann bei den 21-Jährigen auf 76% anzusteigen (zu diesem Zeitpunkt beträgt der Anteil der „happy victimizer" noch 10%). Insgesamt kann die Studie einen Anstieg moralischer Emotionen und deren Einfluss auf moralische Entscheidungen im Verlauf des zweiten Lebensjahrzehnts nachweisen.

moralische Emotionen

Kritisch anzumerken bleibt, dass die „Beweisführung" dieses und ähnlicher Experimente bezüglich des kausalen Einflusses von Emotionen auf das moralische Urteil wissenschaftlich umstritten ist: Die berichteten Emotionen können auch eine *Folge* (und nicht die Ursache) moralischer Entscheidungen sein (Huebner et al. 2008).

moralische
Distanzierung

Das Niveau der moralischen Argumentation garantiert aber natürlich nicht, dass Individuen auch tatsächlich moralisch handeln. Und ein Opfer hat nicht viel davon, wenn der Täter auf moralisch hohem Niveau argumentiert! Da die Internalisierung moralischer Normen bereits im Vorschulalter im Sinne einer inneren Verpflichtung, moralische Regeln (zu teilen, nicht zu stehlen u. ä.) einzuhalten und egoistische Motive zurückzustellen, beobachtet werden kann (Nunner-Winkler 1993), steht außer Frage, dass die wichtigsten moralischen Normen bei Jugendlichen vorausgesetzt werden können. Es muss also andere Gründe geben, weshalb einige Jugendliche andere schikanieren oder verprügeln, absichtlich Eigentum anderer beschädigen oder entwenden, Hilfestellungen absichtlich unterlassen etc.

Ein kognitiver Mechanismus der zumindest einen Teil unmoralischen Handelns erklären kann, ist *moralisches Distanzieren* (moral disengagement). Dazu gehören u. a. Verharmlosung der Handlungskonsequenzen, Beschönigung mit sprachlichen Mitteln, Verantwortungsdiffusion und Weigerung, Verantwortung zu übernehmen. Die Tendenz zu moralischem Distanzieren erhöht nicht nur die Aggressionsbereitschaft und tatsächliches aggressives sowie delinquentes Verhalten, es senkt gleichzeitig auch die Häufigkeit prosozialen Verhaltens (Bandura et al. 1996).

5.6 | Soziale Beziehungen

Die sozialen Beziehungen des Menschen sind ein entscheidender wenn nicht der entscheidende Faktor für seine motorische, emotionale, motivationale, sprachliche und kognitive Entwicklung ab der Geburt bis zu seinem Tod. Soziale Beziehungen sind vielgestaltig: Wir unterscheiden sinnvollerweise die Beziehungen innerhalb von Familie und Verwandtschaft von den außerfamilialen Beziehungen, die sich aus den Kontakten in der Schule, am Arbeitsplatz, in Vereinen, in der Nachbarschaft etc. ergeben.

Bevor wir auf diese verschiedenen Beziehungen und ihre Bedeutung für die Entwicklung eingehen, wenden wir uns den sozial-kognitiven Voraussetzungen der Jugendlichen zu, soziale Beziehungen zu gestalten und ggf. auch Konflikte zu lösen.

Perspektivenkoordination | 5.6.1

Definition

Unter **Perspektivenkoordination** ist die Fähigkeit zu verstehen, die Perspektiven (und Absichten) anderer Personen nicht nur zu verstehen, sondern auch mit der eigenen Perspektive (und den eigenen Absichten) koordinieren zu können (Yeates/Selman 1989).

Nachdem sich die soziale *Perspektivenübernahme* bereits in der Kindheit entwickelt hat (→ Kap. 4.3.5), folgt die *Perspektivenkoordination* erst im Jugendalter.

Ein diesbezügliches Entwicklungsmodell haben Yeates und Selman (1989) vorgeschlagen. Weil sich das Modell auf eine große Zeitspanne (Vorschulalter bis Adoleszenz) bezieht, werden an dieser Stelle zum besseren Verständnis auch die unteren Stufen erwähnt.

Auf der Stufe 0 (undifferenzierte Perspektive), die zeitlich weitgehend dem Vorschulalter zuzurechnen ist, werden physikalische und psychologische Charakteristika von Personen noch nicht unterschieden. Ebenso fehlt die Differenzierung zwischen Handlungen und Gefühlen und zwischen absichtlichem und unbeabsichtigtem Verhalten. Auch sind verschiedene subjektive Perspektiven nicht differenziert. Das Kind kann noch nicht erkennen, dass ein anderes Kind das gleiche Verhalten anders interpretieren könnte.

Der wesentliche Fortschritt der Stufe 1 (subjektiv-einseitige Perspektive) besteht in der Differenzierung der physikalischen und psychologischen Charakteristika von Personen. Auch wenn nun jeder anderen Person ihre psychische Eigenwelt zugestanden wird, so geht das Kind davon aus, dass psychische Zustände direkt beobachtbar sind. Handlungen werden meist aus der Perspektive der Akteure interpretiert (und nur aus dieser). *(subjektiv-einseitige Perspektive)*

Der wesentliche Fortschritt der der Adoleszenz zuzurechnenden Stufe 2 (selbstreflexiv-reziproke Perspektive) besteht darin, dass der oder die Jugendliche aus der eigenen Perspektive heraustreten und sich die Perspektive einer anderen Person gleichzeitig mit der eigenen vorstellen kann. Es wird zudem erkannt, dass andere genau das Gleiche tun können. Außerdem wird auch anderen zugestanden, entgegen ihren Überzeugungen und Gefühlen zu handeln. *(selbstreflexiv-reziproke Perspektive)*

3.-Person-Perspektive   Auf der Stufe 3 (*3.-Person-Perspektive*) gelingt es den wohl meist älteren Jugendlichen nicht nur aus der eigenen Perspektive, sondern auch aus dem System der eigenen Person, herauszutreten und soziale Beziehungen aus der Perspektive einer dritten Person zu reflektieren. Selbst und andere Personen sind nun gleichzeitig Objekt und Subjekt sozialer Interaktionen.

Erst auf dieser Stufe gelingt es zunehmend, eigene und andere Perspektiven nicht nur gleichzeitig in Betracht zu ziehen, sondern auch zu koordinieren. In der sozialen Interaktion bedeutet dies, dass unter Berücksichtigung verschiedener Perspektiven und Interessen gegenseitig befriedigende Lösungen gesucht und evtl. auch gefunden werden können.

Auch wenn die beschriebenen sozial-kognitiven Fortschritte für Jugendliche typisch sind, so sollte man nicht annehmen, dass einmal erreichte Niveaus in allen Situationen durchgehalten werden. Entwicklungspsychologisch plausibler ist eher die Vermutung, dass die gleichen Jugendlichen je nach Situation, Konflikt und involvierten anderen Personen die Perspektiven auf unterschiedlichen Stufen koordinieren.

5.6.2 | Familienbeziehungen

Die Eltern verlieren zwar angesichts der entwicklungsbedingt zunehmenden Selbstständigkeit im Jugendalter leicht an Bedeutung. Trotzdem bleiben die meisten Jugendlichen bis ungefähr zum 20. Lebensjahr (und viele noch weit darüber hinaus) finanziell und materiell, aber auch in psychologischer Hinsicht von der Unterstützung durch die Eltern abhängig.

Eltern, die ihren jugendlichen Kindern verständnisvoll und mit emotionaler Wärme begegnen, die ihnen mit Rat und Tat zur Seite stehen, aber auch eigene Erwartungen bezüglich Respekt, Mithilfe im Alltag und anstehender Entwicklungsaufgaben an sie herantragen und sich auch durchsetzen können, tragen damit zur psychisch stabilen (gesunden) Entwicklung des Jugendlichen bei (Collins/Steinberg 2006).

Allerdings sind hier bidirektionale Einflüsse mitzubedenken: Aggressive, schwierig anzuleitende Jugendliche lösen häufiger als gut angepasste inadäquates, entweder zu distanziertes oder zu rigides oder aggressives Erziehungsverhalten seitens der Eltern aus (Collins/Steinberg 2006).

Konflikte mit den Eltern   Auch wenn dauernde Konflikte zwischen Jugendlichen und ihren Eltern nicht die Regel sind, so sind Auseinandersetzungen doch ziemlich häufig, insbesondere dann wenn Jugendliche die elterliche Autorität bei Fragen, die sie als „persönlich" qualifizieren, nicht (mehr) akzeptieren (Smetana/Daddis 2002). Während die Anzahl der Konflikte im Verlauf der frühen und mittleren Adoleszenz zurückgeht, nimmt die Intensität der Konflikte eher zu (Laursen et al. 1998). Entsprechend intensiver sind dann auch die negativen Emotionen in diesen (selteneren) Konflikten (Laursen et al. 1998).

Jugendliche mit hoher auf die Rolle als Sohn bzw. Tochter bezogener Selbstwirksamkeit (z. B. mit der Erwartung, persönliche Probleme mit den Eltern auch unter schwierigen Umständen besprechen zu können) „bewirken" dadurch auch ein von ihnen als positiv erlebtes Monitoring durch die Eltern sowie wenig eskalierende Konflikte und eine offene Kommunikation mit ihnen (Caprara et al. 2005). **Selbstwirksamkeit**

Sind die Beziehungen zwischen Eltern und Jugendlichen harmonisch, so ist die Wahrscheinlichkeit hoch, dass auch die Beziehungen zwischen den Jugendlichen und ihren Geschwistern harmonisch sind. Die Qualität der Geschwisterbeziehungen ist wiederum prädiktiv für die Beziehungen, die Jugendliche außerhalb der Familie mit Gleichaltrigen pflegen: Überdurchschnittlich aggressive Interaktionen zwischen Geschwistern sind häufig korreliert mit ähnlich gestalteten Peerbeziehungen (vgl. Slomkowski et al. 2001), während sich positiv erlebte Geschwisterbeziehungen vorteilhaft auf die Beziehungen zu Freunden auswirken (Yeh/Lempers 2004). **Geschwisterbeziehungen**

Beziehungen von Jugendlichen zu Mitgliedern der erweiterten Familie (Großeltern, Tanten etc.) sind je nach deren Präsenz in der Familie unterschiedlich bedeutsam. Besonders wichtig dürfte die soziale Unterstützung von Verwandten für Eltern und Jugendliche aus ressourcenknappen Familien sein (Simons et al. 1993). Unterstützung von Verwandten ist tendenziell nicht reziprok angelegt, was bedeutet, dass eine unmittelbare „Gegenleistung" oft nicht erwartet wird (Wicki 1997). Das ist insofern von Bedeutung, weil eine solche Gegenleistung in vielen Fällen gar nicht möglich ist. **Beziehungen zu Verwandten**

Peerbeziehungen und Freundschaften 5.6.3

Während die Bedeutung der Familienbeziehungen im Verlauf des Jugendalters eher abnimmt, nimmt die Bedeutung der Beziehungen zu den Peers gleichzeitig zu (Brown/Larson 2009). Unter „Peers" versteht man meistens die Gleichaltrigen. Die „Gleichaltrigen" sind aber keine homogene Gruppe, sondern setzen sich aus sehr unterschiedlichen Personengruppen zusammen: Da sind die Jugendlichen, die in der gleichen Schulklasse, im gleichen Schulhaus oder Verein, in einer Jugendorganisation oder im gleichen Team (Sport) sind und die Jugendlichen, die im gleichen Quartier wohnen. Im einen Fall werden die Gruppen von Erwachsenen (Lehrpersonen, Trainer etc.) geleitet, im anderen Fall (Nachbarschaft) schließen sich die Jugendlichen selbst und ohne Leitung zu Gruppen zusammen.

Cliquen

Eine ungeleitete Gruppe von Freunden oder Freundinnen wird als *Clique* bezeichnet. Jugendliche gehören oft, aber längst nicht immer einer Clique an (Fend 1998). Vielfach gehören sie aber nicht nur einer, sondern mehreren sich überschneidenden formellen und informellen Gruppen an. Die personellen Überlappungen zwischen den Gruppen, denen sie angehören, können für die einen Jugendlichen stark sein, für andere wiederum inexistent oder schwach.

Freundschaften

Bei *Freundschaften* handelt es sich um frei gewählte auf Gegenseitigkeit beruhende Beziehungen zwischen zwei Individuen, in denen ab der mittleren Adoleszenz auch sehr persönliche, vertrauliche Gedanken und Gefühle ausgetauscht werden (Buhrmester 1990). Allerdings gibt es auch Jugendliche ohne feste Freunde, die meisten unter ihnen sind dafür in einen großen Bekanntenkreis integriert und fühlen sich nicht einsam (Fend 1998). Während Freundschaften generell von Jugendlichen als wichtig eingestuft werden, so trifft dies in noch verstärktem Maße für die eher etwas unpopulären Jugendlichen zu: Mindestens eine gute Freundin bzw. einen guten Freund zu haben, ist insbesondere für in der Peergroup relativ wenig akzeptierte und beliebte Jugendliche wichtig und unterstützt deren psychisches Befinden (Waldrip et al. 2008).

Intimität

Das Eingehen einer intimen Beziehung ist für Jugendliche eine Entwicklungsaufgabe, an der sie praktisch parallel zur anderen großen Aufgabe, der Identitätsentwicklung, „arbeiten". Eine enge (intime) Beziehung setzt die beiderseitige Bereitschaft voraus, den Partner zu unterstützen, ihm zu vertrauen, sich ihm zu öffnen etc. − und sich dabei selbst nicht aufzugeben (Erikson 1968). Erste romantische Liebesbeziehungen dürften − zumindest in den westlichen modernen Kulturen − die signifikanten Entwicklungskontexte der Intimität sein. So überrascht es nicht, dass Jugendliche und junge Erwachsene, die in der Kontaktaufnahme mit dem anderen Geschlecht erfahrener sind (z.B. häufiger mit Mädchen bzw. Jungen ausgehen), auch eher fähig sind, eine intime Beziehung einzugehen und sich einer anderen Person zu öffnen (Montgomery 2005). Außerdem erleichtert − wie schon Erikson (1968) vermutet hat − eine gefestigte Identität die Entfaltung von Intimität (Montgomery 2005). Intime Beziehungen können − müssen aber nicht − auch sexuelle Beziehungen sein. Der Aufnahme sexueller Beziehungen im Jugendalter wenden wir uns im folgenden Abschnitt zu.

5.6.4 | Psychosexuelle Entwicklung

Das Explorieren der Sexualität setzt bei Jugendlichen unterschiedlich früh und in Form ganz unterschiedlicher Aktivitäten ein. Wie oben bereits erwähnt, ist der Beginn sexueller Aktivität von der Geschlechtsreifung abhängig: Frühreife Jungen und Mädchen sind früher sexuell aktiv als durchschnittlich oder spät reife Jugendliche (Crockett et al. 2006).

Auch bei unterschiedlichem Beginn scheinen viele Jugendliche implizit einem (heterosexuellen) „Skript" zu folgen, das in etwa beinhaltet, dass sich 12- bis 14-Jährige zunächst küssen, während Petting, Koitus und oraler Sex mit 15 – 17 Jahren folgen (Rosenthal/Smith 1997). **sexuelle Skripts**

In den USA geht man davon aus, dass die Mehrzahl der 18-Jährigen mindestens einmal Geschlechtsverkehr gehabt hat, wobei deutliche ethnische Unterschiede berichtet werden (schwarze Jugendliche haben früher Geschlechtsverkehr als weiße Jugendliche).

Eine repräsentative Schweizer Studie aus dem Jahr 2002 ergibt deutliche Ausbildungs- und etwas weniger deutliche Geschlechtseffekte (Narring et al. 2002): Unter den 16-Jährigen berichten 45% der Mädchen, die eine Berufsausbildung absolvierten, bereits mindestens ein Mal Geschlechtsverkehr gehabt zu haben (gegenüber 38% der Jungen in der Berufsausbildung sowie 25% der Gymnasiastinnen und 20% der Gymnasiasten). Bei den 17-Jährigen betrug dieser Anteil bei den männlichen Auszubildenden 58% und bei den weiblichen Auszubildenden 52% (gegenüber 42% bei den Gymnasiastinnen und 32% bei den Gymnasiasten), um bis zum 20. Lebensjahr in allen vier Gruppen auf 70 – 80% anzusteigen. Die Unterschiede zwischen den jungen Auszubildenden und den Gymnasiasten verdeutlichen starke Kontexteffekte auf das Sexualverhalten der Jugendlichen (sozio-ökonomischer Status, Bildungskontext), was u.a. damit zu erklären ist, dass Jugendliche in der Berufsausbildung wesentlich intensiver als im Gymnasium mit Erwachsenen und deren Werten und Erwartungen in Kontakt kommen (Crockett et al. 2006). **Kontexteffekte**

Jugendliche, die in sozio-ökonomisch benachteiligten Quartieren aufwachsen sowie Jugendliche, die von ihren Eltern nur wenig Unterstützung und altersangemessene Kontrolle erfahren, werden vergleichsweise früher sexuell aktiv als die übrigen Jugendlichen gleichen Alters (Miller 2002; Dupéré et al. 2008; de Graaf et al. 2011).

Ab den 1970er Jahren war parallel zur Vorverlagerung der Geschlechtsreife ein Trend zu immer früherem Geschlechtsverkehr feststellbar. Dieser scheint sich zumindest in einigen westlichen Ländern (z.B. in der Schweiz) ab den 1990er Jahren — vermutlich beeinflusst durch die dann verstärkt einsetzende Aidsprävention — nicht mehr fortgesetzt zu haben (Narring et al. 2002). Keinen solchen Trendstillstand hat man jedoch bisher in den USA festgestellt (Crockett et al. 2006). **Zeiteffekte**

Aus vielen Studien geht hervor, dass sich eine sehr frühe sexuelle Aktivität (mit 14 Jahren oder früher) ungünstig auswirkt (de Graaf et al. 2011): Diese sexuellen Erfahrungen kommen häufiger als bei älteren Ju- **frühe sexuelle Aktivität** gendlichen aufgrund von Überredung oder Zwang zustande, der Geschlechtsverkehr erfolgt häufiger als bei älteren ungeschützt und die weitere soziale Entwicklung dieser Jugendlichen ist in vielen Fällen ungünstiger als bei Jugendlichen, die erst später sexuell aktiv werden (Negriff et al. 2011).

Medieneffekte　Der Konsum von TV-Sendungen mit sexuellen Inhalten hat zwar keinen direkten Einfluss auf den Zeitpunkt des ersten Geschlechtsverkehrs, wohl aber einen über die Selbstwirksamkeitsüberzeugung bezüglich des Praktizierens von „sicherem Sex" (v. a. Kondombenutzung) vermittelten Einfluss. So sind Jugendliche, die sich häufiger TV-Sendungen mit sexuellen Inhalten ansehen, überzeugter, dass sie sicheren Sex praktizieren können. Und Jugendliche mit solchen Überzeugungen haben früher Geschlechtsverkehr als diejenigen, die davon weniger überzeugt sind (Martino et al. 2005).

Etwas kritischer fallen die Forschungsergebnisse bezüglich des Internets aus: (zumeist männliche) Jugendliche, die sich häufiger im Internet explizite sexuelle Inhalte (Pornografie) ansehen, neigen eher zu unverbindlichen sexuellen Beziehungen und sind generell stärker verunsichert, was ihre auf die Sexualität bezogenen Werte und Überzeugungen angeht, wenn sie mit Jugendlichen verglichen werden, die solchen Inhalten seltener oder gar nicht ausgesetzt sind (Peter/Valkenburg 2008). Longitudinale Analysen zeigen, dass dem Konsum pornografischer Inhalte in vielen Fällen ein wachsendes sexuelles Interesse vorausgeht (Doornwaard et al. 2015). Ein außerdem identifiziertes Verlaufsmuster besteht darin, dass Jugendliche in der frühen Adoleszenz solche Seiten regelmäßig besuchen, sich aber davon abwenden, wenn sie selber sexuelle Beziehungen aufnehmen (Doornwaard et al. 2015).

Literatur

Lerner, R. M. & Steinberg, L. (Eds.). (2009). *Handbook of Adolescent Psychology*. Hoboken N. J.: Wiley.

1 Inwiefern sind die Auswirkungen der Pubertät auf das Aussehen von Jungen und Mädchen unterschiedlich? Können Sie die unterschiedlichen psychischen Auswirkungen der geschlechtsspezifischen Unterschiede bezüglich des Aussehens erklären?

2 Was versteht man unter Variablenkontrolle in der Entwicklung des wissenschaftlichen Denkens? Wie kann man Variablenkontrollstrategien fördern?

3 Gibt es einen Zusammenhang zwischen der Identitätsentwicklung und der Ausbildung des Selbstkonzepts im Jugendalter? Worin besteht dieser Zusammenhang gegebenenfalls?

4 Welches sind die wichtigsten Unterschiede zwischen der erarbeiteten und der übernommenen Identität? Bleibt der einmal erreichte Identitätsstatus über die Zeit stabil?

5 Weshalb haben selbstwirksame Jugendliche weniger aggressive Konflikte mit ihren Eltern?

6 Wie verändern sich die Geschwisterbeziehungen im Jugendalter? Welche Bedeutung kommt ihnen für die Peerbeziehungen zu?

7 Sind die Konflikte zwischen den Eltern und ihren jugendlichen Kindern unausweichlich? Was weiß die Psychologie über diese Konflikte?

8 Gibt es in der psychosexuellen Entwicklung Kontexteffekte? Falls ja, welche?

6 | Entwicklung im Erwachsenenalter

6.1 | Entwicklungspsychologie der Lebensspanne

Bis in die 1950er Jahre hat sich die Entwicklungspsychologie weitgehend auf die ersten 20 Lebensjahre beschränkt und sich vornehmlich auf die Beschreibung und Erklärung unidirektionaler, invarianter und universeller Entwicklungsprozesse konzentriert. Auch wenn bis dahin ganz unterschiedliche Theorien der menschlichen Entwicklung formuliert worden waren, so war doch den meisten gemeinsam, dass sie Entwicklung mit (universell gültigen) Wachstumsprozessen in Verbindung brachten, die als unabhängig von Zeit und Raum, d.h. unabhängig von der umgebenden Kultur und geschichtlichen Einflüssen, betrachtet wurden.

Dieser heute ganz allgemein überholte Entwicklungsbegriff hat sich insbesondere für die Beschreibung der Entwicklung im Erwachsenenalter nicht bewährt (Baltes 1987, 1990), weil hier nicht nur Wachstum, sondern auch Verlust und nicht nur invariante Prozesse, sondern im Gegenteil gerade auch die *Varianten* der psychischen Prozesse von Bedeutung sind.

Ein wichtiger Impuls für das Aufkommen der Entwicklungspsychologie der Lebensspanne ging von *Eriksons Theorie der Persönlichkeitsentwicklung* aus. Diese Theorie sah fünf Entwicklungsstufen während Kindheit und Adoleszenz und drei weitere Stufen während des Erwachsenenalters vor: Dem frühen Erwachsenenalter wurde das zentrale Thema der Intimität (Stufe VI), dem mittleren Erwachsenenalter das Thema der Generativität (Stufe VII) und dem hohen Erwachsenenalter das Thema der Integrität (Stufe VIII) zugeordnet (Erikson 1950, 1959/1976).

Eriksons Stufentheorie

Nach Erikson schreitet das Individuum nicht ohne weiteres von einer Stufe zur anderen, sondern nur dann, wenn es die mit einer Stufe verknüpften spezifischen „Krisen" erfolgreich zu bewältigen vermag. Indem sich junge Erwachsene beispielsweise mit dem Thema der Intimität auseinandersetzen und fähig werden, eine feste intime Beziehung aufzubauen, arbeiten sie bereits an den Voraussetzungen der nächsten Stufe, in der die Generativität im Zentrum der „psychosozialen Krise" steht.

Havighurst (1972, 1973) ging davon aus, dass sich (auch) Erwachsene mit bestimmten *normativen Erwartungen* auseinanderzusetzen haben, etwa mit der Erwartung, bis zu diesem oder jenem Zeitpunkt verheiratet zu sein und einen eigenen Haushalt gegründet zu haben, Kinder aufzuziehen etc. (vgl. Neugarten/Datan 1973). Zu früh, rechtzeitig, zu spät oder gar nicht in Angriff genommene Entwicklungsaufgaben führen zu unterschiedlichen Belohnungen bzw. Sanktionen seitens wichtiger Bezugspersonen und auch (zum Teil darauf basierend) zu unterschiedlich positiven oder negativen Selbstbewertungen.

Entwicklungsaufgaben Erwachsener

Entwicklung kann sodann als Handeln verstanden werden, das im Lösen bzw. *Bewältigen gestellter Aufgaben* und Verfolgen kurz- und längerfristiger Entwicklungsziele besteht (Brandtstädter 1984, 1989; Hundertmark/Heckhausen 1994). Heirat oder die Geburt eines Kindes sind demnach keine Lebensereignisse, die das Individuum passiv erlebt, vielmehr sind dies *Handlungen*, die selbstgewählten *Entwicklungszielen* dienen. Die Zielerreichung ist mehr oder weniger gut kontrollierbar (Heckhausen/Schulz 1993) und von den vorhandenen personalen und sozialen Ressourcen abhängig (Hobfoll 1989; Wicki 1997) und die entsprechenden Handlungen führen zu mehr oder weniger befriedigenden Resultaten und zum Erwerb mehr oder weniger gut angepasster Fertigkeiten und Kompetenzen.

Entwicklung als Bewältigung

Die Erforschung der Intelligenzentwicklung im mittleren und höheren Erwachsenenalter (Baltes 1987, 1990) machte deutlich, dass das Leistungsni-

selektive Optimierung mit Kompensation

veau im Bereich der „fluiden Intelligenz" (kognitive Basisoperationen) im Verlauf des Erwachsenenalters in der Regel kontinuierlich abnimmt, im Bereich der „kristallinen Intelligenz" (Lernergebnisse, erfahrungsbasiertes Wissen und Können) jedoch nicht. Darüber hinaus hat sich gezeigt, dass die intellektuelle Entwicklung nicht nur von individuellen Erfahrungen und Lebensbedingungen, sondern auch von historisch-kulturellen Bedingungen abhängt (Baltes 1987, 1990).

Entwicklung setzt sich somit im Erwachsenenalter aus Gewinn *und* Verlust zusammen: Der *selektiven Optimierung* — und damit dem Gewinn — in bestimmten Bereichen, in denen lebenslange Erfahrung und Übung zu spezialisierten Fertigkeiten und Kompetenzen geführt haben, stehen Verluste in vernachlässigten Bereichen und biologisch bedingte Verluste gegenüber, die mit gezielten Strategien, z.B. verändertem Aufmerksamkeitsfokus oder vermehrter Übung, kompensiert werden (Heckhausen/Schulz 1993; Freund/Baltes 2000).

So „wachsen" beispielsweise viele Eltern an der (in der Regel gewählten!) Aufgabe, ihre Kinder aufzuziehen, indem sie die dafür notwendigen Kenntnisse und Fertigkeiten erwerben (Optimierung, Gewinn), während sie gleichzeitig andere Tätigkeitsbereiche (z.B. Sport, Kunst) vernachlässigen (Verlust).

Der Erwerb erzieherischer oder auch beruflicher Fertigkeiten und Kompetenzen muss immer vor dem Hintergrund der aktuellen Lebensbedingungen und der vorhandenen Ressourcen verstanden werden (Wicki 1997). Die Prozesse und Bedingungen der familienbezogenen Übergänge des Erwachsenenalters werden im Folgenden weiter vertieft.

6.2 | Familienbezogene Übergänge

Familienbezogene Übergänge des Erwachsenenalters werden im Rahmen der Familienentwicklungstheorien als lebenslaufbezogene Veränderungen innerhalb der Familie verstanden, etwa angestoßen durch die Geburt des ersten Kindes oder durch den Auszug des ältesten Kindes aus dem Elternhaus, wobei sich die Individuen von einer (normativen) Stufe zur nächsten bewegen (z.B. White 1991).

Definition

Familienstressmodelle   *Familienstressmodelle* thematisieren und erklären demgegenüber die individuellen Anpassungsprozesse an die entwicklungsbedingten Veränderungen im Kontext der Familie, die je nach den Voraussetzungen und Ressourcen der Familienmitglieder unterschiedlich gut gelingen.

Übergänge sind nach Cowan (1991) als langfristige Prozesse zu verstehen, die einerseits das Selbst- und Weltverständnis sowie die Kompetenzen der Person tangieren und verändern und andererseits auch zu einer Reorganisation der Familienbeziehungen und der in der Familie wahrgenommenen Rollen führen.

Übergang als Prozess

So gesehen kann jemand zum Beispiel Vater werden, ohne den Übergang zur Elternschaft in einem psychologischen Sinne zu vollziehen. Im Einzelnen dürfte die Beurteilung, ob nun eine Person einen Übergang definitionsgemäß (i. S. von Cowan 1991) vollzogen hat oder nicht, schwierig sein. Die im Folgenden (trotzdem) als Übergänge bezeichneten Phänomene enthalten aber auf jeden Fall ein diesbezügliches Veränderungs*potenzial* und bieten somit Veränderungs- und Entwicklungschancen, die in unterschiedlichem Maße auch genutzt werden (vgl. Fthenakis 1995).

Normative Übergänge (z.B. Geburt des ersten Kindes) sind solche, die gesellschaftlichen Erwartungen entsprechen (→ vgl. Entwicklungsaufgaben, Kap. 6.1) und entsprechend antizipiert werden können.

normative und nicht-normative Übergänge

Dahingegen ist die antizipierende Vorbereitung bei *nicht-normativen* Übergängen (d.h. solchen, die nicht gesellschaftlichen Erwartungen entsprechen) weniger oder gar nicht möglich. Auch solche Übergänge, etwa die Verarbeitung des Verlusts eines Kindes oder Neuorientierungs- und Anpassungsprozesse nach der Ehescheidung oder nach einer Entlassung (Arbeitslosigkeit) werden als Entwicklungsprozesse betrachtet, die auch von kontextuellen und zeitgeschichtlichen Einflüssen abhängen und mit individuellen Gewinnen und Verlusten eingehen.

Die im Folgenden näher beleuchteten *familienbezogenen Übergänge* stellen im Rahmen dieses Kurzlehrbuchs notgedrungen nur eine Auswahl dar. Weitere Übergänge (z.B. Auszug der Kinder von zu Hause, Verlust eines Kindes, Übergang zur Stieffamilie etc.) werden zum Beispiel in Wicki (1997) dargestellt.

Kinderwunsch und Übergang zur Elternschaft

6.2.1

In den modernen Industrienationen haben sich viele Werthaltungen und Lebensformen junger Erwachsener im Verlauf der letzten Jahrzehnte gewandelt.

Junge Paare leben heute häufiger als vor 50 Jahren in nicht-ehelichen Lebensgemeinschaften zusammen. Zwischen 1972 und 1987 stieg beispielsweise in der damaligen BRD die Anzahl der kinderlosen nichtehelichen Lebensgemeinschaften von 136.500 auf 778.000 (Vaskovics et al. 1990, zit. in Schneewind 1991). Die Anzahl der nicht-ehelichen Lebensgemeinschaften mit Kindern nahm im gleichen Zeitraum vergleichsweise wenig zu.

voreheliche Lebensgemeinschaften

Die nicht-eheliche Lebensgemeinschaft, die vermehrt von Frauen mit höherer Schulbildung gewählt wird, ist heute primär eine *voreheliche Lebensform*. So gaben in der Studie von Simm (1991) über die Hälfte der nichtehelich mit ihrem Partner zusammenlebenden Frauen an, sie beabsichtigten, ihren Partner später zu heiraten, während sich knapp 40% über eine spätere Heirat noch nicht im Klaren waren und nur eine kleine Minderheit in der nichtehelichen Lebensgemeinschaft ein Äquivalent zur Ehe sah und deshalb nicht beabsichtigte ihre Partner zu heiraten.

Kinderwunsch   Der *Kinderwunsch* scheint indessen dem Zeitwandel weniger unterworfen zu sein, denn die meisten zusammenlebenden Paare wünschen sich nach wie vor Kinder (Vaskovics, zit. in Schneewind 1991) und planen zum gleichen Zeitpunkt auch die Eheschließung (Nave-Herz 1989). Trotz des weit verbreiteten Kinderwunsches sind jedoch die Geburtenziffern in den modernen Industrienationen, insbesondere auch in Deutschland (Dorbritz 2008), seit längerem niedrig, was einerseits mit der größeren Zahl der gewollt oder ungewollt kinderlosen Frauen und andererseits mit der kleineren Anzahl der von einer Frau geborenen Kinder zusammenhängt.

Die niedrigen Fruchtbarkeitsraten sind nicht Ausdruck einer zunehmenden Kinderfeindlichkeit oder einer ausschließlichen Konsumorientierung. Vielmehr sind sie eine Folge der veränderten Eltern-Kind-Beziehungen, die in modernen Gesellschaften durch eine vermehrte Psychologisierung und Emotionalisierung gekennzeichnet sind. Außerdem werden sie verursacht durch eine Kombination von postmodernen individualistischen Einstellungen und traditionellen Geschlechtsrollenzuweisungen, die für Frauen einen Konflikt zwischen Berufskarriere und Elternschaft beinhalten (Dorbritz 2008; Wicki 1997).

Wert von Kindern   Eigene Kinder zu haben, ist mit bestimmten *Wertvorstellungen und Nutzenerwartungen* verbunden, die deutlich kulturell geprägt sind (Hoffman et al. 1978). In den modernen Industrienationen wird Kindern vor allem ein psychologischer Wert zugemessen, der darin besteht, primäre Bindungen aufbauen zu können (Hoffman/Manis 1979).

Eltern finden Kinder stimulierender als Kinderlose und insbesondere für Mütter sind sie auch eine Quelle der Freude. Erwachsene, die sich besonders *viele* Kinder wünschen, betonen deren Relevanz für den Selbstwert und den möglichen ökonomischen Nutzen (Nauck 1991) stärker als die anderen Erwachsenen (Hoffman/Manis 1979). Die Frauen betonen gegenüber den Männern den Wert der Kinder für die soziale Identität stärker.

In Ländern, in denen ökonomisch-utilitaristische Nutzenerwartungen (z.B. Mithilfe der Kinder, Kinderarbeit, materielle Unterstützung im Alter) häufiger sind (z.B. Türkei, Thailand, Philippinen) sind die Fruchtbarkeitsziffern höher als in Ländern mit ausgeprägteren psychologischen Nutzenerwartungen (z. B. Deutschland, Schweiz, USA).

Die hohen psychologischen *Nutzenerwartungen* sind verbunden mit ebenfalls sehr hohen *Erwartungen* an die intellektuelle, emotionale und soziale Entwicklung der Kinder, was seitens der Eltern große materielle und immaterielle Investitionen erfordert, damit sich diese Erwartungen erfüllen (Nauck 1991). Eine neuere kulturvergleichende Studie macht allerdings deutlich, dass die Entscheidung für ein oder mehrere Kinder nicht nur auf rationale Entscheidungen im Hinblick auf bestimmte Nutzenüberlegungen zurückgeführt werden kann, sondern sehr stark durch die in einer Gesellschaft geltenden sozialen Normen (bezüglich der „richtigen" Anzahl an Kindern) beeinflusst wird, die oft nicht weiter hinterfragt werden (Nauck 2007).

Nutzenerwartungen

Hohe zeitliche Investitionen dürften — unter den aktuellen *geschlechtsspezifischen Aufgabenverteilungen* — gerade für jene Frauen mit lange dauernden Ausbildungen nur schwer zu erbringen sein. Frauen mit länger dauernden Ausbildungen bleiben deshalb häufiger kinderlos als Frauen mit kürzer dauernden Ausbildungen (Brüderl/Klein 1993).

Geschlechtsrollen

Wenn Frauen mit längeren Ausbildungen (z. B. Akademikerinnen) nicht auf Kinder verzichten, dann schieben sie die Geburt des ersten Kindes doch durchschnittlich länger hinaus als Frauen mit niedrigerer Schulbildung (Corijn et al. 1996). Die Erstkindgeburt wird bei höherer Schulbildung des Lebenspartners zudem oft zusätzlich hinausgezögert (Corijn et al. 1996), was Bemühungen um eine gemeinsame Entscheidung bezüglich Timing der Erstelternschaft erkennen lässt.

Die *Geburt des ersten Kindes* ist ein zentraler Übergang der Erwachsenenentwicklung, der als Entwicklungsaufgabe normative Erwartungen erfüllt und persönliche Gratifikationen beinhaltet, aber auch — vor allem in Bezug auf die Pflege des Neugeborenen — neue Aufgaben stellt, welche vom Elternpaar (mehr oder weniger gerecht, vgl. Reichle 1994) aufgeteilt und (mehr oder weniger kompetent) ausgeführt werden (Wicki 1997).

Geburt des 1. Kindes

Viele ErTeltern sind vom Ausmaß der Veränderungen überrascht, die mit der Geburt des Kindes einhergehen. Und nicht selten werden die Umstellungen des Alltags als belastend, oft auch als einschränkend erlebt (Wicki 1997).

Auch wenn der Übergang zur Elternschaft nicht notwendigerweise als Belastung oder gar als Krise erlebt wird, so dürfte aber doch zutreffen, dass er zu den subjektiv bedeutsamsten und gleichzeitig zu den aufwändigsten gehört. Kaum je sind biologisches Risiko (Geburt), emotionaler Ausnahmezustand (Angst, Erschöpfung, Freude, Stolz) vor, während und nach der Geburt sowie Umstellung von Alltagsroutinen und biografische Passungsbemühungen so eng verknüpft wie bei diesem Übergang (Gloger-Tippelt 1988; Werneck 1998; Wicki 1999). Aus eigenen und vielen weiteren Studien seien die folgenden Befunde zu diesem Übergang hervorgehoben:

- ▶ Elternschaft ist für die meisten Eltern gleichzeitig herausfordernd, belastend und lohnend.
- ▶ Der Übergang erfordert große Umstellungen hinsichtlich der Tätigkeiten und Aufgaben, wobei sich die Zeitbudgets der Frauen meist stärker verändern als diejenigen der Männer. Viele Studien zeigen, dass sich die Rolleneinstellungen stärker einem traditionellen Muster annähern (vgl. Katz-Wise et al. 2010).
- ▶ Die von Ersteltern wahrgenommenen Belastungen nehmen im Verlauf der ersten 2 Jahre eher noch etwas zu.
- ▶ Die gegenseitige Unterstützung der frischgebackenen Eltern, ihr Zusammenhalt als Paar (Kohäsion) und eine geringe Konfliktneigung können die subjektiv wahrgenommenen Belastungen abfedern.
- ▶ Die Partnerschaftsqualität nimmt nach dem Übergang zur Elternschaft ab (Twenge et al. 2003; Lawrence et al. 2008; Doss et al. 2009).
- ▶ Ungelöste Rollenkonflikte bezüglich zentraler Fragen der Aufgabenverteilung (Haushalttätigkeiten, Kinderbetreuung, Erwerbsarbeit, Berufskarriere, verfügbare Freizeit) führen u. a. zu ungünstigen Schuldzuweisungen an den Partner (Reichle 1994) und untergraben die zentrale familiale Ressource Partnerschaftsqualität zusätzlich (Cowan/ Cowan 1988; Levy-Shiff 1994; Brandstätter/Wagner 1994).

Abb. 6.1

Die Geburt des ersten Kindes ist für die Eltern sowohl erfüllend als auch herausfordernd (©iStock.com/ monkeybusinessimages).

Geburt weiterer Kinder | 6.2.2

Welche Eltern wollen weitere Kinder? Obwohl die in Umfragen ermittelte ideale Kinderzahl meistens 2 – 3 Kinder beträgt, beschränken sich viele Eltern auf ein Kind. Die Entscheidung für ein zweites Kind scheint u. a. mit der Zufriedenheit mit der Partnerschaft und der Wohnsituation, aber auch mit einer stärkeren Fokussierung der Frau auf die Haushaltsführung und die Kinderbetreuung zusammenzuhängen (Schneewind et al. 1994).

Die stärkere Traditionalisierung und ausgeprägtere Ausrichtung der Mütter auf häusliche und kindbezogene Bereiche in Mehrkindfamilien sind somit nicht eigentlich Folge, sondern eher Ursache der Geburt weiterer Kinder. Das kann auch heißen, dass sich Mütter häufig fast gleichzeitig für die traditionelle Aufgabenverteilung und für weitere Kinder entscheiden, was vermutlich mit den gegebenen bzw. fehlenden Alternativen für die Betreuung der Kinder zusammenhängt. Eine neuere deutsche Studie lässt allerdings vermuten, dass die Erhöhung des Betreuungsangebots alleine noch nicht ausreicht, um die Fruchtbarkeitsziffer zu erhöhen (Hank/Kreyenfeld 2003).

Mit der Geburt des zweiten und aller weiteren Kinder nehmen die Interaktionskonstellationen der Familie schlagartig zu. Beim Übergang von der Ein- zur Zweikindfamilie verdoppelt sich die Anzahl der Dyaden (von drei auf sechs), während zur einzigen Triade der Einkindfamilie (Mutter-Vater-Kind) nun drei weitere Triaden sowie eine Tetrade hinzukommen (Kreppner et al. 1982). Das zweite Kind erweitert das Familiensystem, erhöht seine *Komplexität* und zwingt die Eltern zu weiteren Anpassungen im Hinblick auf neue Pflege- und Erziehungsaufgaben und auf Veränderungen in der Organisation des Alltages.

Zunahme an Komplexität

Mit den entwicklungsbedingten Veränderungen des 2. Kindes verändern sich auch die erzieherischen Anforderungen an die Eltern. In den ersten Monaten nach der Geburt steht die faire Aufteilung der elterlichen Aufmerksamkeit auf beide Kinder im Vordergrund. Sobald sich das zweite Kind fortbewegt und dem Erstgeborenen „in die Quere" kommt, beginnt sich die Geschwisterbeziehung zu etablieren (Kreppner et al. 1982). Es häufen sich dadurch auch die Geschwisterkonflikte, die von den Eltern geschlichtet werden sollen.

Beim 2. Kind sind die Eltern keine Anfänger mehr, die Verunsicherung im Hinblick auf die Elternrolle ist deshalb geringer (Grant 1992). Auch die berufliche Situation der Frau ändert sich bei der Erstelternschaft oft drastischer als nach späteren Geburten. Hinsichtlich der Umstellungen und Neuanpassungen mag deshalb die Geburt des zweiten Kindes weniger Anforderungen stellen.

Bewältigung

Hinsichtlich des Pflegeaufwandes für nunmehr zwei Kinder und der wahrgenommenen Belastungen ebenso wie hinsichtlich persönlicher Verzichtsleistungen ist jedoch die Geburt des zweiten Kindes mit großen Veränderungen verbunden (Brüderl 1989; Grant 1992).

6.2.3 | Ehescheidung

Ehescheidung ist nach wie vor kein normativer Übergang, auch wenn sich die Scheidungsziffern in vielen europäischen Ländern seit ca. zehn Jahren auf relativ hohem Niveau stabilisiert haben: In Deutschland werden gegenwärtig ca. 4 von 10 Ehen irgendwann wieder geschieden (Statistisches Bundesamt 2014). Die Ehescheidung wird häufiger von den Frauen verlangt als von den Männern und deutlich seltener von beiden gleichzeitig (Statistisches Bundesamt 2014).

materielle und psychische Folgen

Die *materiellen und psychischen Folgen* der Ehescheidung sind je nach individueller Ausgangslage unterschiedlich, im Durchschnitt aber negativ: Die Identität ist betroffen, weil das Faktum der Scheidung als in der Regel biografisch nicht eingeplante Erfahrung nicht ohne weiteres akzeptiert und in das Selbstkonzept integriert werden kann. Die Scheidung wird subjektiv vielfach als Scheitern gewertet und kann das Selbstwertgefühl stark belasten (Kaslow 1990). Dies dürfte auf die Verlassenen, welche die Trennung nicht initiiert haben und sich allenfalls dagegen gewehrt haben, in besonderem Maße zutreffen.

Ebenfalls häufig sind Gefühle der Wut, Enttäuschung und Kränkung sowie *Schuldgefühle*, insbesondere gegenüber den Kindern. Nicht selten führt die Ehescheidung zu einem Wohnungs- und Wohnortswechsel, was netzwerkbezogene Verluste und Anpassungsprobleme nach sich zieht (McLanahan/Booth 1989).

Aufgrund der multiplen Probleme und Belastungen ist es nicht weiter erstaunlich, dass Geschiedene depressiver und mit dem Leben weniger zufrieden sind als Verheiratete (Lucas 2005) und außerdem allgemein weniger gesund sind und durchschnittlich früher sterben als Verheiratete und Ledige (Hemström 1996). Die Ehescheidung hat oft auch einschneidende materielle Konsequenzen, insbesondere in Familien mit jüngeren Kindern, wobei Mütter wegen der Betreuung der Kinder oft härter betroffen sind als die Väter. Ist das Einkommen schon vor der Scheidung gering, drückt das Ereignis leicht beide an oder unter die Armutsgrenze (McLanahan/Booth 1989).

Ehe ist allerdings kein Garant für Wohlbefinden: Unglücklich Verheiratete sind durchschnittlich weniger gesund als Ledige (Glenn/Weaver 1981) und eine geringe Beziehungsqualität ist mit erhöhter physiologischer Erregung und reduzierter Immunabwehr korreliert (Levenson/Gottman 1985).

Arbeitsbezogene Übergänge | 6.3

Die meisten Erwachsenen haben einen, wenige sogar mehrere Berufe gelernt und sind beruflich über Jahrzehnte aktiv. Erwerbstätigkeit ist zwar
für die Mehrheit der Erwachsenen ökonomisch notwendig, ihr kommt
aber zusätzlich eine große psychologische Bedeutung zu: Sie ermöglicht
in unterschiedlichem Ausmaß primäre Kontrolle (d. h. das Gefühl, etwas
zu bewirken), die Verfolgung von (karrierebezogenen) Zielen, soziale
Kontakte, Abwechslung, Image, sozialen Status etc. (Warr 1987). Der berufliche Kontext (Betrieb, Fabrik, Kaufhaus, Werkstatt, Schule etc.) ist ein
eigenes Mikrosystem, an dem Erwachsene partizipieren und das ihnen
Aufgaben stellt, an denen sie sich weiterentwickeln können.

Wenn im Folgenden zwei berufliche Übergänge näher betrachtet werden, die mit *Verlusten* verbunden sind, so sei hier doch betont, dass die
Entwicklung im Beruf insbesondere im frühen und mittleren Erwachsenenalter auch viele Optimierungsprozesse (Weiterbildungen, Beförde-
rungen) und Übergänge (Stellenwechsel) beinhaltet, die aber im Rahmen
dieses Kurzlehrbuchs nicht thematisiert werden können.

Arbeitslosigkeit | 6.3.1

Arbeitslosigkeit ist ein nicht-normativer Übergang, dessen Folgen — wie
eine neuere Metaanalyse zeigt — für Gesundheit und Wohlbefinden im
Allgemeinen negativ sind (McKee-Ryan et al. 2005). Bemerkenswerter-
weise nimmt die Lebenszufriedenheit bereits im Jahr *vor* Beginn der Arbeitslosigkeit ab, wobei sich dieser Trend im Anschluss an das Ereignis
noch verstärkt (Lucas et al. 2004). Nach einer Neuanstellung steigt die
Lebenszufriedenheit zwar schnell wieder auf das Niveau unmittelbar vor
der Kündigung, erholt sich jedoch im Durchschnitt — zumindest über
mehrere Jahre — nicht vollkommen (Lucas et al. 2004).

Eine Reihe von *Faktoren* sind dafür verantwortlich, wie gut die Anpas-   Einflussfaktoren
sung an die Arbeitslosigkeit gelingt bzw. wie stark Erwachsene psychisch
und körperlich unter der neuen Situation leiden:

► Je bedeutsamer die Arbeit im Allgemeinen für das Selbstkonzept einer Person ist, desto stärker ist die Person körperlich und psychisch
   beeinträchtigt (McKee-Ryan et al. 2005).
► Je negativer die Kündigung bewertet und je stärker sie auf internale
   Ursachen (z. B. eigene Schwächen, Ausbildungslücken) zurückgeführt
   wird, desto negativer sind die Auswirkungen der Arbeitslosigkeit auf
   die psychische Gesundheit und die Lebenszufriedenheit (McKee-Ryan
   et al. 2005).

▶ Je stärker eine Person an ihren beruflichen Zielen festhält, anstatt sie tendenziell nach unten zu korrigieren (vgl. Brandtstädter/Rothermund 2002), desto besser ist ihre psychische Gesundheit (Niessen et al. 2009). Dies gilt auch für ältere Arbeitslose (Niessen et al. 2009).

▶ Je größer die personalen (emotionale Stabilität, Selbstwert, Selbstwirksamkeit u.a.), sozialen (soziale Unterstützung) und finanziellen Bewältigungsressourcen einer Person sind, desto geringer sind die Beeinträchtigungen des psychischen Wohlbefindens und der Lebenszufriedenheit (McKee-Ryan et al. 2005).

▶ Länger dauernde Arbeitslosigkeit führt zu größeren Einschränkungen des Wohlbefindens als nur kurz andauernde (McKee-Ryan et al. 2005).

Motivation bei der Jobsuche

Vorübergehende Arbeitslosigkeit wird oftmals auch als Chance wahrgenommen, etwa um bestimmte Weiterbildungen zu realisieren, sich um die Familie zu kümmern oder einem Hobby nachzugehen. Entsprechend gering sind dann die kurzfristigen Bemühungen um einen neuen Job (Vansteenkiste et al. 2005).

Wie intensiv diese Suche zumindest mittelfristig jedoch ist, scheint vom Ausmaß der auf die Jobsuche bezogenen *autonomen* (selbstkontrollierten) *Motivation* (Ryan/Deci 2000) abzuhängen, währenddessen das Ausmaß der *fremdbestimmten Motivation* nicht mit der Intensität der Jobsuche korreliert (Vansteenkiste et al. 2005). Das ist insofern nachvollziehbar, als sich Personen, die sich eher aufgrund von äußerem Druck (fremdbestimmt) um einen neuen Job bemühen, schneller von unangenehmen Umständen (z.B. negative oder gar keine Reaktionen auf Bewerbungsschreiben) entmutigen lassen.

6.3.2 | Übergang in den Ruhestand

Der Übergang in den Ruhestand ist normativ und erfolgt heute in vielen Ländern zwischen dem 60. und 65. Lebensjahr. Bei einer Lebenserwartung, die in vielen modernen Industrieländern auf etwa 80 Jahre angestiegen ist, sind die Rentner mehrheitlich bei guter Gesundheit, was der beruflichen „Ausgliederung" biografisch einen anderen Stellenwert zumisst als früher, als das Alter des Ruhestands nicht weit unter der Lebenserwartung lag.

Der Rückzug aus dem Erwerbsleben wird ganz unterschiedlich bewertet und erlebt, wie sich bereits in den sprachlichen Umschreibungen zeigt: „Ausgliederung" (Lehr 1991), „Pensionierung", „Übergang in die berufsfreie Lebensphase" (Niederfranke 1990). Gerade die letzte Umschreibung vernebelt doch etwas die Tatsache, dass der Übergang einen Rollenverlust darstellt (Ashforth 2001), der den Kern der sozialen Identität berührt und in vielen Fällen auch mit bedeutsamen Verlusten im sozialen (beruflichen) Netzwerk einhergeht (van Tilburg 2003).

Zunächst ist jedoch wichtig zwischen Pensionierung und *unfreiwilliger Frühpensionierung* zu unterscheiden. Letztere ist u.a. ein Mittel der Beschäftigungspolitik und steht nicht zwingend im Dienste der Einzelperson, die in vielen Fällen nicht früher als vorgeschrieben in den Ruhestand gehen möchte. Ältere Arbeitnehmer fühlen sich nämlich im Durchschnitt ebenso gesund, leistungsfähig, zuverlässig und ausdauernd wie jüngere Arbeitnehmer (Lehr 1991).

Frühpensionierung

Da sich Personen mit gesundheitlichen Problemen früher pensionieren lassen (Pinquart / Schindler 2007) als gesunde Arbeitnehmer, ist es nicht so erstaunlich, dass die Mortalität in der Gruppe der Frühpensionierten durchschnittlich höher liegt als bei den übrigen Pensionierten (Lehr 1991).

Die im Vorfeld der Pensionierung (inkl. Frühpensionierung) gehegten *Erwartungen* und *Bewertungen* hängen von verschiedenen Faktoren ab:

Erwartungen im Vorfeld der Pensionierung

▶ Je nach dem *Alter* der Befragten scheinen die Bewertungen zu variieren. Je näher der Zeitpunkt der gesetzlich festgelegten Pensionierung heranrückt, desto kritischer wird die persönliche Einstellung zum Ereignis (Lehr 1991).

▶ Während die *berufliche Zufriedenheit* von 50- bis 55-jährigen Arbeitnehmern negativ mit dem Wunsch nach der Berufsaufgabe zusammenhängt, scheint sich dieser Zusammenhang bei den kurz vor der Pensionierung stehenden Arbeitnehmern genau umzukehren: Hier sind es die insgesamt mit ihrer beruflichen Situation zufriedenen Arbeitnehmer, die der Pensionierung gegenüber aufgeschlossener sind als die weniger zufriedenen (Lehr 1991).

Der Anpassungsprozess an den Ruhestand wird in älteren Arbeiten als phasenhaft konzeptualisiert — beginnend mit einer eher euphorischen, aktiven Phase, die durch eine gewisse Ernüchterung und danach Neuorientierung abgelöst wird (Atchley 1976; Eckerdt et al. 1985). Neuere Längsschnittstudien zeigen aber, dass die Anpassung an den Ruhestand (zumindest heute) nicht anhand eines allgemeingültigen Phasenmodells beschrieben werden kann (Pinquart / Schindler 2007).

Übergangsphasen

Vielmehr handelt es sich um mindestens drei verschiedene Verlaufstypen, wobei die Mehrheit der Personen einem stabilen Muster mit wenig Anpassungsproblemen und unveränderter Lebenszufriedenheit folgt. Seltener ist im Anschluss an die Pensionierung eine deutliche Zunahme der Lebenszufriedenheit zu beobachten, ein Muster, das bei Personen, die vor der Pensionierung arbeitslos waren, häufig ist (Pinquart/Schindler 2007). Eine Abnahme der Lebenszufriedenheit gefolgt von einer langsamen Erholung — als dritte Variante — ist zwar ein ebenfalls beobachtbares, jedoch nur auf eine Minderheit zutreffendes Muster (Wang 2007; Pinquart/Schindler 2007).

Einflussfaktoren   Welchem Verlauf der Übergang in die Pensionierung folgt, hängt von verschiedenen *Faktoren* ab:

▶ Die Vorbereitung auf den Übergang, das Einholen von Informationen zur finanziellen Situation und zum Wohnen etc. erleichtern dessen Bewältigung (Lehr 1991; Wang 2007).

▶ *Übergangsjobs* im Anschluss an die Pensionierung (bezahlte oder unbezahlte) erleichtern die Umorientierung und tragen zum psychischen Wohlbefinden bei (Wang 2007).

▶ *Verheiratete* oder mit einem Partner zusammenlebende Personen gehören eher zur stabilen, mit dem Leben zufriedenen Gruppe, v. a. wenn die (Ehe-)Partner nicht (mehr) arbeiten (Wang 2007).

▶ Personen mit *gesundheitlichen Problemen* sind zwar nach der Pensionierung kurzfristig zufriedener, auf längere Sicht nimmt aber in dieser Gruppe die Lebenszufriedenheit ab (Pinquart/Schindler 2007).

▶ Die beruflichen Karrieren von *Frauen* sind häufiger als diejenigen der Männer diskontinuierlich. Insbesondere zeichnen sie sich durch mehr kinderbedingte Erwerbsunterbrechungen und durch über kurz oder lang reduzierte Beschäftigungsgrade aus, was sich in mehrfacher Hinsicht auf die Pensionierung auswirkt: Viele Frauen erleben den Ruhestand gar nicht als solchen, zum einen, weil die Erwerbsarbeit nicht die gleiche Relevanz für die Identität hat wie für die meisten Männer, und zum anderen, weil viele weitere Bereiche (Familienarbeit, Großelternschaft, gemeinnützige Freiwilligenarbeit, Weiterentwicklung eigener Interessen etc.) wichtig und identitätsstiftend sind (Simmons/Betschild 2001). Frauen nehmen auch stärker auf die Pensionierungssituation ihrer Partner Rücksicht (als umgekehrt) und gehen — sofern finanziell machbar — gleichzeitig mit dem Partner in den Ruhestand (Simmons/Betschild 2001).

6.4 | Alter

Auch wenn rein logisch gesehen das Alter ein Teil des Erwachsenenalters ist, so wird dieses doch gelegentlich als eigener Lebensabschnitt dargestellt. Die Bestimmung, wann das „Alter" beginnt, ist jedoch willkürlich bzw. normativ. Bei Lindenberger und Staudinger (2012) folgt auf das „hohe Erwachsenenalter" (65 – 80 Jahre) das „hohe Alter", was insofern interessant ist, als so gesehen der Ruhestand noch nicht den Beginn des „Alters" markiert.

Auch wenn die moderne Entwicklungspsychologie alten Menschen zutraut, *erfolgreich* zu altern (Baltes/Baltes 1990) und in vielerlei Hinsicht produktiv zu bleiben (Staudinger/Kessler 2012), so ist doch erwiesen und im Alltag offensichtlich, dass der Prozess des Alterns mit deutlichen Verlusten (u. a. auch im Bereich der *sensorischen* und der *kognitiven Funktionen*) einhergeht (Singer et al. 2003; Lindenberger/Staudinger 2012), die als solche, selbst mit gezieltem Training, nicht völlig kompensiert werden könnten.

Kognitive Einbußen

Während Sehschärfe und Hörvermögen sowie die *fluiden intellektuellen Funktionen* wie Merkfähigkeit oder Wahrnehmungsgeschwindigkeit schon spätestens ab dem mittleren Erwachsenenalter alterskorreliert abnehmen, setzt der alterskorrelierte Verlust im Bereich der stärker kulturell und beruflich geformten intellektuellen Funktionen (*kristalline bzw. pragmatische Intelligenz*) erst *später* ein (Lindenberger/Staudinger 2012). Trotz dieser Verluste schätzen alte Menschen ihr Wohlbefinden nicht geringer ein als junge (Staudinger/Kessler 2012). In folgendem Abschnitt werden einige Gründe aufgeführt, woran das liegen könnte.

Alten Menschen gelingt es oft, die Verluste in den fluiden Funktionen (die auch als Mechanik des Denkens bezeichnet werden), durch die *biografisch-kulturell bedingte Spezialisierung* des eigenen Denkens und Wissens zu kompensieren (Lindenberger/Staudinger 2012). Alte Menschen können gerade auch deshalb „produktiv" bleiben, weil sie ihre Aktivitätsschwerpunkte in Bereiche verlegen, in denen sie ihre spezielle Erfahrung (Pragmatik der Intelligenz) einsetzen können, beispielsweise in der Betreuung von Enkeln und Urenkeln oder in ehrenamtlichen Tätigkeiten (Staudinger/Kessler 2012).

Kompensation und Selektion

Ab ungefähr 70 Jahren scheinen dann — in Abhängigkeit davon, wie sehr persönliche Handlungsressourcen nachlassen — die Kompensationsbemühungen allmählich zurückzugehen, was durch eine Anpassung der persönlichen Standards (Korrektur nach unten) aufgefangen wird (Rothermund/Brandtstädter 2003; Brandtstädter/Rothermund 2002).

Legt man älteren und jüngeren Erwachsenen Alltagsprobleme vor und vergleicht die vorgeschlagenen Problemlösungen, so sind die 60- bis 80-Jährigen den 18- bis 27-Jährigen nicht nur ebenbürtig, sondern in einigen Belangen sogar überlegen: Ihre Strategien sind vielfältiger, effektiver und situativ angepasster als diejenigen der jungen Erwachsenen (Blanchard-Fields 2007). Die älteren Erwachsenen setzen zudem bei interpersonalen, schwer kontrollierbaren Problemen häufiger — und situativ adäquat — *emotionsregulative Strategien* ein als die jungen Erwachsenen, was in vielen Fällen nicht nur wesentlich erfolgreicher ist als

Lösen von Alltagsproblemen

sofortiges Eingreifen, sondern auch ressourcenschonender (Blanchard-Fields 2007).

Ältere Menschen sind zwar nicht weiser als junge (Staudinger/Kessler 2012), aber sie scheinen doch in schwierigen interpersonalen Situationen die eigenen (negativen) Emotionen etwas besser regulieren zu können als jüngere Personen.

Umgang mit Vergänglichkeit

Alte Menschen sind mehr als junge mit der Vergänglichkeit, Zerbrechlichkeit und Unkontrollierbarkeit des Lebens und alles Lebendigen, d.h. mit Krankheit, Leiden und Tod, konfrontiert. Diese Konfrontation kann — muss aber nicht! — zu *neuen Erkenntnissen* und *neuen Haltungen* dem Leben gegenüber führen. Ein Mittel, das dabei helfen kann, ist *Humor* (Wicki 2000), wie er in der folgenden Geschichte zum Ausdruck kommt:

Kasten

„Von nun an", sagte so ein chinesischer Weiser, dem sein Diener jeden Morgen aus drei Haaren den Zopf flocht, und es geschah nach einiger Zeit, dass dem Diener erst das eine, dann das andere der drei Haare in der Hand blieb, er warf sich vor dem Herrn nieder, doch der Weise sagte ruhig: „Von nun an werde ich mein Haar offen tragen." (Bloch 1969, 196).

Literatur

Staudinger, U. M. & Kessler, E.-M. (2012). Produktives Leben im Alter. In W. Schneider & U. Lindenberger (Hrsg.), *Entwicklungspsycho-logie* (7. vollst. überarb. Aufl., S. 733–746). Weinheim: PVU Beltz.

1 Weshalb spricht man in der Erwachsenenentwicklung von Übergängen? Welche besondere Bedeutung wird den Übergängen zugemessen?

2 In welcher Beziehung stehen die Entwicklung der Eltern und die Entwicklung ihrer Kinder?

3 Inwiefern kann auch bei Verlusterlebnissen (z. B. Ehescheidung, Arbeitslosigkeit) von Entwicklung gesprochen werden.

4 Weshalb bleibt das Wohlbefinden über den Lebenslauf hinweg relativ stabil?

5 Wie können ältere Menschen trotz chronischer Krankheiten erfolgreich altern?

Glossar

A- nicht B-Suchfehler: Suchverhalten des 9–12 Monate alten Kindes, das eine Objektverschiebung nach A und von dort nach B beobachtet hat. Das Kind sucht zuerst in A statt in B.

Akkommodation: Nach Piaget die Anpassung oder Erweiterung der Wissensstrukturen und Fertigkeiten an die Erfordernisse der Verarbeitung neuer Informationen bzw. an neue situative Anforderungen.

Anlage-Umwelt-Kovariation: Die Wechselwirkung von Genen und Umwelt auf die Entwicklung.

Assimilation: Nach Piaget die Einpassung neuer Informationen an die bereits entwickelten Wissensstrukturen und Fertigkeiten.

Attraktoren: Bevorzugte (stabile) Systemzustände.

Autobiografisches Gedächtnis: Das auf die eigene Vergangenheit bezogene Erinnern.

Bindung: Ein hypothetisches Konstrukt, das sich auf die innere Organisation des Bindungsverhaltenssystems und die zugehörigen Gefühle bezieht. Sicher gebundene Kinder verfügen im Gegensatz zu unsicher gebundenen Kindern über Bindungsfiguren, mit deren Hilfe sie die in einer gegebenen Situation notwendige Sicherheit herstellen können.

Bindungsverhalten: Eine Klasse von Verhaltensweisen oder Signalen des Kindes, z. B. Anklammern, Nachfolgen, Weinen, Rufen, die der Regulation der Bindungssicherheit dienen.

Deduktives Schließen: Ziehen einer den Einzelfall betreffenden Schlussfolgerung ausgehend von einer allgemeinen Aussage oder einem Gesetz.

Dynamische Systemtheorie: Theoretischer Ansatz, der die individuelle Entwicklung als Ergebnis dynamischer Interaktionen von Teilsystemen betrachtet. Eine der Aufgaben der Entwicklungspsychologie besteht nach diesem Ansatz darin, die entscheidenden Kontrollparameter der Entwicklung zu identifizieren.

Emergenz: Ausbildung bzw. Entwicklung von Phänomenen oder Strukturen aufgrund des Zusammenspiels von Elementen und Systemebenen. Die neu entstandene Struktur ist mehr als die Summe der Elemente.

Emotionale Handlungsregulation: Motivierende Wirkung emotionaler Zustände auf die Regulation (Steuerung) von Handlungen.

Emotionsregulation: Veränderung bzw. Anpassung eigener Emotionen (Gefühle), meist zur Optimierung der Zielerreichung (z. B. Versuch eine Wut zu unterdrücken, um mit einer Person sachlich verhandeln zu können).

Empathie: Nachempfinden des Gefühls einer andern Person, wobei die Herkunft der Emotion der andern Person zugeordnet wird.

Entwicklungsaufgaben: Teilweise gesellschaftlich definierte, teilweise von einer Person selbst gestellte, an einen bestimmten Lebensabschnitt geknüpfte psychosoziale Entwicklungsschritte (wie Schuleintritt, Berufswahl, Aufnahme sexueller Beziehungen etc.).

Exosystem: Nach Bronfenbrenner die Beziehung zwischen (zwei) Systemen, an denen eine Person nur teilweise beteiligt ist.

Formale Stufe der Denkentwicklung: Nach Piaget die 4. Stufe der kognitiven Entwicklung, welche das hypothesenüberprüfende und abstrakte Denken erschließt.

Fremde Situation: Untersuchungsmethode zur Erfassung der Bindungsqualität zwischen Kind und Bezugsperson (Bindungsfigur).

Gedächtniskapazität: Anzahl der Einheiten, die gleichzeitig im Arbeitsgedächtnis behalten werden können.

Gedächtnisstrategien: Techniken zur Verbesserung der Einspeicherung und des Abrufs von Inhalten, die eine Person lernen will.

Generativität: In Eriksons Stufenmodell der Entwicklung eine Stufe des Erwachsenenalters, in der Fürsorge und Ressourcen zugunsten der nächsten Generation (auch der eigenen Kinder) eingesetzt werden.

Geschlechtsidentität: Gefühl und Bewusstsein der eigenen Männlichkeit bzw. Weiblichkeit.

Habituations-Dishabituationsparadigma: In der der Säuglingsforschung ein Untersuchungsverfahren, bei dem man dem Baby wiederholt den gleichen Reiz präsentiert. Nachdem es sich an ihn gewöhnt (habituiert) hat, was aus der Abnahme der Aufmerksamkeitsreaktion geschlossen wird, wird ein neuer Reiz präsentiert: Die Aufmerksamkeit nimmt wieder zu (das Kind dishabituiert).

Identität: Verständnis der eigenen Person als einmalig in ihren Eigenschaften, in ihrem Gewordensein und in ihren Plänen und Zielen für die Zukunft. Die Konstruktion der eigenen Identität kann das Ergebnis einer mehr oder weniger intensiven Auseinandersetzung mit Werten und Verpflichtungen sein.

Implizites Gedächtnis: Es beinhaltet Wissen, Fertigkeiten, Einstellungen etc., die nicht bewusst erworben wurden und dem Bewusstsein auch nicht unmittelbar zugänglich sind.

Individuelle Akzeleration: Im Vergleich zum Durchschnitt der Peers frühere Geschlechtsreife.

Induktives Denken: Ziehen einer (allgemeinen) Schlussfolgerung aufgrund von einzelnen Beobachtungen.

Joint attention: Gemeinsamer Aufmerksamkeitsfokus von Säugling und Bezugsperson.

Kategorisierungsprozess: Zuordnung eines wahrgenommenen Phänomens zu einer bestimmten Kategorie (z. B. einen Farbton zu einer Farbe). Geht meist einher mit der subjektiven Verstärkung sinnlich wahrnehmbarer (perzeptiver) Eigenschaften und macht damit das Objekt der Kategorie, der es zugeordnet wird, ähnlicher.

Klasseninklusion: Meint den Einschluss von Unterklassen in übergeordnete Klassen, wenn eine hierarchische Beziehung zwischen Objektklassen besteht (z. B. Laubbäume und alle andern Baumarten ergeben zusammen die Klasse der Bäume).

Klassische Konditionierung: Gelernte Reaktionen, wobei der Lernvorgang darin besteht, dass bei unbedingten Reaktionen, die durch sogenannte unkonditionierte Reize ausgelöst werden, jeweils andere Reize (z. B. Klingelton einer Glocke) präsentiert werden, die die Reaktionen später als konditionierte Reize alleine auslösen können.

Kohorte: Personen gleichen Jahrgangs, die in einem vergleichbaren kulturellen Umfeld aufwachsen.

Konkret-operatorische Stufe: Nach Piaget die 3. Stufe der kognitiven Entwicklung, bei der Kinder konkret-anschauliche Probleme mental nachvollziehen und lösen können.

Kontingenz: Gesetzmäßige Beziehung zwischen Ereignissen (z. B.: auf A folgt B).

Längsschnittmethode: Wiederholte Untersuchung der gleichen Personengruppe. Vergleich der individuellen Veränderungen über die Zeit.

Lebensspannenpsychologie: Psychologie der gesamten individuellen Entwicklung (Ontogenese), welche die Zusammenhänge zwischen einzelnen Lebensabschnitten beleuchtet.

Mengeninvarianz: Bezieht sich auf die physikalische Tatsache, dass die Menge eines Objekts trotz Umformung konstant bleibt.

Mesosystem: Nach Bronfenbrenner die Beziehung zwischen Mikrosystemen, an denen eine Person direkt beteiligt ist.

Metagedächtnis: Verständnis des eigenen Gedächtnisses; Wissen darüber, wie das eigene Gedächtnis arbeitet und wie es verbessert werden kann.

Metakommunikation: Thematisierung der und Reflexion über die Kommunikation (z. B. Bezugnahme auf den Tonfall einer Äußerung).

Mikrosystem: Nach Bronfenbrenner eine soziale Gruppe, die sich durch längerfristige und verbindliche Tätigkeiten sowie soziale Interaktionen auszeichnet.

Modelllernen: Lernen durch Beobachtung von Verhaltensmodellen infolge unmittelbarer oder zeitverzögerter Nachahmung. Das Verhalten muss dabei nicht identisch reproduziert werden.

Moralisches Dilemma: Situation, die in Form einer Kurzgeschichte präsentiert wird. Darin muss sich ein Protagonist für eine von zwei oder mehreren moralisch relevanten Handlungsalternativen entscheiden. Es wird eingesetzt, um das Niveau der moralischen Argumentation einer Person zu untersuchen, indem sie gebeten wird, die von ihr bevorzugte Alternative zu begründen.

Moratorium: Phase der Identitätsentwicklung mit geringer Verpflichtung auf Werte bei starken Suchbewegungen.

Motive: Im Verlauf der Kindheit sich entwickelnde situationsübergreifende, zeitlich stabile Beweggründe zur Erreichung von Zielzuständen (z. B. Anschlussmotiv, Leistungsmotiv etc.).

Objektkonstanz: Fähigkeit des Säuglings, verdeckte Objektbewegungen wahrzunehmen.

Objektpermanenz: Wissen, dass ein Objekt auch dann weiter existiert, wenn man es nicht mehr wahrnimmt.

Ontogenese: Individuelle Entwicklung von der Befruchtung bis zum Tod.

Peers / Peergroup: Personengruppe mit ähnlichen demografischen Eigenschaften (meist bezogen auf das Alter und damit ein Synonym für Altersgruppe).

Perspektivenkoordination: Nach Selman die Fähigkeit, in der sozialen Interaktion – insbesondere bei Konflikten – die eigene und die Perspektive anderer Personen nicht nur zu unterscheiden, sondern auch miteinander in Verbindung zu bringen. Sie stellt eine wichtige Voraussetzung für die Initiierung tragfähiger Konfliktlösungen dar.

Perspektivenübernahme: Fähigkeit des Erkennens, dass eine andere Person, die einem beispielsweise gegenüber sitzt, aus ihrer Perspektive bestimmte Dinge (z. B. einen Gegenstand) anders wahrnimmt als man selbst, und Reflexion darüber, worin der Unterschied in der Wahrnehmung besteht.

Phonologische Entwicklung: Entwicklung der Fähigkeit, die Laute einer Sprache zu unterscheiden und selbst zu produzieren.

Phylogenese: Entwicklung einer Spezies im Verlauf der Evolution.

Pragmatische Kompetenz: Fähigkeit, Sprache situationsangepasst (und zielführend) einzusetzen.

Prosodische Aspekte der Sprache: Eigenschaften einer Sprache, welche die Satzmelodie, das Sprechtempo, Pausen u. Ä. betreffen.

Prosoziales Verhalten: Verhalten, mit dem andere Personen in irgendeiner Weise unterstützt werden.

Pubertäres Timing: Zeitliche Modalitäten der Geschlechtsreife, die individuell und zeitgeschichtlich variieren.

Querdisparation: Aufgrund der leicht unterschiedlichen Perspektiven der beiden Augen wird ein Objekt auf der rechten und der linken Netzhaut nicht identisch abgebildet.

Querschnittmethode: Einmalige Untersuchung von Personen unterschiedlichen Alters. Vergleich der Altersgruppen.

Reflex: Angeborenes oder erworbenes, einfaches oder komplexes gleichförmiges Reaktionsmuster auf einen spezifischen Reiz (z. B. der Greifreflex des Säuglings, der durch Berührung der Handinnenfläche ausgelöst wird).

Reversibilität: Die Möglichkeit, einen ursprünglichen Zustand durch eine Umkehroperation wiederherzustellen.

Rezeptor: Zelle, die auf die Aufnahme äußerer und innerer chemischer oder physikalischer Reize spezialisiert ist, die sie in verwandelter Form an das Nervensystem meldet.

Säkulare Akzeleration: Vorverlegung der durchschnittlichen Geschlechtsreife innerhalb einer bestimmten Gesellschaft im geschichtlichen Vergleich.

Selbstkonzept: Wissen über eigene Fähigkeiten und Eigenschaften und deren eigene Bewertung.

Selektion: Damit ist in der Entwicklungspsychologie der Lebensspanne die Auswahl von Entwicklungszielen bzw. die Fokussierung auf spezifische Lebensbereiche bei Vernachlässigung anderer Bereiche gemeint.

Semantische Kompetenz: Passiver und aktiver Wortschatz einer Person.

Skript: Generalisiertes Wissen über die zentralen Elemente von Ereignissen und deren Reihenfolge (z. B. Wissen darüber, was zu einer Geburtstagsparty gehört und wie sie abläuft).

Social referencing: Nutzung emotionaler Signale (z. B. der Mimik) einer Bezugsperson zur eigenen Verhaltenssteuerung (bei Säuglingen ab dem 9. Monat).

Spiel: Tätigkeit, die ohne bewussten Zweck aus Freude an der Tätigkeit selbst ausgeführt wird.

Stufentheorie: Annahme, dass die Veränderungen von einer Entwicklungsstufe zur nächsten qualitativer Art und nicht reversibel sind. Nach erfolgtem Stufenwechsel sollten keine „Rückfälle" in tiefere Stufen beobachtbar sein. Piagets Theorie der kognitiven Entwicklung ist eine typische Stufentheorie.

Syntaktische Kompetenz: Fähigkeit, sich in einer Sprache grammatisch korrekt auszudrücken und die Satzkonstruktionen anderer Personen zu verstehen.

Temperament: Über die Zeit stabiler Verhaltensstil einer Person. Enthält mehrere Dimensionen.

Theory of mind: Naives psychologisches Verständnis, z. B. über Zusammenhänge zwischen Wollen und Handeln, Wissen und Beurteilen, Erkennen und Wissen etc.

Trait: Eine zeitlich und situativ relativ stabile Persönlichkeitseigenschaft (z. B. Hilfsbereitschaft, Freundlichkeit, Offenherzigkeit).

Variablenkontrolle: Kompetenz, den möglichen Einfluss mehrerer Variablen auf eine abhängige Variable systematisch zu untersuchen, in dem a) alle (unabhängigen) Variablen, außer einer, konstant gehalten werden und b) die jeweiligen Effekte der systematisch variierten (unabhängigen) Variablen auf die abhängige Variable miteinander verglichen werden.

Voroperatorische Stufe: Nach Piaget die 2. Stufe der kognitiven Entwicklung, während der das Kind u. a. noch nicht in der Lage ist, Umkehroperationen vorzunehmen und logische Schlüsse zu ziehen (in dieser strengen Form ist die letzte Aussage inzwischen widerlegt).

Literatur

Ahn, J. (2011). The effect of social network sites on adolescents' social and academic development: Current theories and controversies. *Journal of the American Society für Information Science and Technology, 62*, 1435–1445.

Ainsworth, M. D. S., Blehar, M. C., Waters, E. & Wall, S. N. (1978). *Patterns of attachment: A psychological study of the strange situation.* Hillsdale, N. J.: Erlbaum.

Akhtar, N. & Tomasello, M. (1996). Two-year olds learn words for absent objects and actions. *British Journal of Developmental Psychology, 14*, 79–93.

Allport, G. W. (1970). *Gestalt und Wachstum in der Persönlichkeit.* Meisenheim: Hain

Anglin, J. (1993). Vocabulary development: A morphological analysis. *Monographs of the Society for Research in Child Development, 58* (Serial No. 238).

Archibald, A. B., Graber, J. A. & Brooks-Gunn, J. (2006). Pubertal processes and physiological growth in adolescence. In G. R. Adams & M. D. Berzonsky (Eds.), Blackwell Handbook of Adolescence (pp. 24–47). Oxford: Blackwell.

Ashforth, B. (2001). *Role transitions in organizational life: An identity-based perspective.* Mahwah, NJ: Erlbaum.

Aslin, R., Saffran, J. & Newport, E. (1999). Statistical learning in linguistic and non-linguistic domains. In B. MacWhinney (Ed.), *The emergence of language* (pp. 359–380). Mawah, N.J.: Erlbaum.

Atchley, R.C. (1976). *The sociology of retirement.* New York: Wiley.

Baddeley, A. (1998). Recent developments in working memory. *Current Opinion in Neurobiology, 8*, 234–238.

Baillargeon, R. & DeVos, J. (1991). Object permanence in young children. *Child Development, 62*, 1227–1246.

Baldwin, D. A. (1993). Infants' ability to consult the speaker for clues to word reference. *Journal of Child Language, 20*, 395–418.

Baldwin, D. A., Markman, E. & Melartin, R. L. (1993). Infants' ability to draw inferences about nonobvious object properties: Evidence from exploratory play. *Child Development, 64*, 711–728.

Baltes, P. B. (1987). Theoretical propositions of life-span developmental psychology: On the dynamics between growth and decline. *Developmental Psychology, 23*, 611–626.

Baltes, P. B. (1990). Entwicklungspsychologie der Lebensspanne: Theoretische Leitsätze. *Psychologische Rundschau, 41*, 1–24.

Baltes, P. B. & Baltes, M. M. (1990). Psychological perspectives of successful aging: The model of selective optimization with compensation. In P. B. Baltes & M. M. Baltes (Eds.), *Successful aging: Perspectives from the behavioral sciences* (pp. 1–34). Cambridge: Cambridge University Press.

Baltes, P. B., Dittmann-Kohli, F. & Dixon, R. A. (1984). New perspectives on the development of intelligence in adulthood: Toward a dual-process conception and a model of selective optimization with compensation. In P. B. Baltes & O. G. Brim (Eds.), *Life-Span Development and Behavior* (pp. 33–76). Orlando: Academic Press.

Baltes, P. B., Lindenberger, U. & Staudinger, U.M. (2006). Life span theory in developmental psychology. In W. Damon & R. M. Lerner (Eds.-in-Chief), R. M. Lerner (Vol. Ed.), *Handbook of Child Psychology* (Vol. 1, pp. 569–664). Hoboken N. J.: Wiley.

Bandura, A. (1977). *Social learning theory.* Englewood-Cliffs, NJ: Prentice-Hall.

Bandura, A., Barbaranelli, C., Caprara, G. V. & Pastorelli, C. (1996). Mechanisms of moral disengagement in the exercise of moral agency. *Journal of Personality and Social Psychology, 71*, 364–374.

Banks, M. S. & Salapatek, P. (1983). Infant visual perception. In P. H. Mussen (Ed.), M. M. Haith & J.J. Campos (Vol. Eds.), *Handbook of Child psychology* (Vol. 2, pp. 435–571). New York: Wiley.

Bannard, C. & Matthews, D. (2008). Stored word sequences in language learning. The effect of familiarity in children's repetition of four-word combinations. *Psychological Science, 19,* 241–248.

Barrouillet, P. & Gauffroy, C. (2013). Dual processes and mental models in the development of conditional reasoning. In P. Barrouillet & C. Gauffroy (Eds.), *The Development of Thinking and Reasoning* (p. 95–121). London: Psychology Press.

Bates, J. E. (1989). Concepts and measures of temperament. In G. A. Kohnstamm, J. E. Bates & M. K. Rothbart (Eds.), *Temperament in childhood* (pp. 3–26). New York: John Wiley.

Bauer, P. J. (2006). Event memory. In W. Damon & R. M. Lerner (Eds.-in-Chief), D. Kuhn & R. S. Siegler (Vol. Ed.), *Handbook of Child Psychology* (Vol. 2, pp. 373–425). Hoboken N. J.: Wiley.

Bayley, N. A. (1993). *Bayley Scales of Infant Development* (2nd ed.). San Antonio: The Psychological Corporation.

Beck, S. R., Robinson, E.J., Carroll, D. J. & Apperly, I. A. (2006). Children's thinking about counterfactuals and future hypotheticals as possibilities. *Child Development, 77,* 413–426.

Belsky, J., Fish, M. & Isabella, R. (1991). Continuity and discontinuity in infant negative and positive emotionality: Family antecedents and attachment consequences. *Developmental Psychology, 27,* 421–431.

Biro, S. & Leslie, A. M. (2007). Infants' perception of goal-directed actions: Development through cue-based bootstrapping. *Developmental Science, 10,* 379–398.

Bischof-Köhler, D. (1989*). Spiegelbild und Empathie. Die Anfänge der sozialen Kognition.* Bern: Huber.

Bischof-Köhler, D. (2000). *Kinder auf Zeitreise. Theory of Mind, Zeitverständnis und Handlungsorganisation.* Bern: Huber.

Bischof-Köhler, D. (2011). *Soziale Entwicklung in Kindheit und Jugend.* Stuttgart: Kohlhammer.

Björklund, D. F., Miller, P. H., Coyle, T. R. & Slawinski, J. L. (1997). Instructing children to use memory strategies: Evidence of utilization deficiencies in memory training studies. *Developmental Review, 17,* 411–441.

Blanchard-Fields, F. (2007). Every day problem solving and emotion. An adult developmental perspective. *Current Directions in Psychological Science, 16,* 26–31.

Bloch, E. (1969). *Spuren* (Band I). Frankfurt a. M.: Suhrkamp

Bösel, R. M. (2001). *Denken. Ein Lehrbuch.* Göttingen: Hogrefe.

Bowlby, J. (1969). *Attachment and Loss* (Vol. 1: Attachment). New York: Basic Books. (Dt.: *Bindung.* München, Basel: Ernst Reinhardt Verlag, 2006)

Bowlby, J. (1973). *Attachment and Loss* (Vol. 2: Separation). New York: Basic Books. (Dt.: *Trennung.* München, Basel: Ernst Reinhardt Verlag, 2006)

Brainerd, C. J. & Reyna, V. F. (1990). Gist in the grist: Fuzzy-trace theory and the new intuitism. *Developmental Review, 10,* 3–47.

Brainerd, C. J., & Reyna, V. F. (2005). *The science of false memory.* New York: Oxford University Press.

Brainerd, C. J., Reyna, V. F. & Ceci, S. J. (2008). Developmental reversals in false memory: A review of data and theory. *Psychological Bulletin, 134,* 343–382.

Brandstätter, H. & Wagner, W. (1994). Erwerbstätigkeit der Frau und Alltagsbefinden von Ehepartnern im Zeitverlauf. *Zeitschrift für Sozialpsychologie, 25,* 126–146.

Brandtstädter, J. (1984). Personal and social control over development: Some implications of an action perspective in life-span developmental psychology. In P. B. Baltes & O. G. Brim (Eds.), *Life-Span Development and Behavior* (pp. 1–32). Orlando: Academic Press.

Brandtstädter, J. (1989). Personal self-regulation of development: Cross-sequential analyses of development-related control beliefs and emotions. *Developmental Psychology, 25,* 96–108.

Brandtstädter, J. & Rothermund, K. (2002). The life-course dynamics of goal pursuit and goal adjustment: A two-process framework. *Developmental Review, 22,* 117–150.

Brazelton, T. B., Nugent, J. K. & Lester, B. M. (1987). Neonatal behavioral assessment scale. In J. D. Osofsky (Ed.), *Handbook of infant development* (pp. 780–817). New York: Wiley.

Brechet, C., Picard, D. & Baldy, R. (2007). Expression des émotions dans le dessin d'un homme chez l'enfant de 5 à 11 ans. *Canadien Journal of Experimental Psychology, 61,* 142–153.

Bremner, J. G., Johnson, S. P., Slater, A., Mason, U., Foster, K., Cheshire, A. & Spring, J. (2005). Conditions for young infants' perception of object trajectories. *Child Development, 76,* 1029–1043.

Bretherton, I. (1985). Attachment theory: Retrospect and prospect. In I. Bretherton & E.

Waters (Eds.), Growing points of attachment theory and research. *Monographs of the Society for Research of Child Development, 50*, 3–35.

Brody, G. H., Kim, S., McBride Murry, V. & Brown, A. C. (2003). Longitudinal direct and indirect pathways linking older sibling competence to the development of younger sibling competence. *Developmental Psychology, 39*, 618–628.

Bronfenbrenner, U. (1981). *Die Ökologie der menschlichen Entwicklung.* Stuttgart: Klett.

Bronfenbrenner, U. (1986). Ecology of the family as a context for human development: research perspectives. *Developmental Psychology, 22*, 723–742.

Bronfenbrenner, U. (1990). Ökologische Sozialisationsforschung. In L. Kruse, C. F. Graumann & E. D. Lantermann (Hrsg.), *Ökologische Psychologie* (S. 76–79). München: Psychologie Verlags Union.

Brown, A. L., Kane, M. J. & Echols, C. H. (1986). Young children's mental models determine analogical transfer across problems with a common goal structure. *Cognitive Development, 1*, 103–121.

Brown, B. B. & Klute, C. (2006). Friendships, cliques, and crowds. In G. R. Adams & M. D. Berzonsky (Eds.), *Blackwell Handbook of Adolescence* (pp. 330–348). Oxford: Blackwell.

Brown, B. B. & Larson, J. (2009). Peer Relationships in Adolescence. In R. M. Lerner & L. Steinberg (Eds.), *Handbook of Adolescent Psychology* (pp. 74–103). Hoboken N. J.: John Wiley & Sons.

Brüderl, L. (1989). *Entwicklungspsychologische Analyse des Übergangs zur Erst- und Zweitelternschaft.* Regensburg: S. Roderer Verlag.

Brüderl, L. & Klein, T. (1993). Bildung und Familiengründungsprozess deutscher Frauen: Humankapital- und Institutioneneffekt. In A. Diekmann & S. Weick (Hrsg.), *Der Familienzyklus als sozialer Prozess* (S. 194–215). Berlin: Duncker & Humblot.

Buchanan, M. & Robbins, C. (1990). Early adult psychological consequences for males of adolescent pregnancy and its resolution. *Journal of Youth and Adolescence, 19*, 413–424.

Buhrmester, D. (1990). Intimacy of friendship, interpersonal competence, and adjustment during preadolescence and adolescence. Child Development, 61, 1101–1111.

Bullock, M. & Gelman, R. (1977). Numerical reasoning in young children: The ordering prin-

ciple. *Child Development, 48*, 427–434.

Burghardt, G. M. (1999). Play. In G. Greenberg & M. M. Haraway (Eds.), *Comparative Psychology: A Handbook* (pp. 725–735). New York: Garland Publishing.

Buss, A. H. & Plomin, R. (1984). *Temperament: Early developing personality traits.* Hillsdale, NJ: Erlbaum.

Canobi, K. H., Reeve, R. H. & Pattison, P. E. (2002). Young children's understanding of addition. *Educational Psychology, 22*, 513–532.

Caprara, G. V., Pastorelli, C., Regalia, C., Scabini, E. & Bandura, A. (2005). Impact of adolescents' filial self-efficacy on quality of family functioning and satisfaction. *Journal of Research on Adolescence, 15*, 71–97.

Caspi, A. & Silva, P. A. (1995). Temperamental qualities at age three predict personality traits in young adulthood: Longitudinal evidence from a birth cohort. *Child Development, 66*, 486–498.

Chapman, S. B., Gamino, J. F. & Anand Mudar, R. (2011). Higher order strategic gist reasoning in adolescence. In V. F. Reyna, S. B. Chapman & M. R. Dougherty (Eds.), *Adolescent Brain: Learning, Reasoning and Decision Making* (pp. 123–151). Washington: APA.

Chen, Z. & Klahr, D. (1999). All other things being equal: Children's acquisition of the control of variable strategy. *Child Development, 70*, 1098–1120.

Chess, S. & Thomas, A. (1986). *Temperament in clinical practice.* London: Guilford Press.

Chi, M. T. H. (1978). Knowledge structure and memory development. In R. S. Siegler (Ed.), *Children's thinking: What develops* (pp. 73–98). Hillsdale, NJ: LEA.

Christofides, E., Muise, A. & Desmarais, S. (2012). Hey Mom, what's on your facebook? Comparing facebook disclosure and privacy in adolescents and adults. *Social Psychological and Personality Science, 3*, 48–54.

Clifton, R. K., Muir, D. W., Ashmead, D. N. & Clarkson, M. G. (1993). Is visually guided reaching in early infancy a myth? *Child Development, 64*, 1099–1110.

Cole, P. M., Martin, S. E. & Dennis, T. A. (2004). Emotion regulation as a scientific construct: Methodological challenges and directions for child development research. *Child Development, 75*, 317–333.

Collins, W. A. & Steinberg, L. (2006). Adolescent development in interpersonal context. In W. Damon & R. M. Lerner (Eds.-in-Chief), N.

Eisenberg (Vol. Ed.), *Handbook of Child Psychology* (Vol. 3, pp. 1003–1067). Hoboken N. J.: Wiley.

Conklin, H. M., Luciana, M., Hooper, C. J. & Yarger, R. S. (2007). Working memory performance in typically developing children and adolescents: Behavioral evidence of protracted frontal lobe development. *Developmental Neuropsychology, 31*, 103–128.

Corijn, M., Liefbroer, A. C. & deJong Gierveld, J. (1996). It takes two to tango, doesn't it? The influence of couple characteristics on the timing of the birth of the first child. *Journal of Marriage and the Family, 58*, 117–126.

Coté, J. E. & Schwartz, S. J. (2002). Comparing psychological and sociological approaches to identity: Identity status, identity capital, and the individualization process. *Journal of Adolescence, 25*, 571–586.

Cowan, P. A. (1991). Individual and family life transitions: A proposal for a new definition. In P. A. Cowan & M. Hetherington (Eds.), *Family transitions* (pp. 3–30). Hillsdale, N. J.: Lawrence Erlbaum.

Cowan, P. A. & Cowan, C. P. (1988). Changes in marriage during the transition in parenthood: Must we blame the baby? In G. Y. Michaels & W. A. Goldberg (Eds.), *The transition to parenthood. Current theory and research* (pp. 114–156). Cambridge: Cambridge University Press.

Cox, M. J., Tresch Owen, M., Hendersen, V. K. & Margand, N. A. (1992). Prediction of infant-father and infant-mother attachment. *Developmental Psychology, 28*, 474–483.

Crockett, L. J., Raffaelli, M. & Moilanen, K. (2006). Adolescent sexuality: behavior and meaning. In G. R. Adams & M. D. Berzonsky (Eds.), *Blackwell Handbook of Adolescence* (pp. 371–392). Oxford: Blackwell.

Cuevas, K., Rovee-Collier, C. & Learmonth, A. E. (2006). Infants form associations between memory representations of stimuli that are absent. *Psychological Science, 17*, 543–549.

DeCasper, A. J. & Spence, M. J. (1986). Prenatal maternal speech influences newborns' perception of speech sounds. *Infant Behaviour & Development, 9*, 133–150.

de Graaf, H., Vanwesenbeeck, I., Woertman, L. & Meeus, W. (2011). Parenting and Adolescents' Sexual Development in Western Societies. A Literature Review. *European Psychologist, 16*, 21–31.

de Vignemont, F. & Singer, T. (2006). The empathic brain: How, when and why? *Trends in*

Cognitive Science, 10, 435–441.

Diamond, S. (1974). *The roots of psychology.* New York: Basic Books.

Dias, M. G. & Harris, P. L. (1988). The effect of make-believe play on deductive reasoning. *British Journal of Developmental Psychology, 6*, 207–221.

Dias, M. G. & Harris, P. L. (1990). The influence of the imagination on reasoning by young children. *British Journal of Developmental Psychology, 8*, 305–318.

Doornwaard, S. M., van den Eijnden, R. J. J. M., Overbeek, G. & ter Bogt, T. F. M. (2015). Differential developmental profiles of adolescents using sexually explicit internet material. *Journal of Sex Research, 52*, 269–281.

Dorbritz, J. (2008). Germany: Family diversity with low actual and desired fertility. *Demographic Research, 19*, 557–597.

Doss, B. D., Rhoades, G. K., Stanley, S. M. & Markman, H. J. (2009). The effect of the transition to parenthood on relationship quality: An eight-year prospective study. *Journal of Personality and Social Psychology, 96*, 601–619.

Dotterer, A. M., McHale, S. M. & Crouter, A. C. (2009). The development and correlates of academic interests from childhood through adolescence. *Journal of Educational Psychology, 101*, 509–519.

Dupéré, V., Lacourse, E., Willms, J. D., Leventhal, T. & Tremblay, R. E. (2008). Neighborhood poverty and early transition to sexual activity in young adolescents: A developmental ecological approach. *Child Development, 79*, 1463–1476.

Ebersbach, M. & Wilkening, F. (2007). Children's intuitive mathematics: The development of knowledge about nonlinear growth. *Child Development, 78*, 296–308.

Eckerdt, D. J., Bossè, R. & Levkoff, S. (1985). An empirical test for phases of retirement: Findings from the normative aging study. *Journal of Gerontology, 40*, 95–101.

Eimas, P. D., Siqueland, E. R., Jusczyk, P. W. & Vogirito, J. (1971). Speech perception in infants. *Science, 171*, 303–306.

Eisenberg, N., Fabes, R. A. & Spinrad, T. L. (2006). Prosocial development. In W. Damon & R. M. Lerner (Eds.-in-Chief), N. Eisenberg (Vol. Ed.), *Handbook of Child Psychology* (Vol. 3, pp. 646–718). Hoboken N. J.: Wiley.

Eisenberg, N.& Mussen, P. H. (1989). *The roots of prosocial behavior in children.* Cambridge: Cambridge University Press.

Elder Jr. G. H. & Shanahan, M. J. (2006). The life course and human development. In W. Damon & R. M. Lerner (Eds.-in-Chief), R. M. Lerner (Vol. Ed.), *Handbook of Child Psychology* (Vol. 1, pp. 665–715). Hoboken N. J.: Wiley.

Ely, R. & Gleason, J. B. (2006). I'm sorry I said that: Apologies in young children's discourse. *Journal of Child Language, 33,* 599–620.

Emde, R. N., Plomin, R., Robinson, J., Corley, R., DeFries, J., Fulker, D. W., Reznick, J. S., Campos, J., Kagan, J. & Zahn-Waxler, C. (1992). Temperament, emotion, and cognition at fourteen months: The MacArthur longitudinal twin study. *Child Development, 63,* 1437–1455.

Erikson, E. H. (1950). *Childhood and society.* New York: Norton.

Erikson, E. H. (1968). *Identity, youth, and crisis.* New York: Norton.

Erikson, E. H. (1976). *Identität und Lebenszyklus.* Frankfurt: Suhrkamp. (Original erschienen 1959: Identity and the life cycle)

Fend, H. (1998). *Eltern und Freunde. Soziale Entwicklung im Jugendalter.* Bern: Huber.

Fend, H. (2003). *Entwicklungspsychologie des Jugendalters: Ein Lehrbuch für pädagogische und psychologische Berufe.* Opladen: Leske + Budrich.

Fenson, L., Dale, P. S., Reznick, J. S., Bates, E., Thal, D. & Pethick, S. (1994). Variability in early communicative development. Monographs of the Society for Research in *Child Development, 59.*

Fivush, R. (2011). The development of autobiographical memory. *Annual Review of Psychology, 62,* 559–582.

Fivush, R., Gray, J. T. & Fromhoff, F. A. (1987). Two-year-olds talk about the past. *Cognitive Development, 2,* 393–409.

Flammer, A. (2008). *Entwicklungstheorien. Psychologische Theorien der menschlichen Entwicklung* (4. Aufl.). Bern: Huber.

Flammer, A. & Alsaker, F. D. (2002). *Entwicklungspsychologie der Adoleszenz. Die Erschließung innerer und äußerer Welten im Jugendalter.* Bern: Huber.

French, S. E., Seidman, E., Allen, L. & Aber, J. L. (2006). The development of ethnic identity during adolescence. *Developmental Psychology, 42,* 1–10.

Freund, A. M. & Baltes, P. B. (2000). The orchestration of selection, optimization and compensation: An action-theoretical conceptualization of a theory of developmental

regulation. In W. J. Perrig & A. Grob (Eds.), *Control of Human Behaviour, Mental Processes and Consciousness* (pp. 35–68). Mahwah, NJ: Lawrence Erlbaum Associates.

Frodi, A., Bridges, L. & Shonk, S. (1989). Maternal correlates of infant temperament ratings and of infant-mother attachment: A longitudinal study. *Infant-Mental-Health-Journal, 10,* 273–289.

Fthenakis, W. E. (1995). Ehescheidung als Übergangsphase im Familienentwicklungsprozess. In M. Perrez, J.-L. Lambert, C. Ermert & B. Plancherel (Hrsg.), *Familie im Wandel* (S. 63–95). Freiburg: Universitätsverlag; Bern: Huber.

Fuson, K. C., Lyons, B. G., Pergament, G. G., Hall, J. W. & Youngshim, K. (1988). Effects of collection terms on class inclusion and number tasks. *Cognitive Psychology, 20,* 96–120.

Gauda, G. (1990). *Der Übergang zur Elternschaft: Eine qualitative Analyse der Entwicklung der Mutter- und Vateridentität.* Frankfurt a. M.: Peter Lang.

Gauffroy, C. & Barrouillet, P. (2011). The primacy of thinking about possibilities in the development of reasoning. *Developmental Psychology, 47,* 1000–1011.

Ge, X., Jin, R., Natsuaki, M. N., Gibbons, F. X., Brody, G. H., Cutrona, C. E. & Simons, R. L. (2006). Pubertal maturation and early substance use risks among African American children. *Psychology of Addictive Behaviors, 20,* 404–414.

Geary, D. C. (2006). Development of mathematical understanding. In W. Damon & R. M. Lerner (Eds.-in-Chief), D. Kuhn & R. S. Siegler (Vol. Ed.), *Handbook of Child Psychology* (Vol. 2, pp. 777–810). Hoboken N. J.: Wiley.

Gelman, S. A. (2003). *The essential child. Origins of essentialism in everyday thought.* London: Oxford University Press.

Gelman, S. A. & Opfer, J. (2002). Development of the animate-inanimate distinction. In U. Goswami (Ed.), *Blackwell Handbook of Childhood Cognitive Development* (pp. 151–166). Malden, MA: Blackwell.

Gelman, S. A. & Wellman, H. M. (1991). Insides and essences: Early understandings of the non-obvious. *Cognition, 38,* 213–244.

German, T. P. & Nichols, S. (2003). Children's counterfactual inferences about long and short causal chains. *Developmental Science, 6,* 514–523.

Gershoff, E. T. (2002). Corporal punishment by parents and associated child behaviors and experiences: A meta-analytic and theoretical review. Psychological Bulletin, 128, 539–579.

Gibbs, J. C., Basinger, K. S., Grime, R. L. & Snarey, J. R. (2007). Moral judgment development across cultures: Revisiting Kohlberg's universality claims. Developmental Review, 27, 443–500.

Gleitman, L. R. (1990). The structural sources of word meanings. Language Acquisition, 1, 3–55.

Glenn, N. D. & Weaver, C. N. (1981). The contribution of marital happiness to global happiness. Journal of Marriage and the Family, 43, 161–168.

Gloger-Tippelt, G. (1988). Schwangerschaft und erste Geburt. Psychologische Veränderungen der Eltern. Stuttgart: Kohlhammer.

Goldsmith, H. H. (1989). Behavior genetic approaches to temperament. In G. A. Kohnstamm, J. E. Bates & M. K. Rothbart (Eds.), Temperament in childhood (pp. 111–132). New York: John Wiley.

Goldsmith, H. H., Buss, A. H., Plomin, R., Rothbart, M. K., Thomas, A., Chess, S., Hinde, R. & McCall, R.B. (1987). Roundtable: What is temperament? Child Development, 58, 505–529.

Gopnik, A. & Astington, J. W. (1988). Children's understanding of representational change and its relation to the understanding of false belief and the appearance-reality distinction. Child Development, 59, 26–37.

Goswami, U. (2001). So denken Kinder. Bern: Huber.

Goswami, U. (2008). Cognitive development. The learning brain. Hove, New York: Psychology Press.

Goswami, U. & Brown, A. L. (1990). Higher-order structure and relational reasoning: contrasting analogical and thematic relations. Cognition, 36, 207–26.

Granrud, C. E., Haake, R. J. & Yonas, A. (1985). Infants' sensitivity to familiar size: The effect of memory on spatial perception. Perception and Psychophysics, 37, 459–466.

Grant, H.-B. (1992). Der Übergang zur Elternschaft und Generativität. Aachen: Shaker.

Grob, A. & Jaschinski, U. (2003). Erwachsen werden: Entwicklungspsychologie des Jugendalters. Weinheim: Beltz.

Gross, E. F. (2004). Adolescent internet use: What we expect, what teens report. Applied Developmental Psychology, 25, 633–649.

Grossmann, K. & Grossmann, K. E. (2006). Bindungen – das Gefüge psychischer Sicherheit.

Stuttgart: Klett-Cotta.

Grossmann, K., Grossmann, K. E., Spangler, G., Suess, G. & Unzner, L. (1985). Maternal sensitivity and newborns' orientation responses as related to quality of attachment in northern Germany. In I. Bretherton & E. Waters (Eds.), Growing points in attachment theory and research. Monographs of the Society for Research in Child Development, 50, (1–2, Serial No. 209), 233–256.

Grossmann, K. E., August, P., Fremmer-Bombik, E., Friedl, A., Grossmann, K., Scheuerer-Englisch, H., Spangler, G., Stephan, C. & Suess, G. (1989). Die Bindungstheorie: Modell und entwicklungspsychologische Forschung. In H. Keller (Ed.), Handbuch der Kleinkindforschung (S. 31–55). Berlin: Springer Verlag.

Grossmann, K. E., Becker-Stoll, F., Grossmann, K., Kindler, H., Schieche, M., Spangler, G., Wensauer, M. & Zimmermann, P. (1997). Die Bindungstheorie: Modell, entwicklungspsychologische Forschung und Ergebnisse. In H. Keller (Hrsg.), Handbuch der Kleinkindforschung (S. 51–95). Göttingen: Hogrefe.

Grumbach, M. M. & Styne, D. M. (1998). Puberty: Ontogeny, neuroendocrinology, physiology, and disorders. In J. D. Wilson, D. W. Foster & H. M. Kronenberg (Eds.), Williams textbook of endocrinology (pp. 1509–1625). Philadelphia: W. B. Saunders.

Grusec, J. E. & Redler, E. (1980). Attribution, reinforcement, and altruism: A developmental analysis. Developmental Psychology, 16, 525–535.

Gunnar, M. G., Larson, M. C., Hertsgaard, L., Harris, M. L. & Brodersen, L. (1992). The stressfulness of separation among nine-month-old infants: Effects of social context variables and infant temperament. Child Development, 63, 290–303.

Haith, M. M. (1998). Who put the cog in infant cognition? Is rich interpretation too costly? Infant Behavior and Development, 21, 167–179.

Halford, G. S. & Andrews, G. (2006). Reasoning and problem solving. In W. Damon & R. M. Lerner (Eds.-in-Chief), D. Kuhn & R. S. Siegler (Vol. Ed.), Handbook of Child Psychology (Vol. 2, pp. 557–608). Hoboken N. J.: Wiley.

Handley, S. J., Capon, A., Beveridge, M., Dennis, I. & Evans, J. St. B. T. (2004). Working memory, inhibitory control and the development of children's reasoning. Thinking & Reasoning, 10, 175–195.

Hank, K. & Kreyenfeld, M. (2003). A multilevel

analysis of child care and women's fertility decisions in Western Germany. *Journal of Marriage and Family, 65*, 584–596.

Harter, S. (1999). *The construction of the self.* New York: Guilford Press.

Harter, S. (2006). The self. In W. Damon & R. M. Lerner (Eds.-in-Chief), N. Eisenberg (Vol. Ed.), *Handbook of Child Psychology* (Vol. 3, pp. 505–570). Hoboken N. J.: Wiley.

Havighurst, R. J. (1972). *Developmental tasks and education* (3rd Ed.). New York: Longman.

Havighurst, R. J. (1973). History of developmental psychology: Socialization and personality development through life span. In P. B. Baltes & K. W. Schaie (Eds.), *Life-span developmental psychology: Personality and socialization* (pp. 3–24). New York: Academic Press.

Hawkins, J., Pea, R. D., Glick, J. & Scribner, S. (1984). „Merds that laugh don't like mushrooms": Evidence for deductive reasoning by preschoolers. *Developmental Psychology, 20*, 584–594.

Hayes, B. K. & Thompson, S. P. (2007). Causal relations and feature similarity in children's inductive reasoning. *Journal of Experimental Psychology: General, 136*, 470–484.

Hayne, H., Gross, J., Hildreth, K. & Rovee-Collier, C. (2000). Repeated reminders increase the speed of memory retrieval by 3-month-old infants. *Developmental Science, 3*, 312–318.

Heckhausen, J. & Schulz, R. (1993). Optimisation by selection and compensation: Balancing primary and secondary control in life span development. *International Journal of Behavioral Development, 16*, 287–303.

Helmke, A. (1993). Die Entwicklung der Lernfreude vom Kindergarten bis zur 5. Klassenstufe. *Zeitschrift für Pädagogische Psychologie, 7*, 77–86.

Hepper, P. (2007). Prenatal development. In A. Slater & M. Lewis (Eds.), *Introduction to Infant Development* (pp. 41–62). Oxford New York: Oxford University Press.

Herbert, J., Gross, J. & Hayne, H. (2006). Age-related changes in deferred imitation between 6- and 9-months of age. *Infant Behavior and Development, 29*, 136–139.

Hertz, S. G. & Krettenauer, T. (2014). Children's utilization of emotion expectancies in moral decision-making. *British Journal of Developmental Psychology, 32*, 367–373.

Hemström, Ö. (1996). Is marriage dissolution linked to differences in mortality risks for men and women? *Journal of Marriage and the Family, 58*, 366–378.

Hobfoll, S. E. (1989). Conservation of resources: A new attempt at conceptualizing stress. *American Psychologist, 44*, 513–524.

Hoffman, L. W. & Manis, J. D. (1979). The value of children in the United States: A new approach to the study of fertility. *Journal of Marriage and the Family, 41*, 583–596.

Hoffman, L. W., Thornton, A. & Manis, J. D. (1978). The value of children to parents in the United States. *Journal of Population, 1*, 91–131.

Hogrefe, G.-J., Wimmer, H. & Perner, J. (1986). Ignorance versus false belief: A developmental lag in attribution of epistemic states. *Child Development, 57*, 567–582.

Holodynski, M. (2006). *Emotionen – Entwicklung und Regulation.* Heidelberg: Springer.

Howes, C. & Matheson, C. C. (1992). Sequences in the development of competent play with peers: Social and social pretend play. *Developmental Psychology, 28*, 961–974.

Huebner, B., Dwyer, S. & Hauser, M. (2008). The role of emotion in moral psychology. *Trends in Cognitive Sciences, 13*, 1–6.

Hundertmark, J. & Heckhausen, J. (1994). Entwicklungsziele junger, mittelalter und alter Erwachsener. *Zeitschrift für Entwicklungspsychologie und Pädagogische Psychologie, 26*, 197–217.

Inagaki, K. & Sugiyama, K. (1988). Attributing human characteristics: Developmental changes in over- and under-attribution. *Cognitive Development, 3*, 55–70.

Inhelder, B. & Piaget, J. (1954). *The growth of logical thinking from childhood to adolescence.* New York: Basic.

Izard, C. E. (2002). Translating emotion theory and research into preventive interventions. *Psychological Bulletin, 128*, 796–824.

Izard, C. E., Haynes, O. M., Chisholm, G. & Baak, K. (1991). Emotional determinants of infant-mother attachment. *Child Development, 62*, 906–917.

Janveau-Brennan, G. & Markovits, H. (1999). The development of reasoning with causal conditionals. *Developmental Psychology, 35*, 904–911.

Johnson, M. H. (2000). Functional brain development in infants: Elements of an interactive specialization framework. *Child Development, 71*, 75–81.

Johnston, T. D. & Edwards, L. (2002). Genes, interactions, and the development of behavior. *Psychological Review, 109*, 26–34.

Juska-Bacher, B. & Jakob, S. (2014). Wortschatzumfang und Wortschatzqualität und ihre Bedeutung im fortgesetzten Spracherwerb. *Zeitschrift für angewandte Linguistik, 61,* 49–75.

Kaslow, F. W. (1990). Der Scheidungsprozess – Entwicklungsstufen, Dynamik, Behandlung und differentielle Auswirkungen. In M. Textor (Hrsg.), *Hilfen für Familien. Ein Handbuch für psychosoziale Berufe* (S. 312–342). Frankfurt / Main: Fischer Verlag.

Katz-Wise, S. L., Priess, H. A. & Hyde, J. S. (2010). Gender-role attitudes and behavior across the transition to parenthood. *Developmental Psychology, 46,* 18–28.

Kidd, C., Palmeri, H. & Aslin, R. N. (2013). Rational snacking: Young children's decision-making on the marshmallow task is moderated by beliefs about environmental reliability. *Cognition, 126,* 109–114.

Kobak, R. & Sceery, A. (1988). Attachment in late adolescence: Working models, affect regulation and representations of self and others. *Child Development, 59,* 135–146.

Kohlberg, L. (1984). *Essays on moral development* (Vol. 2: The development of moral development). San Francisco: Harper & Row.

Kohlberg, L. (1996). *Die Psychologie der Moralentwicklung.* Frankfurt / M.: Suhrkamp Taschenbuch Wissenschaft.

Kramer, L., Perozynski, L. A. & Chung, T.-Y. (1999). Parental responses to sibling conflict: The effects of development and parent gender. *Child Development, 70,* 1401–1414.

Krapp, A. (2002). Structural and dynamic aspects of interest development: Theoretical considerations from an ontogenetic perspective. *Learning and Instruction, 12,* 383–409.

Kreppner, K., Paulsen S. & Schuetze, Y. (1982). Infant and family development: From triads to tetrads. *Human Development, 25,* 373–391.

Krettenauer, T., Colasante, T., Buchmann, M. & Malti, T. (2014). The development of moral emotions and decision-making from adolescence to early adulthood: A 6-year longitudinal study. *Journal of Youth and Adolescence, 43,* 583–596.

Krist, H., Kavsek, M.& Wilkening, F. (2012). Wahrnehmung und Motorik. In W. Schneider & U. Lindenberger (Hrsg.), *Entwicklungspsychologie* (7. vollst. überarb. Aufl., S. 733–746). Weinheim: PVU Beltz.

Kuhl, P. (1987). Perception of speech and sound in early infancy. In P. Salapatek & L. Cohen (Eds.), *Handbook infant perception* (Vol. 2,

pp. 275–382). Orlando: Academic Press.

Laursen, B., Coy, K. & Collins, W. A. (1998). Reconsidering changes in parent-child conflict across adolescence: A meta-analysis. *Child Development, 69,* 817–832.

Lawrence, E., Rothman, A. D., Cobb, R. J., Rothman, M. T. & Bradbury, T. N. (2008). Marital satisfaction across the transition to parenthood. *Journal of Family Psychology, 22,* 41–50.

Leevers, H. J. & Harris, P. L. (2000). Counterfactual syllogistic reasoning in normal four-year-olds, children with learning disabilities, and children with autism. *Journal of Experimental Child Psychology, 76,* 64–87.

Legerstee, M., Anderson, D. & Schaffer, A. (1998). Five- and eight-month-old infants recognize their faces and voices as familiar and social stimuli. *Child Development, 69,* 37–50.

Lehr, U. (1991). *Psychologie des Alterns.* Heidelberg: Quelle und Meyer.

Lerner, R. M. & Steinberg, L. (Eds.).(2009). *Handbook of Adolescent Psychology.* Hoboken N. J.: Wiley.

Leslie, A. M. & Keeble, S. (1987). Do six-months-old infants perceive causality? *Cognition, 25,* 265–288.

Levenson, R. W. & Gottman, J. M. (1985). Physiological and affective predictors of change in relationship satisfaction. *Journal of Personality and Social Psychology, 49,* 85–94.

Levin, I. & Bus, A. G. (2003). How is emergent writing based on drawing? Analyses of children's products and their sorting by children and mothers. *Developmental Psychology, 39,* 891–905.

Levy-Shiff, R. (1994). Individual and contextual correlates of marital change across the transition to parenthood. *Developmental Psychology, 30,* 591–601.

Lewis, M. (2007). Early emotional development. In A. Slater & M. Lewis (Eds.), *Introduction to Infant Development* (pp. 216–232). Oxford New York: Oxford University Press.

Lewis, M., Alessandri, S. & Sullivan, M. W. (1990). Violation of expectancy, loss of control, and anger in young infants. *Developmental Psychology, 26,* 745–751.

Light, P. H., Blaye, A., Gilly, M. & Girotto, V. (1989). Pragmatic schemas and logical reasoning in 6- to 8-year-old children. *Cognitive Development, 4,* 49–64.

Light, P. H., Buckingham, N. & Robbins, A. H. (1979). The conservation task as an interactional setting. *British Journal of Educational*

Psychology, 49, 304–310.

Lillard, A. S. (1993). Young children's conceptualization of pretense: Action or mental representational state? Child Development, 64, 372–386.

Lindberg, S. M., Grabe, S. & Hyde, J. S. (2007). Gender, pubertal development, and peer sexual harassment predict objectified body consciousness in early adolescence. Journal of Research on Adolescence, 17, 723–742.

Lindenberger, U. & Staudinger, U. M. (2012). Erwachsenenalter und Alter. In W. Schneider & U. Lindenberger (Hrsg.), Entwicklungspsychologie (7. vollst. überarb. Aufl., S. 283–309). Weinheim: PVU Beltz.

Lipton, J. S. & Spelke, E. S. (2003). Origins of number sense: Large-number discrimination in human infants. Psychological Science, 14, 396–401.

Lucas, R. E. (2005). Time does not heal all wounds. A longitudinal study of reaction and adaptation to divorce. Psychological Science, 16, 945–950.

Lucas, R. E., Clark, A. E., Georgellis, Y. & Diener E. (2004). Unemployment alters the set point of life satisfaction. Psychological Science, 15, 8–13.

Luciana, M., Conklin, H. M., Hooper, C. J. & Yarger, R. S. (2005). The development of nonverbal working memory and executive control processes in adolescents. Child Development, 76, 697–712.

Luyckx, K., Goossens, L. & Soenens, B. (2006). A developmental contextual perspective on identity construction in emerging adulthood: Change dynamics in commitment formation and commitment evaluation. Developmental Psychology, 42, 366–380.

Luyckx, K., Goossens, L., Soenens, B. & Beyers, W. & Vansteenkiste, M. (2005). Identity statuses based upon four rather than two identity dimensions: Extending and refining Marcia's paradigm. Journal of Youth and Adolescence, 34, 605–618.

Luyckx, K., Schwartz, S. J., Goossens, L., Soenens, B. & Beyers, W. (2008). Developmental typologies of identity formation and adjustment in female emerging adults: A latent growth analysis approach. Journal of Research on Adolescence, 18, 595–619.

Main, M. & Cassidy, J. (1988). Categories of response to reunion with the parent at age 6: Predictable from infant attachment classifications and stable over a 1-month period. Developmental Psychology, 24, 415–426.

Main, M., Kaplan, N. & Cassidy, J. (1985). Security in infancy, childhood, and adulthood: A move to the level of representation. In I. Bretherton & E. Waters (Eds.), Growing points of attachment theory and research. Monographs of the Society for Research of Child Development, 50, 66–104.

Malti, T. & Krettenauer, T. (2013). The relation of moral emotion attributions to prosocial and antisocial behavior: A meta-analysis. Child Development, 84, 397–412.

Mangelsdorf, S., Gunnar, M. G., Kestenbaum, R., Lang, S. & Andreas, D. (1990). Infant proneness-to-distress temperament, maternal personality, and mother-infant attachment: Associations and goodness of fit. Child Development, 61, 820–831.

Marcia, J. E. (1966). Development and validation of ego-identity status. Journal of Personality and Social Psychology, 3, 551–558.

Markman, E. M. & Hutchinson, J. E. (1984). Children's sensitivity to constraints on word meaning: Taxonomic versus thematic relations. Cognitive Psychology, 16, 1–27.

Markman, E. M. & Seibert, K. J. (1976). Classes and collections: Internal organisations and resulting holistic properties. Cognitive Psychology, 8, 561–577.

Markman, E. M. & Wachtel, G. F. (1988). Children's use of mutual exclusivity to constrain the meaning of words. Cognitive Psychology, 20, 121–157.

Markovits, H., Schleifer, M. & Fortier, L. (1989). Development of elementary deductive reasoning in young children. Developmental Psychology, 25, 787–793.

Markovits, H. & Schroyens, W. (2007). A curious belief-bias effect. Reasoning with false premises and inhibition of real-life information. Experimental Psychology, 54, 38–43

Markus, H. & Kitayama, S. (1991). Culture and the self: Implications for cognition, emotion, and motivation. Psychological Review, 98, 224–253.

Martino, S. C., Collins, R. L., Kanouse, D. E., Elliot, M. & Berry, S. H. (2005). Social cognitive processes mediating the relationship between exposure to television's sexual content and adolescent's sexual behavior. Journal of Personality and Social Psychology, 89, 914–924.

Massey, C. M. & Gelman, R. (1988). Preschooler's ability to decide whether a photographed object can move itself. Developmental Psychology, 24, 307–317.

Matheny, A. P. Jr., Wilson, R. S. & Thoben, A.

(1987). Home and mother: Relations with infant temperament. *Developmental Psychology, 23*, 323–331.

Maynard, A. E. (2002). Cultural teaching: The development of teaching skills in Maya sibling interactions. *Child Development, 73*, 969–982.

McGarrigle, J. & Donaldson, M. (1975). Conservation accidents. *Cognition, 3*, 341–350.

McHale, S. M., Updegraff, K. A., Helms-Erikson, H., Crouter, A. C. (2002). Sibling influences on gender development in middle childhood and early adolescence. *Developmental Psychology, 37*, 115–125.

McKee-Ryan, F. M., Song, Z., Wanberg, C. R. & Kinicki, A. J. (2005). Psychological and physical well-being during unemployment: A meta-analytic study. *Journal of Applied Psychology, 90*, 53–76.

McLanahan, S. & Booth, K. (1989). Mother-only families: Problems, prospects, and politics. *Journal of Marriage and the Family, 51*, 557–580.

Mehler, J., Jusczyk, P., Lambertz, G., Halsted, N. Bertoncini, J. & Amiel-Tison, C. (1988). A precursor of language acquisition in young infants. *Cognition, 29*, 143–178.

Meltzoff, A. N. (1985). Immediate and deferred imitation in 14- and 24-month-old infants. *Child Development, 56*, 62–72.

Meltzoff, A. N. (1988). Infant imitation and memory: Nine-month-olds in immediate and deferred tests. *Child Development, 59*, 217–225.

Meltzoff, A. N. & Moore, M. K. (1983). Newborn infants imitate adult facial gestures. *Child Development, 54*, 702–709.

Miller, B.C. (2002). Family influences on adolescent sexual and contraceptive behavior. *Journal of Sex Research, 39*, 22–26.

Miller, S.A. (2009). Children's understanding of second-order mental states. *Psychological Bulletin, 135*, 749–773.

Mischel, W., Shoda, Y. & Rodriguez, M. L. (1989). Delay of gratification in children. *Science, 244*, 933–938.

Moffitt, T. (1993). Adolescence-limited and life-course-persistent antisocial behavior: A developmental taxonomy. *Psychological Review, 100*, 674–701.

Moll, H. & Tomasello, M. (2006). Level 1 perspective-taking at 24 months of age. *British Journal of Developmental Psychology, 24*, 603–613.

Montada, L. (2008). Fragen, Konzepte, Perspektiven. In R. Oerter & L. Montada (Hrsg.), *Entwicklungspsychologie* (6. Aufl., S. 3–48). Weinheim: Psychologie Verlags Union.

Montada, L. (2008). Moralische Entwicklung und Sozialisation. In R. Oerter & L. Montada (Hrsg.), *Entwicklungspsychologie* (6. Aufl., S. 572–606). Weinheim: Psychologie Verlags Union.

Montgomery, M. J. (2005). Psychosocial intimacy and identity: From early adolescence to emerging adulthood. *Journal of Adolescent Research, 20*, 346–374.

Moutier, S., Plagne-Cayeux, S., Melot, A.-M. & Houdé, O. (2006). Syllogistic reasoning and belief-bias inhibition in school children: Evidence from a negative priming paradigm. *Developmental Science, 9*, 166–172.

Nachmias, M., Gunnar, M., Mangelsdorf, S., Hornik Parritz, R. & Buss, K. (1996). Behavioral inhibition and stress reactivity: The moderating role of attachment security. *Child Development, 67*, 508–522.

Naito, M. & Seki, Y. (2009). The relationship between second-order false belief and display rules reasoning: the integration of cognitive and affective social understanding. *Developmental Science, 12*, 150–164.

Narring, F., Tschumper, A., Inderwildi Bonivento, L., Jeannin, A., Addor, V., Bütikofer, A., Suris, J.-C., Diserens, C., Alsaker, F. & Michaud, P.-A. (2002). *SMASH 2002: Gesundheit und Lebenstil 16- bis 20-Jähriger in der Schweiz.* Lausanne: Institut universitaire de médecine sociale et préventive.

National Institute of Child Health and Human Development (NICHD) Early Child Care Network. (2000). The relation of child care to cognitive and language development. *Child Development, 71*, 960–980.

Nauck, B. (1991). Generationenvertrag, generatives Verhalten und Eltern-Kind-Beziehungen im interkulturellen Vergleich. In A. Engfer, B. Minsel & S. Walper (Hrsg.), *Zeit für Kinder! Kinder in Familie und Gesellschaft* (S. 125–132). Weinheim: Beltz.

Nauck, B. (2007). Value of children and the framing of fertility: Results from a cross-cultural comparative survey in 10 societies. *European Sociological Review, 23*, 615–629.

Nave-Herz, R. (1989). Zeitgeschichtlicher Bedeutungswandel von Ehe und Familie in der Bundesrepublik Deutschland. In R. Nave-Herz & M. Markefka (Hrsg.), *Handbuch der Familien- und Jugendforschung* (Bd. 1, S. 211–222). Neuwied u. Frankfurt / M: Luchterhand.

Nazzi, T. & Bertoncini, J. (2003). Before and after the vocabulary spurt: two modes of word acquisition? *Developmental Science, 6,* 136–142.

Negriff, S., Susman, E.J. & Trickett, P.K. (2011). The developmental pathway from pubertal timing to delinquency and sexual activity from early to late adolescence. *Journal of Youth and Adolescence, 40,* 1343–1356.

Nelson, K. (1993). The psychological and social origins of autobiographical memory. *Psychological Science, 4,* 7–14.

Nelson, K. & Fivush, R. (2004). The emergence of autobiographical memory: A social cultural developmental theory. *Psychological Review, 111,* 486–511.

Neugarten, B. L. & Datan N. (1973). Sociological perspectives on the life cycle. In P. B. Baltes & K. W. Schaie (Eds.), Life-span developmental psychology: Personality and socialization (pp. 53–69). New York: Academic Press.

Niederfranke, A. (1990). Konstanz und Variabilität in den Sinndimensionen beim Übergang in die berufsfreie Lebensphase. In R. Schmitz-Scherzer, A. Kruse & E. Olbrich (Hrsg.), *Altern – ein lebenslanger Prozess der sozialen Interaktion* (S. 253–266). Darmstadt: Steinkopff.

Niessen, C., Heinrichs, N. & Dorr, S. (2009). Pursuit and adjustment of goals during unemployment: The role of age. *International Journal of Stress Management, 16,* 102–123.

Nunner-Winkler, G. (1993). Die Entwicklung moralischer Motivation. In W. Edelstein, G. Nunner-Winkler & G. Noam (Hrsg.), *Moral und Person* (S. 278–303). Frankfurt / M.: Suhrkamp.

Oerter, R. (1999). *Psychologie des Spiels.* Weinheim: Beltz.

Oerter, R. & Dreher, E. (2008). Jugendalter. In R. Oerter & L. Montada (Hrsg.), *Entwicklungspsychologie* (6. Aufl., S. 271–332). Weinheim: Psychologie Verlags Union.

Ongley, S. F., Nola, M. & Malti, T. (2014). Children's giving: moral reasoning and moral emotions in the development of donation behaviors. *Frontiers in Psychology, 5,* 1–8.

Onishi, K. H. & Baillargeon, R. (2005). Do 15-month-old infants understand false beliefs? *Science, 308,* 255–258.

Papoušek, M. (2001). *Vom ersten Schrei zum ersten Wort: Anfänge der Sprachentwicklung in der vorsprachlichen Kommunikation* (3. Nachdruck). Bern: Huber.

Papoušek, M. & Papoušek, H. (1987). Intuitive parenting: A dialectic counterpart to the infants' integrative competence. In J. D. Osofsky (Ed.), *Handbook of infant development* (pp. 669–720). New York: Wiley.

Pasupathi, M. & Hoyt, T. (2009). The development of narrative identity in late adolescence and emergent adulthood: The continued importance of listeners. *Developmental Psychology, 45,* 558–574.

Perner, J. & Wimmer, H. (1985). „John thinks that Mary thinks that ...": Attribution of second order beliefs by 5- to 10-year-old children. *Journal of Experimental Child Psychology, 39,* 437–471.

Peter, J., & Valkenburg, P. M. (2008). Adolescents' exposure to sexually explicit internet material, sexual uncertainty, and attitudes toward uncommitted sexual exploration: Is there a link? *Communication Research, 35,* 569–601.

Peterson, C. & Bell, M. (1996). Children's memory for traumatic injury. *Child Development, 67,* 3045–3070.

Peterson, C. & Whalen, N. (2001). Five years later: Children's memories for medical emergencies. *Applied Cognitive Psychology, 15,* 1–18.

Phinney, J. S. (1989). Stages of ethnic identity development in minority group adolescents. *Journal of Early Adolescence, 9,* 34–49.

Piaget, J. (1969*). Nachahmung, Spiel und Traum. Die Entwicklung der Symbolfunktion beim Kinde.* Stuttgart: Klett.

Piaget, J. (1975). *Das Erwachen der Intelligenz beim Kinde.* Stuttgart: Klett.

Piaget, J. & Inhelder, B. (1973). *Die Psychologie des Kindes.* Olten: Walter.

Picard, D. & Vinter, A. (2007). Relationships between procedural rigidity and interrepresentational change in children's drawing behavior. *Child Development, 78,* 522–541.

Pinquart, M. & Schindler, I. (2007). Changes of life satisfaction in the transition to retirement: A latent-class approach. *Psychology and Aging, 22,* 442–455.

Plomin, R. (1986). *Development, Genetics, and Psychology.* Hillsdale NJ: Erlbaum.

Poulin, F. & Pedersen, S. (2007). Developmental changes in gender composition of friendship networks in adolescent girls and boys. *Developmental Psychology, 43,* 1484–1494.

Prechtl, H. F. R. (1993). Principles of early motor development in the human. In H. F. Kalverboer, B. Hopkins & R. Geuze (Eds.), *Motor development in early and later childhood: Longitudinal approaches* (pp. 35–50). Cambridge: Cambridge University Press.

Quinn, P. C. (2007). Categorization. In A. Slater & M. Lewis (Eds.), *Introduction to Infant Development* (pp. 119–136). Oxford New York: Oxford University Press.

Reich, S. M., Subrahmanyam K. & Espinoza, G. (2012). Friending, IMing, and hanging out face-to-face: Overlap in adolescents' online and offline social networks. *Developmental Psychology, 48,* 356–368.

Reichle, B. (1994). *Die Geburt des ersten Kindes – eine Herausforderung für die Partnerschaft.* Bielefeld: Kleine Verlag.

Rhodes, M., Brickman, D. & Gelman, S. A. (2008). Sample diversity and premise typicality in inductive reasoning: Evidence for developmental change. *Cognition, 108,* 543–556.

Rice, M. E. & Grusec, J. E. (1975). Saying and doing: Effects on observer performance. *Journal of Personality and Social Psychology, 32,* 584–593.

Riese, M. L. (1987). Temperamental stability between the neonatal period and 24 months. *Developmental Psychology, 23,* 216–222.

Rosengren, K. S., Gelman, S. A., Kalish, C. W. & McCormick, M. (1991). As time goes by: Children's early understanding of growth in animals. *Child Development, 62,* 1302–1320.

Rosenthal, D. A. & Smith, M. A. (1997). Adolescent sexual timetables. *Journal of Youth and Adolescence, 26,* 619–636.

Rothbart, M. K. & Bates, J. E. (2006). Temperament. In W. Damon & R. M. Lerner (Eds.-in-Chief), N. Eisenberg (Vol. Ed.), *Handbook of Child Psychology* (Vol. 3, pp. 99–225). Hoboken N. J.: Wiley.

Rothbart, M. K. & Derryberry, D. (1981). Development of individual differences in temperament. In M. L. Lamb & A. L. Brown (Eds.), *Advances in Developmental Psychology* (pp. 37–86). Hillsdale, N. J.: Lawrence Erlbaum.

Rothermund, K. & Brandstädter, J. (2003). Coping with deficits and losses in later life: From compensatory action to accommodation. *Psychology and Aging, 18,* 896–905.

Rovee-Collier, C. (1997). Dissociations in infant memory: Rethinking the development of implicit and explicit memory. *Psychological Review, 104,* 467–498.

Rovee-Collier, C. (1999). The development of infant memory. *Current Directions in Psychological Science, 8,* 80–85.

Rovee-Collier, C. K., Sullivan, M. W., Enright, M., Lucas, D. & Fagan, J. W. (1980). Reactivation of infant memory. *Science, 208,* 1159–1161.

Rubin, K. H., Bukowski, W. M. & Parker, J. G. (2006). Peer interactions, relationships, and groups. In W. Damon & R. M. Lerner (Eds.-in-Chief), N. Eisenberg (Vol. Ed.), *Handbook of Child Psychology* (Vol. 3, pp. 571–645). Hoboken N. J.: Wiley.

Ruble, D. N., Martin, C. L. & Berenbaum, S. A. (2006). Gender Development. In W. Damon & R. M. Lerner (Eds.-in-Chief), N. Eisenberg (Vol. Ed.), *Handbook of Child Psychology* (Vol. 3, pp. 858–932). Hoboken N.J.: Wiley.

Rushton, J. P. (1975). Generosity in children: Immediate and long-term effects of modeling, preaching, and moral judgment. *Journal of Personality and Social Psychology, 31,* 459–466.

Ryan, R. M. & Deci, E. L. (2000). Self-determination theory and the facilitation of intrinsic motivation, social development, and well-being. *American Psychologist, 55,* 68–78.

Saffran, J. R., Johnson, E. K., Aslin, R. N. & Newport, E. L. (1999). Statistical learning of tone sequences by human adults and infants. *Cognition, 70,* 27–52.

Sai, F.Z. (2005). The role of the mother's voice in developing mother's face preference: Evidence for intermodal perception at birth. *Infant and Child Development, 14,* 29–50.

Saudino, K. J. & Eaton, W. O. (1995). Continuity and change in objectively assessed temperament: A longitudinal twin study of activity level. *British Journal of Developmental Psychology, 13,* 81–95.

Saudino, K. J., McGuire, S., Reiss, D., Hetherington, E. M. & Plomin, R. (1995). Parent ratings of EAS temperaments in twins, full siblings, half siblings, and step siblings. *Journal of Personality and Social Psychology, 68,* 723–733.

Scarpa, A., Raine, A., Venables, P. H., Mednick, S. A. (1995). The stability of inhibited / uninhibited temperament from ages 3 to 11 years in Mauritian children. *Journal of Abnormal Child Psychology, 23,* 607–618.

Schandry, R. (2003). *Biologische Psychologie.* Weinheim: Psychologie Verlags Union.

Schauble, L. (1996). The development of scientific reasoning in knowledge-rich contexts. *Developmental Psychology, 32,* 102–119.

Schipke, C.S. & Kauschke, C. (2011). Early word formation in German language acquisition: A study on word formation growth during the second and third years. *First Language, 31,* 67–82.

Schmitz, S., Saudino, K. J., Plomin, R., Fulker, D. W. & DeVries, J. C. (1996). Genetic and environmental influences on temperament in middle childhood: Analyses of teacher and tester ratings. *Child Development, 67*, 409–422.

Schneewind, K. A. (1991). *Familienpsychologie.* Stuttgart: Kohlhammer.

Schneewind, K. A., Vaskovics, L. A., Backmund, V., Gotzler, P., Rost, H., Salih, A., Sierwald, W. & Vierzigmann, G. (1994). *Optionen der Lebensgestaltung junger Ehen und Kinderwunsch.* (Verbundstudie). Zweiter Projektbericht (Langversion), Universität München und Universität Bamberg.

Schneider, W. & Lindenberger, U. (2012). Gedächtnis. In W. Schneider & U. Lindenberger (Hrsg.), *Entwicklungspsychologie* (7. vollst. überarb. Aufl., S. 413–432). Weinheim: PVU Beltz.

Schöner, G. & Thelen, E. (2006). Using dynamic field theory to rethink infant habituation. *Psychological Review, 113*, 273–299.

Schuster, M. (2000). *Psychologie der Kinderzeichnung* (3. überarb. Aufl.). Göttingen: Hogrefe.

Seaton, E. K., Scottham, K. M. & Sellers, R. M. (2006). The status model of racial identity development in African American adolescents: Evidence of structure, trajectories, and well-being. *Child Development, 77*, 1416–1426.

Sherblom, S. A. (2012). What develops in moral development? A model of moral sensibility. *Journal of Moral Education, 41*, 117–142.

Shweder, R. A., Goodnow, J. J., Hatano, G., LeVine, R. A., Markus, H. R. & Miller, P. J. (2006). The cultural psychology of development: One mind, many mentalities. In W. Damon & R. M. Lerner (Eds.-in-Chief), R. M. Lerner (Vol. Ed.), *Handbook of Child Psychology* (Vol. 1, pp. 716–792). Hoboken N. J.: Wiley.

Simm, R. (1991). Partnerschaft und Familienentwicklung. In K. U. Mayer, J. Allmendinger & J. Huinink (Hrsg.), *Vom Regen in die Traufe: Frauen zwischen Beruf und Familie* (S. 318–340). Frankfurt: Campus.

Simmons, B. A. & Betschild, M. J. (2001). Women's retirement, work and life paths: Changes, disruptions and discontinuities. *Journal of Woman and Aging, 13*, 53–70.

Simons, D. J. & Keil, F. C. (1995). An abstract to concrete shift in the development of biological thought: the insides story. *Cognition, 56*, 129–163.

Simons, R. L., Beaman, J., Conger, R. D. & Chao, W. (1993). Stress, support, and antisocial behavior trait as determinants of emotional well-being and parenting practices among single mothers. *Journal of Marriage and the Family, 55*, 385–398.

Singer, T., Verhaeghen, P., Ghisletta, P., Lindenberger, U., Baltes, P. B. (2003). The fate of cognition in very old age: Six-year longitudinal findings in the Berlin Aging Study (BASE). *Psychology and Aging, 18*, 318–331.

Singh, R., Artaza, J. N., Taylor, W. E., Braga, M., Yuan, X., Gonzalez-Cavadid, N. F. & Bhasin, S. (2006). Testosterone inhibits adipogenic differentiation in 3T3-L1 cells: Nuclear translocation of androgen receptor complex with β-Catenin and T-cell factor 4 may bypass canonical Wnt signaling to down-regulate adipogenic transcription factors. *Endocrinology, 147*, 141–154.

Slater, A. & Lewis, M. (Eds.). (2007). *Introduction to Infant Development.* Oxford New York: Oxford University Press.

Slater, A., Field, T. & Hernandez-Reif, M. (2007). The development of the senses. In A. Slater & M. Lewis (Eds.), *Introduction to Infant Development* (pp. 81–99). Oxford New York: Oxford University Press.

Slomkowski, C., Rende, R., Conger, K. J., Simons, R. L. & Conger, R. D. (2001). Sisters, brothers, and delinquency: Social influence during early and middle adolescence. *Child Development, 72*, 271–283.

Smetana, J. & Daddis, C. (2002). Domain-specific antecedents of parental psychological control and monitoring: The role of parenting beliefs and practices. *Child Development, 73*, 563–580.

Smetana, J. G. & Turiel, E. (2006). Moral development during adolescence. In G. R. Adams & M. D. Berzonsky (Eds.), *Blackwell Handbook of Adolescence* (pp. 247–268). Oxford: Blackwell.

Sneed, J. R., Hamagami, F., McArdle, J. J., Cohen, P. & Chen, H. (2007). The dynamic interdependence of developmental domains across emerging adulthood. *Journal of Youth and Adolescence, 36*, 351–362.

Sobel, D. M. & Kirkham, N. Z. (2006). Blickets and babies: The development of causal reasoning in toddlers and infants. *Developmental Psychology, 42*, 1103–1115.

Sodian, B. (2002). Entwicklung begrifflichen Wissens. In R. Oerter & L. Montada (Hrsg.), *Entwicklungspsychologie* (5. Aufl., S. 443–468). Weinheim: Psychologie Verlags Union.

Sodian, B., Perst, H. & Meinhardt, J. (2012). Entwicklung der Theory of Mind in der Kindheit. In H. Förstl (Hrsg.), *Theory of Mind: Neurobio-*

logie und Psychologie sozialen Verhaltens (S. 61–77). Berlin: Springer.

Spangler, G. & Zimmermann, P. (Hrsg.). (1995). *Die Bindungstheorie: Grundlagen, Forschung und Anwendungen*. Stuttgart: Klett-Cotta.

Spitz, R. A. (1985). *Vom Säugling zum Kleinkind* (8. Aufl.). Stuttgart: Klett-Cotta. (Original erschienen 1965: The first year of life)

Sroufe, L. A. & Waters, E. (1977). Attachment as an organizational construct. *Child Development, 48*, 1184–1199.

Statistisches Bundesamt. (2014). *Statistisches Jahrbuch* (Kapitel 2: Bevölkerung, Familien, Lebensformen). Download am 5.7.15 von https://www.destatis.de/DE/Publikationen/StatistischesJahrbuch/Statistisches-Jahrbuch2014.pdf?__blob=publicationFile

Stattin, H. & Magnusson, D. (1990). Paths through life Vol. 2. Pubertal maturation in female development. Hillsdale, NJ: Erlbaum.

Staudinger, U.M. & Kessler, E.-M. (2012). Produktives Leben im Alter. In W. Schneider & U. Lindenberger (Hrsg.), *Entwicklungspsychologie* (7. vollst. überarb. Aufl., S. 733–746). Weinheim: PVU Beltz.

Stern, D. N. (1985). *The interpersonal world of the infant*. New York: Basic Book. (Dt.: *Die Lebenserfahrung des Säuglings*. Stuttgart: Klett-Cotta, 1992)

Stoel-Gammon, C. & Vogel Sosa, A. (2007). Phonological development. In E. Hoff & M. Shatz (Eds.), *Blackwell Handbook of Language Development* (pp. 238–256). Oxford: Blackwell.

Subrahmanyan, K., Smahel, D. & Greenfield, P. (2006). Connecting developmental constructions to the internet: Identity presentation and sexual exploration in online teen chat rooms. *Developmental Psychology, 42*, 395–406.

Susman-Stillman, A., Kalkose, M., Egeland, B. & Waldman, I. (1996). Infant temperament and maternal sensitivity as predictors of attachment security. *Infant Behavior and Development, 19*, 33–47.

Szagun, G. (2013). *Sprachentwicklung beim Kind*. Weinheim: Beltz (5. aktual. Aufl.).

Thelen, E. & Smith, L. B. (2006). Dynamic systems theories. In W. Damon & R. M. Lerner (Eds.-in-Chief), R. M. Lerner (Vol. Ed.), *Handbook of Child Psychology* (Vol. 1, pp. 258–312). Hoboken N. J.: Wiley.

Thelen, E., Corbetta, D. & Spencer, J. (1996). The development of reaching during the first year: The role of movement speed. *Journal of Experimental Psychology: Human Perception and Performance, 22*, 1059–1076.

Thomas, A. & Chess, S. (1977). *Temperament and development*. New York: Bruner / Mazel.

Thomas, A., Chess, S. & Birch, H. G. (1968). *Temperament and behavior disorders in children*. New York: The New York Universities Press.

Thompson, R. A. (1990). Genetic contributions to early individual differences. In J. Colombo & J. Fagen (Eds.), *Individual differences in infancy: Reliability, stability, prediction* (pp. 45–76). Hillsdale, NJ: Erlbaum.

Tomasello, M. (2003). *Constructing a language: A usage-based theory of language acquisition*. Cambridge, MA: Harvard University Press.

Toth, E. E., Klahr, D. & Chen, Z. (2000). Bridging research and practice: A cognitively based classroom intervention for teaching experimentation skills to elementary school children. *Cognition and Instruction, 18*, 423–459.

Trautner, H. M. (2008). Entwicklung der Geschlechtsidentität. In R. Oerter & L. Montada (Hrsg.), *Entwicklungspsychologie* (6. Aufl., S. 625–651). Weinheim: Psychologie Verlags Union.

Twenge, J. M., Campbell, W. K. & Foster, C. A. (2003). Parenthood and marital satisfaction. *Journal of Marriage and Family, 65*, 574–583.

Van den Boom, D. C. & Hoeksma, J. B. (1994). The effect of infant irritability on mother-infant interaction: A growth-curve analysis. *Developmental Psychology, 30*, 581–590.

Vansteenkiste, M., Lens, W., De Witte, H. & Feather, N. T. (2005). Understanding unemployed people's job search behaviour, unemployment experience and well-being: A comparison of expectancy-value theory and self-determination theory. *British Journal of Social Psychology, 44*, 269–287.

van Tilburg, T. (2003). Consequences of men's retirement for the continuation of work-related personal relationships. *Ageing International, 28*, 345–358.

Vaughn, B. E., Bradley, C. F., Joffe, L. S., Seifer, R. & Barglow, P. (1987). Maternal characteristics measured prenatally are predictive of temperamental „difficulty" on the Carey infant temperament Questionnaire. *Developmental Psychology, 23*, 152–161.

Vaughn, B. E., Stevenson-Hinde, J., Waters, E., Kotsaftis, A., Lefever, G. B., Shouldice, A., Trudel, M. & Belsky, J. (1992). Attachment security and temperament in infancy and early childhood: Some conceptual clarifications. *Developmental Psychology, 28*, 463–473.

Vaughn, B. E. & Waters, E. (1990). Attachment behavior at home and in the laboratory: Q-sort observations and strange situation classifications of one-year-olds. *Child Development, 61,* 1965–1973.

Waldrip, A. M., Malcolm, K. T. & Jensen-Campbell, L. A. (2008). With a little help from your friends: The importance of high-quality friendships on early adolescent adjustment. *Social Development, 17,* 832–852.

Walle, E. A. & Campos J. J. (2014). Infant language development is related to the acquisition of walking. *Developmental Psychology, 50,* 336–348.

Wang, M. (2007). Profiling retirees in the retirement transition and adjustment process: Examining the longitudinal change pattern of retirees' psychological well-being. *Journal of Applied Psychology, 92,* 455–474.

Warr, P. B. (1987). *Work, unemployment, and mental health.* Oxford, UK: Oxford University Press.

Wason, P. C. (1966). Reasoning. In B. Foss (Ed.), *New Horizons in Psychology.* Harmondsworth, UK: Penguin Books.

Waters, E. & Deane, K. E. (1985). Defining and assessing individual differences in attachment relationships: Q-methodology and the organization of behavior in infancy and early childhood. In I. Bretherton & E. Waters (Eds.), Growing points of attachment theory and research. *Monographs of the Society for Research of Child Development, 50,* 41–65.

Weinert, S. & Grimm, H. (2012). Sprachentwicklung. In W. Schneider & U. Lindenberger (Hrsg.), *Entwicklungspsychologie* (7. vollst. überarb. Aufl., S. 433–456). Weinheim: PVU Beltz.

Wellman, H. M., Cross, D. & Watson, J. K. (2001). A meta-analysis of theory of mind: the truth about false belief. *Child Development, 72,* 655–684.

Wellman, H. M. & Wooley, J. D. (1990). From simple desires to ordinary beliefs: The early development of everyday psychology. *Cognition, 35,* 245–275.

Werneck, H. (1998). *Übergang zur Vaterschaft. Auf der Suche nach den „Neuen Vätern".* Wien: Springer.

White, J. M. (1991). Dynamics of family development. New York: Guilford Press.

Whiting, B. B. & Whiting, J. W. M (1975). *Children of 6 cultures: A psychocultural analysis.* Cambridge MA: Harvard University Press.

Wicki, W. (1997). Übergänge im Leben der Familie. Bern: Huber.

Wicki, W. (1999). The impact of family resources and satisfaction with division of labor on coping and worries after the birth of the first child. *International Journal of Behavioral Development, 23,* 431–456.

Wicki, W. (2000). Humor und Entwicklung: eine kritische Übersicht. *Zeitschrift für Entwicklungspsychologie und Pädagogische Psychologie, 32,* 173–185.

Wimmer, H. & Perner, J. (1983). Beliefs about beliefs: Representation and constraining function of wrong beliefs in young children's understanding of deception. *Cognition, 13,* 103–128.

Winner, E. (2006). Development in the arts: Drawing and music. In W. Damon & R. M. Lerner (Eds.-in-Chief), D. Kuhn & R. S. Siegler (Vol. Ed.), *Handbook of Child Psychology* (Vol. 2, pp. 859–904). Hoboken N. J.: Wiley.

Wu, S. & Keysar, B. (2007). The effect of culture on perspective taking. *Psychological Science, 18,* 600–606.

Yeates, K. O. & Selman, R. L. (1989). Social competence in the schools: Toward an integrative developmental model for intervention. *Developmental Review, 9,* 64–100.

Yeh, H.-C., Lempers, J. D. (2004). Perceived sibling relationships and adolescent development. *Journal of Youth and Adolescence, 33,* 133–147.

Yonas, A. & Arterberry, M. E. (1994). Infants perceive spatial structure specified by line junctions. *Perception, 23,* 1427–1435.

Zentner, M. R. (1993). *Die Wiederentdeckung des Temperaments: Die Entwicklung des Kindes im Licht moderner Temperamentsforschung.* Paderborn: Junfermann.

Sachregister

Der E-Learning-Kurs passend zum Buch!

Werner Wicki
E-Learning-Kurs Entwicklungspsychologie
Moodle-Kurs mit zahlreichen Materialien,
Links, Aufgaben und Testfragen [incl. Inhalt
des utb-basic-Lehrbuchs „Entwicklungspsychologie"]
utb (978-3-8463-0177-7) E-Learning-Kurs

Die Entwicklungspsychologie gehört zu den grundlegenden Fächern im Psychologiestudium. Der E-Learning-Kurs gibt Studierenden einen anschaulichen Einblick in Theorien, Methoden und
Forschungsergebnisse – von der frühen Kindheit bis ins späte Erwachsenenalter.

Mit dem E-Learning-Kurs zur Entwicklungspsychologie können Do-
zenten dieses Fachs an Hochschulen und anderen Einrichtungen
der Erwachsenenbildung ihre Präsenzlehrveranstaltungen optimal
ergänzen, begleiten und vertiefen.

www.reinhardt-verlag.de

Pflichtlektüre vor der Klausur

Annemarie Fritz et al.
Pädagogische Psychologie
2., durchgesehene Auflage 2014.
256 S. 73 Abb. 9 Tab. Innenteil zweifarbig.
utb-basics (978-3-8252-4241-1) kt

Diese kompakte Einführung in die Pädagogische Psychologie begleitet Studierende optimal durch Vorlesungen, Seminare und Prüfungen bis ins Berufsleben: Das Buch gibt einen Überblick über menschliches Erleben, Verhalten und Handeln im pädagogischen Kontext und erklärt Prozesse der Erziehung, des Unterrichts und der Bildung. Anschaulich und kritisch werden psychologische Theorien, empirische Belege und ihre Relevanz für die Praxis in Unterricht und Erziehung vorgestellt.

Die Autoren fassen alle relevanten Fakten zur Pädagogischen Psychologie übersichtlich in diesem Werk zusammen.

EV reinhardt
www.reinhardt-verlag.de

Fit für die Prüfung in A&O-Psychologie

Heinz Schüpbach
Arbeits- und Organisationspsychologie
2013. 191 S. 25 Abb. 2 Tab.
Innenteil zweifarbig. Mit Online-Material.
utb-basics (978-3-8252-4009-7) kt

Hektik, Stress, Burn-out: Wie lässt sich der Berufsalltag bewältigen? Wie erleben Menschen ihren Arbeitsplatz, wie handeln und entscheiden sie dort? Wie erzielt man ein anregendes und gesundes Arbeitsklima? Solche Fragen beantwortet die Arbeits- und Organisationspsychologie.

Das Buch führt in Modelle und Theorien der A&O-Psychologie ein und präsentiert klassische Studien und aktuelle Forschungsergebnisse. Es bereitet optimal auf die Prüfung vor und vermittelt gleichzeitig ein anwendungsbezogenes Verständnis für die Belange des einzelnen Menschen in der Arbeitswelt.

reinhardt
www.reinhardt-verlag.de

Persönlichkeit unter der Lupe

Christel Salewski / Britta Renner
Differentielle und Persönlichkeitspsychologie
2009. 187 S. 14 Abb. Mit 92 Übungsaufgaben.
Innenteil zweifarbig.
utb-basics (978-3-8252-3127-9) kt

Was zeichnet den Menschen aus? Was macht Individuen einzigartig? Damit befasst sich die Differentielle Psychologie: Sie erforscht die menschliche Persönlichkeit.

Die Autorinnen erklären zentrale Persönlichkeitstheorien und schildern, wie man Merkmale experimentell erforscht und misst. Eigenschaften wie Kreativität, Angst, Ärger, Optimismus werden besonders beleuchtet. Jedes Kapitel gibt auch den Blick in die Praxis frei: Wo setzt man Persönlichkeitsmessung und -diagnostik ein?

reinhardt
www.reinhardt-verlag.de

Testtheoretische Grundlagen

Markus Pospeschill / Frank M. Spinath
Psychologische Diagnostik
2009. 220 S. 24 Abb. 3 Tab. Mit 88 Testfragen.
Innenteil zweifarbig.
utb-basics (978-3-8252-3183-5) kt

In Studium und Forschung sind fundierte Diagnostikkenntnisse unverzichtbar. Wer später in einem Unternehmen, in Beratung oder Therapie arbeitet, braucht diagnostisches Handwerkszeug. Die „Beschreibung" von Personen oder Personengruppen mit Hilfe von Interviews, Verhaltensbeobachtungen oder Leistungs- und Persönlichkeitstests bildet die Grundlage für jede psychologische Disziplin.

Das Buch erklärt die testtheoretischen Grundlagen und stellt häufig verwendete Testverfahren vor. Anwendungsfelder diagnostischer Tests werden ausführlich beschrieben. Abschließend werden Grenzen und Entwicklungsmöglichkeiten der Psychodiagnostik kritisch hinterfragt.

reinhardt
www.reinhardt-verlag.de

Statistik – leicht gemacht!

Rainer Leonhart
Psychologische Methodenlehre / Statistik
2008. 187 S. 40 Abb. 21 Tab.
Mit 64 Übungsfragen. Innenteil zweifarbig.
utb-basics (978-3-8252-3064-7) kt

Oftmals ein ungeliebtes Fach – aber fundierte Kenntnisse der Statistik und empirischer Methoden sind für angehende PsychologInnen unverzichtbar! Dieses Basislehrbuch vermittelt die Grundlagen in kompakter Form und hilft beim Pauken für die Prüfung. Die Zusammenstellung und Vermittlung des Lehrstoffes ist insbesondere für Bachelor-Studiengänge geeignet.

reinhardt
www.reinhardt-verlag.de

Wie Menschen in sozialen Gruppen „ticken"

Stefan Stürmer
Sozialpsychologie
2009. 190 S. 12 Abb. 3 Tab.
Innenteil zweifarbig.
utb-basics (978-3-8252-3179-8) kt

Sozialpsychologie befasst sich mit dem individuellen und kollektiven Erleben und Verhalten im sozialen Kontext. Das Buch führt anschaulich in Theorien, Forschungsergebnisse und Anwendungsgebiete der Sozialpsychologie ein: Selbstkonzeptentwicklung, Beeinflussung von Wahrnehmung und Einstellungen, Verhalten in sozialen Beziehungen (z. B. Attraktion, Konflikte).

Eingehend beleuchtet wird auch das Verhalten in und zwischen Gruppen: Wie entstehen Vorurteile? Was kann man bei Gruppenkonflikten tun? Prävention von Gewalt und die Förderung von Hilfeverhalten werden praxisbezogen diskutiert.

reinhardt
www.reinhardt-verlag.de

So gelingt die Psychologie-Bachelorarbeit

Tatjana Spaeth-Hilbert / Margarete Imhof
Bachelorarbeit in Psychologie
2013. 149 S. 10 Abb. 7 Tab.
utb-M (978-3-8252-3878-0) kt

Wer seine Bachelorarbeit in Psychologie schreibt, steht vor einer großen Herausforderung: Die Bachelorarbeit ist die erste größere und eigenständige wissenschaftliche, oft auch empirische Arbeit der Studierenden.

Dieses Buch liefert das nötige Rüstzeug für alle Phasen der psychologischen Bachelorarbeit. Empirisch-methodisches Know-how wird dabei ebenso vermittelt wie Schreibkompetenz. Zusätzlich geben die Autorinnen strategische Tipps zur Vorbereitung der Bachelorarbeit, zum Zeitmanagement und zu Besprechungen mit dem Betreuer.

ℰⱱ reinhardt
www.reinhardt-verlag.de